金教鞭

幼儿园
剧本创编100例

◎主编　颜晓燕

海峡出版发行集团 THE STRAITS PUBLISHING & DISTRIBUTING GROUP | 福建人民出版社 FUJIAN PEOPLE'S PUBLISHING HOUSE

主　编： 颜晓燕

副主编： 杨东红　陈雅莉　周丽丽

编委会成员（按姓氏笔画排列）：

杨东红　张小兰　张珊珊　陈雅莉

周丽丽　郭碧蓉　颜晓燕　潘万得

前言

剧本为一剧之本，是戏剧活动的蓝本，是文学作品的一种样式。幼儿园剧本是开展表演游戏和戏剧活动的文本，是幼儿园教师欣赏、解读、指导和创编幼儿戏剧活动的必备材料。无论是经久不衰的幼儿表演游戏，还是日渐风靡的幼儿戏剧活动，都与教师已有的剧本的素养有关。

一直以来，幼儿园戏剧活动往往缺乏对剧本的研究，教师不仅不重视剧本的教育价值和作用，甚至有的教师认为，剧本会极大限制幼儿戏剧活动的创造性，开展幼儿戏剧活动根本不需要剧本。其实，戏剧活动与剧本的关系如同花与养分的关系，如果没有“剧本”这一养分，哪来戏剧活动创造性之“花”的鲜艳绽放？为此，追本溯源，教师不仅需要学习和研究剧本，积淀剧本涵养，还需要编写好剧本、应用好剧本，才能真正“以幼儿为本”，助推幼儿戏剧活动高质量地开展。为此，通过本书的出版，我们期望能与教师一同关注剧本的编写与创作，共同思考剧本的教育价值、特点和应用方式。

幼儿园剧本犹如一座宏伟的立交桥，连接多元的教育价值，具有重要的意义。因为它既反映学前教育和幼儿园戏剧活动的思想、观念，展现剧本的文学魅力，也反映创作者的价值取向。本书剧本充分反映了健康明朗的积极主题，给予人昂扬进取的引领，映射出“幼儿为本”的教育信念和“激发想象、陶冶性情”的戏剧观念，有助于丰富和更新教师的教育理念，促进教师树立先进的戏剧观、游戏观、教育观。同时，作为一种文学体裁，剧本充满文学审美特质和语言多样化风采，能够为教师提供作品资源，有助于教师进一步丰富和更新教学素材，扩大阅读面，提高文学素养和鉴赏能力。此外，本书剧本也反映了教师对故事的深度解读和视角转换，具体展现了从一个故事到单剧目、多剧目剧本的创作与演变过程，有助于教师进一步研究幼儿和剧本，研究戏剧活动和表演游戏，推进剧本学习、创作与应用研究。

幼儿园剧本犹如一个绚丽的万花筒，呈现多彩的童真稚气，具有鲜明特点。本书中的每个剧本都充满了幼儿五彩缤纷的生活气息，焕发着童真童趣，表现出幼儿稚嫩可爱、各具特点的鲜活个性。每个剧本的情节的组合变化，展现出游戏性、表演性和教育性等鲜明的特点。剧本始终贯穿以幼儿为中心的游戏性，是幼儿本真的展现和快乐的源泉。本书收录的剧本都围绕幼儿的兴趣爱好和所思所想，以游戏形式展开，闪耀着丰富的想象力和快乐的游戏性，让幼儿沉浸其中，愉悦身心，获得满足和发展。本书的剧本也展现幼儿特有的表演性，截然不同于故事，它栩栩如生地呈现特定的场景和角色，通过角色的上场、对话以及表情、动作的直观演绎，活灵活现地塑造角色性格，表达真情实感。本书的剧本以简洁生动、明快有趣的剧情展示内容，迎合幼儿心理，让他们产生情感共鸣，感同身受地获得感染和体验。此外，在展现游戏性、表演性的同时，剧本也在潜移默化地传递教育性。生动的剧本能让幼儿在开心表演和愉悦感受中受到礼貌、交往、规则、自信、关爱、勇敢、坚持等各方面的熏陶和教育，并综合发展想象、思维、审美、创造和语言表达等能力。

幼儿园剧本犹如一片葱郁的百草园，有多种应用方式。本书剧本涉及的主题和内容较为广泛，由编者根据经典童话、绘本故事、动画片故事、寓言、神话、民间故事等创作而成，呈现幼儿生活、游戏、探究与学习中的各种认知、体验、愿望和情感等，题材开阔，内容丰富，类型多样，可供教师们自行选择和应用。在教育实践中，教师可根据幼儿特点和水平，灵活采取直接采用、节选引用、组合应用、创意改编等多种方式。具体而言，这些剧本都可直接应用于幼儿的表演游戏或戏剧活动，也可选用部分剧目或部分内容，或将几个剧本串联并用或节选后组合应用。教师还可根据教育需要，带领幼儿一同进行改编，或借鉴剧本进行二次创作，不断推进和深化戏剧活动。无论采用何种方式，教师都应在明确的教育意图的指引下，充分尊重幼儿的意愿，发挥幼儿的主体性，开展别开生面的戏剧教育和创造性游戏活动。

本书的编写得益于福建人民出版社的积极倡导和大力支持，也凝聚着各位编写者的教育智慧和实践经验。本人担任主编，负责整体规划、编排以及统稿、审阅工作；泉州市幼儿园语言园际教研组组长、泉州市刺桐幼儿园杨东红老师，泉州幼儿师范高等专科学校附属东海湾实验幼儿园陈雅莉副园长和泉州市幼儿园语言园际教研组副组长、泉州市实验幼儿园周丽丽老师担任副主编，参与剧本的编写与创作，并分别负责小、中、大三个年龄段文稿的统稿和审阅工作。此外，泉州经济技术开发区实验幼儿园、晋江市第二实验幼儿园、晋江市灵源街道林口中心幼儿园的教师也参与了编写。

感谢出版社各位编辑的辛勤工作！敬请广大的读者对本书提出宝贵意见与建议，携手共促幼儿园剧本创作与应用研究。

颜晓燕

泉州幼儿师范高等专科学校

2020年4月25日

目录

小班

中班

大　班

小班

火车火车呜呜叫

陈雅莉

场景：森林（周围有花草丛，中间有火车轨道）

角色：火车、小猫、小狗、公鸡、小鸭、小猪、小羊、小老鼠、青蛙

〔幕启。〕

旁白：一艘载满故事的火车开来喽。

〔火车沿着森林里花草丛中的轨道，缓缓开出来。〕

旁白：火车怎么叫？

火车：（高兴）呜呜呜，呜呜呜。火车呜呜叫，穿过森林走地道，爬过高山跨过大桥。呜呜呜，呜呜呜，火车呜呜叫，快快向前跑。

〔火车“咔嚓咔嚓”，用手在腰部做画圈的动作，缓缓向前走。〕

〔小猫腰间系着两条小鱼干，上场。〕

火车：（大声）小猫怎么叫？

小猫：（开心）喵喵喵，喵喵喵。小猫喵喵叫，河边把鱼钓。

〔小猫捋了捋胡须。〕

火车：（亲切）小猫乘火车，上车快坐好，火车呜呜向前跑。

〔小猫做坐的动作，跟在火车的后面向前进。〕

〔小狗上场。〕

火车：（大声）小狗怎么叫？

小狗：（开心）汪汪汪，汪汪汪。小狗汪汪叫，看见朋友尾巴摇。

〔小狗摇摇尾巴。〕

火车：（亲切）小狗乘火车，上车快坐好，火车呜呜向前跑。

〔小狗接在小猫的后面，跟着火车前进。〕

〔公鸡上场。〕

火车：（大声）公鸡怎么叫？

公鸡：（开心）喔喔喔，喔喔喔。公鸡喔喔叫，天天起得早。

〔公鸡挥挥双手，昂起头挺着胸膛。〕

火车：（亲切）公鸡乘火车，上车快坐好，火车呜呜向前跑。

〔公鸡接在小狗的后面，跟着火车前进。〕

〔小鸭拍打着翅膀，摇摇摆摆地上场。〕

火车：（大声）小鸭怎么叫？

小鸭：（开心）嘎嘎嘎，嘎嘎嘎。小鸭嘎嘎叫，清清小河洗个澡。

火车：（亲切）小鸭乘火车，上车快坐好，火车呜呜向前跑。

〔小鸭接在公鸡的后面，跟着火车前进。〕

火车：（回头看乘客们）大家好！火车跑很多路了，快没油了，需要停下来加油。请大家在位子上坐好。

〔火车做加油的动作。〕

火车：（重新启动）好嘞！大家快坐好，火车跑起来喽。

〔火车“咔嚓咔嚓”，用手在腰部做画圈的动作。〕

〔小猪做伸懒腰的动作，懒洋洋地上场。〕

火车：（大声）小猪怎么叫？

小猪：（开心）噜噜噜，噜噜噜。小猪噜噜叫，午饭以后要睡觉。

火车：（亲切）小猪乘火车，上车快坐好，火车呜呜向前跑。

〔小猪接在小鸭的后面，跟着火车前进。〕

〔小羊摸摸羊角，蹦跳着跑上场。〕

火车：（大声）小羊怎么叫？

小羊：（开心）咩咩咩，咩咩咩。小羊咩咩叫，浑身雪白爱吃菜。

火车：（亲切）小羊乘火车，上车快坐好，火车呜呜向前跑。

〔小羊接在小猪的后面，跟着火车前进。〕

〔小老鼠东闻闻，西闻闻，上场。〕

火车：（大声）小老鼠怎么叫？

小老鼠：（开心）吱吱吱，吱吱吱。小老鼠吱吱叫，吃了苹果又吃糕。

火车：（亲切）小老鼠乘火车，上车快坐好，火车呜呜向前跑。

〔小老鼠接在小羊的后面，跟着火车前进。〕

〔青蛙叫“呱呱呱”，一蹦一跳地上场。〕

火车：（大声）青蛙怎么叫？

青蛙：（开心）呱呱呱，呱呱呱。青蛙呱呱叫，轻轻一蹬水里跳。

火车：（亲切）青蛙乘火车，上车快坐好，火车呜呜向前跑。

〔青蛙接在小老鼠的后面，跟着火车前进。〕

〔所有小动物跟着火车“咔嚓咔嚓”，用手在腰部做画圈的动作，一个接一个缓缓向前走，在场地中绕圈。〕

火车：（响亮）呜呜呜，呜呜呜。火车呜呜叫，车上朋友多。

众：（齐声）朋友多，真热闹，唱起歌来乐陶陶。火车呜呜叫，快快向前跑。

〔火车与所有小动物一起拍手唱歌、做游戏。〕

〔剧终〕

故事来源：“美慧树·幼儿园主题课程资源”《火车火车呜呜叫》（文、图：吴儆庐），华东师范大学出版社2012年版。

好 朋 友

陈雅莉

场景：森林公园（草地、沙坑、大树）

角色：小熊、小兔、小狸猫、小鼹鼠、小猪、小象

道具：沙铲、小桶

旁白：森林公园里，有一个好玩的沙坑，沙坑里装满了细细的沙子。小动物经常到沙坑里一起玩游戏。瞧，他们来了。

〔幕启。小熊和小兔手拉手一起上场，蹦蹦跳跳地来到沙坑里玩游戏。〕

小熊：（可爱、憨厚）小兔，小兔，我们一起来玩沙子吧！

小兔：（开心）好呀，好呀！我们一起玩。我来堆沙子。（用双手开始垒小城堡）

小熊：（快乐）我用小铲子来做个城堡。（拿起小铲子，铲沙子）

〔小狸猫轻轻地上场，走到大树旁。〕

小狸猫：（低着头，自言自语）我真想和他们一起玩，（偷偷看着小兔和小熊）可是我不敢跟他们说。

〔小鼹鼠上场，一溜烟跑到沙坑旁。〕

小鼹鼠：（伸着脖子，看着小兔和小熊）吱吱吱……我也一起玩，好吗？

小兔、小熊：（向小鼹鼠招招手）好啊，好啊，来吧！我们一起玩。

旁白：于是，三只小动物一起玩。小狸猫很害羞，仍然躲在大树后面。

小狸猫：（低头摸着自己的手，小声地自言自语）我也想和他们一起玩，可是，我不敢……

〔小猪晃着屁股上场。〕

小猪：（扭扭屁股，看着小兔、小熊和小鼹鼠）噜噜噜……我也一起玩，好吗？

小兔、小熊、小鼹鼠：（向小猪招招手）好啊，好啊，来吧！我们一起玩。

小狸猫：（躲在树干后面，探出小脑袋，学着小声说）我也一起玩，好吗？

〔小狸猫的声音被小动物们欢快的笑声盖住了，大家没有听到他说的话。〕

〔小象甩着长鼻子，神气地走上场。〕

小象：（甩甩鼻子，看着沙坑里的小动物们）哈哈哈……我也一起玩，好吗？

小兔、小熊、小鼹鼠、小猪：（向小象招招手）好啊，好啊，来吧！我们一起玩。

小狸猫：（鼓起勇气，大声说）我也一起玩，好吗？（走到沙坑旁）

小兔、小熊、小鼹鼠、小猪、小象：（向小狸猫招招手）好啊，好啊，来吧！我们一起玩。

小鼹鼠：（举起手）我会打洞，我来做山洞。

小象：（甩着长长的鼻子）我的长鼻子可以喷水，让沙子变得牢固。

小猪：（举着小铲子）那我就用小铲子铲沙子。

小兔：（捧起沙子）我跑得快，我来给大家运沙子。

小熊：（秀着手臂）我的力气最大，我来拍沙子。

小狸猫：（拍着胸脯）我会堆城堡。

〔小动物们开始一起在沙坑里玩沙子。〕

旁白：大家玩得很高兴，满身是沙子，像是小泥人。时间在开心的笑声中不知不觉过去了，大家要准备回家吃饭了。

小象：（开心）玩脏了，不要紧，洗洗就干净了。我来喷水让大家洗洗澡。（大口吸水往上喷，洒在其他小动物的身上）

旁白：小象高高举起他的长鼻子，喷水给大家洗了个澡。哇，小动物们身上的沙子被水冲走了，变得真干净。

小动物们：（拍手笑着）哈哈哈，一起玩真好！下次我们还来沙坑一起玩。

〔音乐响起，小动物们唱着歌，一起拉着手走回家。〕

〔剧终〕

故事来源：“小熊宝宝绘本”《好朋友》（文、图：〔日〕佐佐木洋子；译：蒲蒲兰），连环画出版社 2007 年版。

过生日

陈雅莉

第一幕

场景：长满鲜花的草地、草莓园

角色：小兔、小猪、小老鼠、小浣熊

道具：花束、草莓、画、玩具熊

旁白：有人要过生日喽！谁今天过生日？原来小熊今天过生日，他请大家来家里做客。小熊的朋友都想为小熊送上一份礼物。

〔幕启。小兔上场。〕

小兔：（一蹦一跳地来到草地上）嘀哩哩，嘀哩哩，哇！草地上的花真美！我要采一束花做生日礼物送给小熊。（边说边采花）

〔不一会儿小兔抱着一束花，高兴地向小熊家走去；下场。小猪上场。〕

小猪：（一摇一摆地大步走着）啦啦啦，啦啦啦，果园里的草莓成熟啦！我要摘一篮子草莓做生日礼物送给小熊。（边说边摘草莓）

〔不一会儿小猪挎着满满一篮子的草莓，高兴地向小熊家走去；下场。小老鼠拿着一幅画上场。〕

小老鼠：（快速地跑出来）吱吱吱，吱吱吱，我画的小熊真好看（把画展开，自我欣赏了一番，又卷好）。我画了一幅画做生日礼物送给小熊。（满意

地向小熊家跑去，下场）

〔小浣熊抱着玩具熊上场。〕

小浣熊：（笑着）嘿嘿嘿，嘿嘿嘿，我的玩具熊最可爱。我要把玩具熊做生日礼物送给小熊。（抱着玩具熊，向小熊家跑去；下场）

第　二　幕

场景：小熊家（桌子、蛋糕、餐具）

角色：小熊、小兔、小猪、小老鼠、小浣熊

道具：花束、草莓、一幅画、玩具熊

旁白：小兔、小猪、小老鼠、小浣熊来到小熊家门前。小熊在门口等候朋友们，欢迎朋友们来参加自己的生日聚会。

小兔：（伸手送花）小熊，这束花送给你，祝你生日快乐！

小熊：（接过花）真香啊！（闻了闻）谢谢你小兔！请进来吧！

小猪：（提着草莓）小熊，这篮子草莓送给你，祝你生日快乐！

小熊：（接过草莓）一定很好吃！谢谢你小猪！请进来吧！

小老鼠：（送上一幅画）小熊，这幅画送给你，祝你生日快乐！

小熊：（接过画）哇！真好看！谢谢你小老鼠！请进来吧！

小浣熊：（送上可爱的玩具熊）小熊，这只玩具熊送给你，祝你生日快乐！

小熊：（接过玩具熊）哈哈！真好玩！谢谢！请进来吧！

〔小熊带小动物们围坐到餐桌边。〕

小熊：（开心、热情）伙伴们，我请大家吃蛋糕！

小动物们：（鼓掌）太好了，谢谢小熊！

旁白：小动物们帮小熊在蛋糕上插上三根蜡烛，为小熊唱起了《生日歌》，一起祝贺小熊生日快乐。小熊吹灭了蜡烛，切好了蛋糕，把蛋糕分给每个伙伴。大家吃着生日蛋糕，真是开心极了！

〔剧终〕

故事来源："小熊宝宝绘本"《过生日》（文、图：〔日〕佐佐木洋子；译：蒲蒲兰），连环画出版社 2007 年版。

小猪佩奇跳泥坑

黄惠菊

场景：小猪家、家外面的花园（里面有大大小小的泥坑）

角色：小猪佩奇、小猪乔治、猪爸爸、猪妈妈

道具：沙发、报纸、两双小雨靴、两双大雨靴

〔幕启。佩奇、乔治、猪爸爸上场，然后他们坐在沙发上发呆。〕

佩奇：（叹了口气）唉，下雨了，不能出门玩了。（有气无力地走到窗边）

乔治：（叹了口气）唉，下雨了，在家太无聊。（有气无力地走到窗边）

〔佩奇和乔治呆呆地望着窗外，猪爸爸坐在沙发上看报纸。〕

旁白：不一会儿雨停了，屋外的花园里出现了大大小小的泥坑。

佩奇：（把头探出窗口看了看，惊喜）哇，花园里有许多泥坑。（回头看着猪爸爸）爸爸，雨停了，我能出去玩吗？（边跳边问）

乔治：（边跳边问）爸爸，雨停了，我能出去玩吗？

猪爸爸：（点点头）好呀，你们两个去玩吧。

佩奇：（又蹦又跳）太好了，我要去花园里跳泥坑。

〔猪妈妈上场。〕

猪妈妈：（拿出一双靴子）佩奇，如果你要去跳泥坑，必须穿上靴子。

佩奇：好的，妈妈。（坐下，穿靴子）

乔治：（举起双手欢呼）太好了，我也要去花园里跳泥坑。

猪妈妈：（拿出一双靴子）乔治，如果你要去跳泥坑，必须穿上靴子。

乔治：好的，妈妈。（坐下穿靴子）

〔佩奇和乔治一起来到花园里，在泥坑里跳来跳去，玩得很开心。〕

佩奇：（伸手指着泥坑）乔治，我们再去找几个泥坑吧？

乔治：（拉着佩奇的手）好呀，我们去找泥坑。

佩奇：（上下跳着）我找到了小泥坑，哈哈哈，小泥坑真好玩。

乔治：（左右跳着）我找到了大泥坑，哈哈哈，大泥坑真好玩。

〔猪爸爸走出门。〕

猪爸爸：（指着佩奇和乔治，笑了笑）看看你们弄得多脏啊！

佩奇：（用手做洗洗搓搓的动作）没事，只是些泥而已，洗干净就好。

乔治：（摆摆手）没事，只是些泥而已，洗干净就好。

猪爸爸：（哈哈大笑，学着做洗搓的动作）对，没事，只是些泥而已，洗干净就好。

佩奇、乔治：（用力地招手）爸爸，你也来跳泥坑，好吗？

猪爸爸：（回到家里，穿上大雨靴，走出来）好呀，我们一起玩泥坑吧！

〔猪妈妈走出门。〕

猪妈妈：（叉着腰，笑了笑）看看你们，玩得好高兴啊！

佩奇、乔治：（用力地招手）妈妈，你也来跳泥坑，好吗？

猪妈妈：（回到家里，穿上大雨靴，笑着走出来）好呀，我们一起玩泥坑吧！

猪爸爸、猪妈妈：（手牵手一起跳泥坑）跳泥坑！跳泥坑！左一个，右一个，跳来跳去好快乐！

众：（齐声）跳泥坑真好玩，跳泥坑真有趣！（用力跳起）

〔佩奇和乔治穿着他们的小靴子，猪妈妈和猪爸爸穿着他们的大靴子，大家在泥坑里跳来跳去，一起拍手唱歌。〕

〔剧终〕

故事来源：动画片《小猪佩奇》第1季第1集《泥坑》。

好喝的汤

陈雅莉

场景：森林里的小木屋（有六个小房间）

角色：小猪、小花猫、小鸡、小灰兔、小鸭、小老鼠

道具：灶台、锅、锅盖、碗筷、勺子、萝卜、小鱼、白菜、蘑菇、虾、豌豆、凳子

旁白：森林里的小木屋住着一群小动物，他们快乐地一起生活着。

〔幕启。小猪慢慢地走出房门。〕

小猪：（伸伸懒腰）咕噜咕噜，肚子饿了（摸摸肚子），我来煮萝卜汤，

一定好喝。

〔小猪走到灶台旁，生了火，再往锅里添上水，盖上锅盖。〕

小猪：（拍拍手）生好火，我得去地里拔萝卜来煮汤。

〔小猪走出门。小花猫提着一条小鱼，上场。〕

小花猫：（轻手轻脚走进屋）喵喵喵，是谁在做汤？（打开锅盖，看了看）放一条鱼进去，汤一定好喝。（把小鱼放入锅中，盖上锅盖）

〔小花猫轻手轻脚地回自己的房间。小鸡手拿两棵白菜，上场。〕

小鸡：（推门走进屋）叽叽叽，是谁在做汤？（打开锅盖，闻了闻）放两棵白菜进去，汤一定好喝。（把两棵白菜放入锅中，盖上锅盖）

〔小鸡跑回自己的房间。小灰兔手拿着三朵蘑菇上场。〕

小灰兔：（蹦蹦跳跳地走进屋）咻咻咻，是谁在做汤？（打开锅盖，左右看了看）放三朵蘑菇进去，汤一定好喝。（把三朵蘑菇放入锅中，盖上锅盖）

〔小兔蹦蹦跳跳地回自己的房间。小鸭手里拿着四只虾，上场。〕

小鸭：（摇摇摆摆走进屋）嘎嘎嘎，是谁在做汤？放四只虾进去，汤一定好喝。（把四只虾放入锅中，盖上锅盖）

〔小鸭摇摇摆摆走回自己的房间。小老鼠手里拿着五颗豌豆，上场。〕

小老鼠：（走进屋，到处闻闻）吱吱吱，是谁在做汤？（凑到锅边）放五颗豌豆进去，汤一定好喝。（摸摸脑门）可是我够不着锅。

小老鼠：吱吱吱，有了，用凳子垫垫脚。（搬来凳子，踩着凳子，打开锅盖，把五颗豌豆放到锅里）

〔小老鼠走回自己的房间。小猪拿着萝卜，上场。〕

旁白：噜噜噜，小猪拔萝卜回来。

小猪：（打开锅盖）咦，是谁放了这么多好吃的东西？（托着下巴）让我把萝卜也放进去吧！（把萝卜放进汤里，用勺子搅拌了一会儿）

小猪：（再次打开锅盖）哇，好香呀！（挥挥锅上的香气，闻了闻）伙伴们，快来喝汤吧！

小动物们：（走出房间，一起围着汤）来了，来了。

小猪：（盛了一碗汤，喝了一口）哇，真好喝！

小花猫：（盛了一碗汤，喝了一口）嗯，真香呀！

小鸡：（盛了一碗汤，喝了一口）哇，真不错！

小灰兔：（盛了一碗汤，喝了一口）哇，真美味！

小鸭：（盛了一碗汤，喝了一口）哇，味道真好！

小老鼠：（盛了一碗汤，喝了一口）哇，好喝极了！

〔小动物们你一口我一口地喝汤。〕

小动物们：（开心，齐声）哈哈哈，真是一锅好喝的汤！

〔小动物们喝完汤，开心地笑，高兴地鼓掌。〕

〔剧终〕

故事来源：《好喝的汤》，《东方娃娃》2011年第9期。

萌鸡宝贝捉迷藏

陈雅莉

场景：森林（花丛、草丛、大蘑菇、大树、大石头堆）

角色：美佳妈妈、大哥大宇、二姐朵朵、三哥欢欢、小弟麦奇

〔幕启。美佳妈妈和萌鸡宝贝们手拉着手，蹦蹦跳跳地上场。〕

美佳妈妈：（亲切招呼）萌鸡宝贝们，我们一起玩捉迷藏吧！

萌鸡宝贝们：（拍手叫好）好呀，好呀，我们躲，妈妈来找。（开心地蹦蹦跳起来）

美佳妈妈：（蹲坐在地上，蒙着眼睛唱）快快藏起来，看谁比我走得快；快快躲起来，我要把你抓出来。东躲躲，西藏藏，萌鸡宝贝快藏好！

萌鸡宝贝们：（一边数数，一边四散躲藏）一、二、三……

〔大宇躲在大树后面，朵朵躲在石头缝隙下面，欢欢躲在草丛里，麦奇躲在大蘑菇下面。〕

美佳妈妈：（闭眼）一二三四五六七，萌鸡宝贝在哪里？

〔美佳妈妈张开眼睛，东找找，西看看。〕

美佳妈妈：（原地踱步转呀转，摇头晃脑地想了一会儿）怎么办呢？有啦！（拍了一下手，笑了笑）

美佳妈妈：（两手放在嘴巴两边，伸长脖子喊）萌鸡宝贝哪里躲？出来听我唱首歌。太阳就要下山了，萌鸡宝贝在哪里？（朝着前后左右，边看边高声地唱着）

麦奇：（从大蘑菇下面钻出来）叽叽叽，（两手食指放在两侧脸颊边，蹦蹦跳跳）在这里！（抱住美佳妈妈）

美佳妈妈：（摸摸麦奇的脑袋）哦，我的麦奇宝贝。

麦奇：（笑了笑）妈妈，我和您一起找。

美佳妈妈：（开心）好呀，我的宝贝。

美佳妈妈、麦奇：（齐声）萌鸡宝贝哪里躲？出来听我唱首歌（拍着胸脯）。太阳就要下山了，（举高双手挥动着）萌鸡宝贝在哪里？

欢欢：（从草丛里跑出来）叽叽叽，（摇着脑袋）在这里！（抱住美佳妈妈）

美佳妈妈：（摸摸欢欢的脑袋）哦，我的欢欢宝贝。

麦奇：（鼓掌）三哥，哈哈，找到三哥了。

欢欢：（笑了笑，拉着麦奇的手）妈妈，我和你们一起找。

美佳妈妈：（开心）好呀，我的宝贝。

美佳妈妈、麦奇、欢欢：（齐声）萌鸡宝贝哪里躲？出来听我唱首歌（拍着胸脯）。太阳就要下山了，（举高双手挥动着）萌鸡宝贝在哪里？

朵朵：（从石头缝隙下钻出来）叽叽叽，（双手托着下巴，做“小花”手势）在这里！（抱住美佳妈妈）

美佳妈妈：（摸摸朵朵的脑袋）哦，我的朵朵宝贝。

麦奇、欢欢：（鼓掌）二姐，哈哈，找到二姐了。

朵朵：（笑了笑，拉着麦奇、欢欢的手）妈妈，我和你们一起找。

美佳妈妈：（开心）好呀，我的宝贝。

美佳妈妈、麦奇、欢欢、朵朵：（齐声）萌鸡宝贝哪里躲？出来听我唱首歌（拍着胸脯）。太阳就要下山了，（举高双手挥动着）萌鸡宝贝在哪里？

大宇：（从大树后面探出头）叽叽叽，（以手比“V”，放在下巴下面装帅气）在这里！（抱住美佳妈妈）

美佳妈妈：（摸摸大宇的脑袋）哦，我的大宇宝贝。哈哈哈，大家都找到了，我们回家吧！

萌鸡宝贝们：（拍手）哈哈哈，大家都找到了，我们回家吧！

众：（齐声）前前后后，亲爱的美佳妈妈，我们在一起；左左右右，可爱的小小萌鸡，我们在一起……

〔音乐《我们在一起》响起，美佳妈妈和萌鸡宝贝们拍着手、唱着歌回家了。〕

〔剧终〕

故事来源：动画片《萌鸡小队》第1季第7集《捉迷藏？竹节虫最厉害了！》。

小鸭找家

曹海蓉

第一幕

场景：小鸭子的家、森林

角色：鸭妈妈、小鸭子

〔幕启。在舞台右侧，小鸭子靠在鸭妈妈的怀里，晒着太阳。〕

鸭妈妈：（摸了摸小鸭子的肩膀）今天的天气真好，太阳晒得我们暖暖的。

小鸭子：（撒娇）妈妈，妈妈，（趴在鸭妈妈身上，用小脑袋在妈妈怀里蹭了蹭）我要到外面玩一会儿。

鸭妈妈：（微笑）好呀，去吧！记得不要跑太远，（摸着小鸭子的脑袋）天黑前就要回家。

小鸭子：（开心）好的，妈妈。

〔小鸭子冲出了家门，跑向森林。他跑跑跳跳，越走越远了。〕

第二幕

场景：森林、小河

角色：鸭妈妈、小鸭子、小兔子、小青蛙、小鹅、小松鼠、小鸟

旁白：不知不觉，小鸭子越走越远……太阳落山了，小鸭子突然发现自己看不到家了，找不到回家的路了。

小鸭子：（哭着，揉眼睛）我迷路了，呜呜呜……

〔小兔子蹦蹦跳跳地走上场。〕

小兔子：小鸭子，小鸭子，你怎么啦？（拍拍小鸭子的肩膀）

小鸭子：（捂着眼睛哭）呜呜呜，我要回家，可是迷路了。

小兔子：（拍拍胸膛）我送你回家，你的家在哪儿呢？

小鸭子：（擦擦眼泪）有水的地方就是我的家。（手指着远方）

〔小兔子带着小鸭子走到小河边。〕

小兔子：（东看看，西瞧瞧）小鸭子，我们到了小河边，（回头看看小鸭子）你的家呢？

小鸭子：（摇摇头，捂着眼睛哭起来）找不到了，呜呜呜……

〔小青蛙、小鹅和小松鼠上场，围了过来。〕

小青蛙：（一蹦一跳来到小鸭子身边）我来帮你，你告诉我，你妈妈叫什么名字？

小鸭子：（擦擦眼泪）叫妈妈。

小青蛙：（蹲在地上，发愁地挠挠头）这要到哪儿去找呢？

小鹅：（摇着小尾巴）你爸爸叫什么名字呀？

小鸭子：（歪着脑袋，挠了挠）叫爸爸。

小鹅：（挠挠脑袋）这可怎么找呢？

小松鼠：（摸摸小鸭的头）你叫什么名字呀？

小鸭子：（嘟了嘟小嘴巴）叫宝宝。

小松鼠：（非常吃惊）这可怎么找呢？（摇摇头）

〔小鸟上场。〕

小鸟：（摸摸小鸭子的肩膀，又拍拍自己的胸脯）别着急，我能找到你的家。（拍打着翅膀，快跑起来）

小鸟：（转圈跑着，大声喊）谁家丢了鸭宝宝？谁家丢了鸭宝宝？

小动物们：（挥着手，大声地喊着）谁家丢了鸭宝宝？谁家丢了鸭宝宝？

〔鸭妈妈快步上场。〕

鸭妈妈：（摇摇摆摆地快跑，着急）我家丢了鸭宝宝，我家丢了鸭宝宝。（喘着气）

鸭妈妈：（笑着抱着小鸭子转圈）宝宝，我可找到你了！

小鸭子：（开心）妈妈，我一路找家，认识了好多好多的好朋友。（小鸭子拉着大家的手）

鸭妈妈：（连连鞠躬）谢谢大家，帮小鸭子找到了家！

〔剧终〕

故事来源："小小童话"《小鸭找家》，朝华出版社1997年版。

大熊抱抱

陈萍萍

场景：森林（大树、小树、小花、草地）

角色：大熊、兔子、大象、小猪、伐木工人

道具：斧头

〔幕启。大熊迈着笨重的步伐上场。〕

大熊：我是森林里的大熊，我爱森林里的每一朵花、每一棵树、每一只动物。现在，我要去给他们一个大大的、大大的拥抱！

〔兔子上场。〕

大熊：（面向兔子，张开手臂做抱的动作）你好，兔子！

兔子：（害怕得蜷缩着身体）别抱我！你会把我吃掉。

大熊：（做摇手的动作）不会，我爱你。（双手做"爱心"状）

兔子：（张开手臂和大熊抱一抱）我也爱你，大熊。

〔大熊迈着笨重的步伐继续散步。大象上场。〕

大熊：（张开手臂做抱的动作）你好，大象！

大象：（看着大熊）别抱我！我会把你踩扁的。

大熊：（做摇手的动作）不怕，我爱你。（双手做"爱心"状）

大象：（张开手臂和大熊抱一抱）我也爱你，大熊。

〔大熊迈着笨重的步伐继续散步。小猪上场。〕

大熊：（张开手臂做抱的动作）你好，小猪！

小猪：（看着大熊）别抱我！我臭烘烘的。

大熊：（做摇手的动作）不怕，我爱你。（双手做"爱心"状）

小猪：（张开手臂和大熊抱一抱）我也爱你，大熊。

〔大熊迈着笨重的步伐继续散步。〕

大熊：（张开手臂把大树抱得紧紧的）我爱你，大树。（抱了抱小树）我爱你，小树。（用双手小心地抱了一下小花）我爱你，美丽的小花。

〔伐木工人扛着斧头开心地上场。〕

伐木工人：（走到一棵最大最高的树下）我要去砍树，我要多赚钱。哈，这棵树又高大又粗壮，我要把你砍掉。嘿哟，嘿哟……

〔大熊看到了，很惊讶，生气地跑向伐木工人。〕

大熊：啊！不要砍树！

伐木工人：（吓得大叫）啊，大熊！

大熊：（急忙）你不砍树，我给你一个大大的拥抱吧。（走上前，靠近伐木工人）

伐木工人：（吓得扔掉手中的斧头，双手抱在胸前）别抱我！你会把我吃掉的。

大熊：（做摇手的动作）不会，我爱你。请你不要伤害我的大树。

伐木工人：（张开手臂和大熊抱一抱）我也爱你，大熊。好吧，我不砍树了。

〔动物们向着大树围了过来。〕

动物们：（向大熊竖起大拇指）大熊真棒！我们抱一抱你！（所有的动物手拉手，抱着大熊）

伐木工人：（恳切）我再也不乱砍树了，和大家一起爱护它。

众：（齐声）森林是我们的家，我们都要保护它。我们一起抱抱就是爱。（大家相互抱在一起）

〔剧终〕

故事来源：《大熊抱抱》（文、图：〔加〕尼古拉斯·奥尔德兰特；译：余治莹），河北教育出版社 2011 年版。

奇怪的镜子

连斯维

场景：森林里的池塘

角色：小鱼、青蛙、河蚌、螃蟹、虾公公

道具：月亮的倒影

〔幕启。宁静的晚上，月亮的倒影在水面上又圆又大，小鱼在水里游玩。〕

旁白：森林里有个美丽的池塘，池塘里住着许多小动物。一天晚上，池塘里的小鱼发现有一样东西在一闪一闪的。

小鱼：（惊讶地张开双手）哇，多大多亮的镜子啊！要是把镜子搬到家里，让大家照一照该多好！（围着“镜子”左看看，右看看）

小鱼（游到“镜子”边）：呀，怎么碎成小片了？（撅起嘴巴）

〔小鱼游到池塘边。“镜子”又圆了起来。〕

〔青蛙跳着上场，来到池塘里。〕

青蛙：（张大嘴巴）呱呱呱，我的歌声真好听，呱呱呱……

小鱼：（神秘）青蛙弟弟，我找到了一面又大又圆的镜子（双手画了个大圈），请你帮我抬回家好吗？

青蛙：（点点头）好呀！

〔青蛙和小鱼游到“镜子”边，青蛙张开嘴巴想要衔住“镜子”，“镜子”碎成一块块小片了。〕

小鱼：（低下头）呀，怎么又碎成小片了？

青蛙：（张开大嘴巴）啊，这是怎么回事？

〔不一会儿“镜子”又圆了起来。河蚌上场。〕

河蚌：（手舞足蹈）啦啦啦，我的舞蹈真美呀，啦啦啦……

小鱼：（神秘）河蚌姐姐，我找到了一面又大又圆的镜子（双手画了个大圈），请你帮我抬回家好吗？

河蚌：（点点头）好呀！

〔河蚌和小鱼游到“镜子”边，河蚌刚想用两片蚌壳轻轻夹住“镜子”，可“镜子”又碎了。〕

小鱼：（低下头）呀，怎么又碎成小片了？

河蚌：（摇摇头）啊，这是怎么回事？

〔不一会儿“镜子”又圆了起来。螃蟹爬着上场。〕

螃蟹：（吹着泡泡）啵啵啵，我的泡泡真好玩，啵啵啵……

小鱼：（神秘）螃蟹哥哥，我找到了一面又大又圆的镜子（双手画了个大圈），请你帮我抬回家好吗？

螃蟹：（点点头）好呀！

〔螃蟹和小鱼游到“镜子”边，螃蟹刚想用大大的螯轻轻地夹住“镜子”，可“镜子”又碎了。〕

小鱼：（低下头）呀，怎么又碎成小片了？

螃蟹：（摇摇头）啊，这是怎么回事？

〔小鱼、青蛙、河蚌、螃蟹围着“镜子”，你看看我，我看看你。虾公公弓着背，上场。〕

虾公公：（摸摸长胡子）嘿嘿嘿，什么事情这么热闹？

动物们：虾公公，虾公公，我们找到了一面又大又圆的镜子，请你帮我们抬回家好吗？

虾公公：（开怀大笑）哈哈哈……这哪里是镜子，这是天上的月亮倒映在水面上啦！（手指天上，再指“镜子”）

动物们：（齐声）原来是月亮的倒影呀，哈哈哈！

旁白：小鱼、青蛙、河蚌、螃蟹都抬头看看天，再低头看看水面，哈哈笑了起来。

〔动物们围着月亮的倒影转着圈，有说有笑，玩得很开心。〕

〔剧终〕

故事来源：故事《奇怪的镜子》，中国儿童文学网。

小鸡找妈妈

陈雅莉

第　一　幕

场景：小树林

角色：小鸡们、鸡妈妈、小燕子

〔幕启。鸡妈妈带着一群小鸡上场，高高兴兴地到小树林找虫子。〕

鸡妈妈：（扇扇翅膀）咯咯咯，小鸡宝宝们，小树林到了，开始找虫子吃吧！

小鸡们：（细声细语）好的，找虫子喽！

〔小鸡们四散走开，边低头找虫子，边跟着鸡妈妈慢慢走下场，只留下一只落后的小鸡。〕

小鸡：（低头吃虫子）叽叽叽，叽叽叽，（抬头，摸摸肚子）吃饱了。（左右看看）妈妈呢？（惊讶地张大嘴巴喊）妈妈，妈妈！妈妈不见了，呜呜呜……（蹲在地上哭）

小燕子：（扑棱着翅膀，飞上场）小鸡，小鸡（轻轻推了推小鸡），你为什么哭呀？

小鸡：（抬头看看小燕子）我找不到妈妈了，呜……呜……（双手捂着眼睛）

小燕子：（摆摆双手）别哭，别哭，我带你去找你妈妈。你妈妈长得什么样呀？

小鸡：（伤心）我妈妈穿着一件花衣裳（从上到下捋捋羽毛），她唱起歌来可好听了，“咯咯咯”的。

小燕子：（牵着小鸡）好，我们去草地那边找找吧！

〔小燕子和小鸡慢慢走下场。〕

第　二　幕

场景：草地

角色：小鸡、小燕子、小兔

道具：蘑菇、篮子

〔小兔一蹦一跳地上场。〕

小兔：哇，草地上的蘑菇真多呀！（一手挎着篮子，一手采蘑菇）

〔小燕子牵着小鸡的手，上场。〕

小燕子：小兔，小兔，小鸡找不到妈妈了。你有没有看见穿着花衣裳（从上到下捋捋羽毛）、唱起歌来“咯咯咯”（做出唱歌的样子）的鸡妈妈呀？

小兔：（耸了耸肩，摇摇头）我没有看见，你们到小河边去找找吧！

小鸡：（点点头）谢谢你，小兔。

小兔：不客气，（用手指向河边）我跟你们去河边找找吧！

小燕子、小鸡：（齐声）好呀！好呀！

〔小兔带着小燕子和小鸡走下场。〕

第 三 幕

场景：小河、小树林

角色：小鸡、小燕子、小兔、小猫、鸡妈妈

道具：蘑菇、篮子、鱼竿

〔小猫上场。〕

小猫：（拿着鱼竿，把鱼钩甩进小河里）天气真好，今天我要钓好多鱼！

〔小兔、小燕子和小鸡上场。〕

小兔、小燕子：（站在小猫的两侧）小猫，小猫，小鸡找不到妈妈了，你有没有看见穿着花衣裳（从上到下捋毛）、唱起歌来“咯咯咯”的（做出唱歌的样子）鸡妈妈呀？

小猫：（放下鱼竿，摆摆双手，摇摇头）我没有看见，你们到小树林里去找找吧！

小鸡：（点点头）谢谢你，小猫。

小猫：不客气，（用手指向小树林）我跟你们一起去小树林找找吧！

小燕子、小兔和小鸡：（齐声）好呀！

〔鸡妈妈上场。〕

鸡妈妈：（双手靠在嘴边，伸长脖子，用力地喊）宝宝，宝宝，你在哪里呀？

小鸡：（大声）妈妈，妈妈，（跑向鸡妈妈，然后拉着鸡妈妈的手，跳了跳），我终于找到您了，我好想您呀！（抱住鸡妈妈）

鸡妈妈：（抱着小鸡）孩子，我也好想你呀！

小鸡：（侧身面向小动物们）多亏了小燕子、小兔、小猫，我才能找到您呀！

鸡妈妈：（鞠躬）小燕子、小兔、小猫，太谢谢你们了！

小燕子：（拍拍翅膀）不用谢，这是我应该做的。再见！（挥挥手）

小兔：（摸摸长耳朵）不用谢，这是我应该做的。再见！（挥挥手）

小猫：（捋捋胡子）不用谢，这是我应该做的。再见！（挥挥手）

鸡妈妈和小鸡：（挥挥手）再见！

〔鸡妈妈带着小鸡高高兴兴地边走边唱歌，下场。〕

〔剧终〕

故事来源：故事《小鸡找妈妈》，小学作文网“童话故事”栏目，2011 年 6 月 23 日整理。

乔治的寻宝之旅

谢幼幼

第　一　幕

场景：森林（草地、大树）

角色：小猪乔治、小蚂蚁们、小鸟

道具：粮食包

〔幕启。小猪乔治趴在草地上；小蚂蚁一只接一只扛着粮食包，从小猪面前经过。〕

小蚂蚁们：（扛着粮食）我们是勤劳的小蚂蚁，搬运粮食好过冬。

小猪乔治：（对着小蚂蚁看）小蚂蚁，小蚂蚁，哪里可以寻到宝藏？（一手扶着肥肥的肚子，一手顶着下巴，憨憨地看着小蚂蚁）

小蚂蚁们：（扛着粮食包，笑眯眯地说）你好，乔治！森林里有宝藏，森林有宝藏。（慢慢向前走，下场）

小猪乔治：（摸摸小脑袋，伸长脖子，眼睛向远处望去）咦，森林里有宝藏，宝藏会是什么呢？

〔小鸟上场。〕

小鸟：（抬起下巴，伸长脖子唱着）我是爱唱歌的小鸟，啾啾啾……美妙的歌儿到处飘。

小猪乔治：（抬头仰望大树）小鸟，小鸟，哪里可以寻到宝藏？（一手扶着肥肥的肚子，一手顶着下巴，憨憨地看着小鸟）

小鸟：（翅膀指向不远处的森林）森林里有宝藏，森林有宝藏。（扇了扇翅膀，下场）

小猪乔治：（摸摸小脑袋，伸长脖子，眼睛向远处望去）咦，森林里有宝藏，宝藏会是什么呢？

小猪乔治：（自言自语，满怀信心）森林里有宝藏，宝藏会是什么呢？我要去寻找宝藏。（一手握拳放在胸前，做“加油”的样子）

第　二　幕

场景：森林（花丛、苹果树、小河）

角色：小猪乔治、蝴蝶、小猴、青蛙

道具：苹果、小鱼

〔小猪上场。蝴蝶飞舞着，上场。〕

小猪乔治：（抬头仰望，自转一圈）哇，森林真美！

蝴蝶：（在花丛中，转圈舞蹈着）我是美丽的小蝴蝶，鲜花就是我的大舞台。

小猪乔治：（眨巴着眼睛）蝴蝶姐姐，蝴蝶姐姐，森林的宝藏是什么呢？（一手扶着肥肥的肚子，一手顶着下巴，憨憨地看着蝴蝶）

蝴蝶：（扑闪着漂亮的翅膀）你看，（指着花丛）五颜六色的花朵就是森林的宝藏啊！

〔蝴蝶下场。小猴上场。〕

小猴：（动作敏捷）我是机灵的小猴子，（从苹果树上摘下一个苹果）红彤彤的苹果我最爱！（“咔嚓”一声，咬一口）

小猪乔治：（好奇地问）小猴哥哥，小猴哥哥，森林的宝藏是什么呢？（一手扶着肥肥的肚子，一手顶着下巴，憨憨地看着小猴，咽了下口水）

小猴：你看，红彤彤的苹果就是森林的宝藏啊！（走到树下，又摘下一个苹果）给你一个苹果。（递给小猪一个苹果）

小猪乔治：谢谢！（接过苹果开心地吃起来）啊，好吃极了！

〔小猴下场。青蛙上场。〕

青蛙：（一蹦一跳地唱着）我是快乐的小青蛙，河水清清是我家。

小猪乔治：（好奇地问）小青蛙，小青蛙，森林的宝藏是什么呢？（一手

扶着肥肥的肚子，一手顶着下巴，憨憨地看着青蛙）

青蛙：（指着水里的小鱼）你看，自由自在的小鱼、清澈见底的小河都是森林的宝藏啊！

〔青蛙快乐地跳着下场。〕

小猪乔治：（挠挠脑袋，望着远处的花丛，抬头看看树上的果子，低头看看小鱼）对了！（高兴地跳了起来）我找到宝藏啦！（仰起头对着天空，开心地喊着）我找到宝藏啦！森林的宝藏就是花草树木，美丽的风景都是森林的宝藏。（双手举过头顶，欢呼）

〔欢快的背景音乐响起，小猪乔治迈着开心的步伐，嘴里哼着欢快的曲调，向前走；下场〕

〔剧终〕

该剧本借用了动画片《小猪佩奇》中的乔治形象。

三只山羊嘎啦嘎啦

吴惠婵

场景：河、桥、长满绿草的山坡

角色：小山羊、中山羊、大山羊、山怪

旁白：有三只山羊，名字都叫嘎啦嘎啦。他们想让自己长得胖一点，于是准备到山坡上去吃草。路上，他们必须经过一条河，河上只有一座桥，桥下却住着一个可怕的山怪，眼睛像盘子一样大，鼻子有棍子那么长。

〔幕启。小山羊迈着轻快的步子上场，到桥上放慢步伐，一步一步地走，发出“吱呀吱呀”的声音。山怪从桥下探头。〕

山怪：（咧开嘴，舞动着两个爪子）谁呀？是谁把我的桥弄得“吱呀吱呀”响？

小山羊：（害怕、小声）咩——是我，那只最小的山羊嘎啦嘎啦，我要到山坡上去吃草。（捂着嘴巴）

山怪：（皱着眉头）是吗？但我正想把你一口吞掉！（张开大嘴，吼了一声）

小山羊：（双手握在胸口）啊，求你别吃我，我太小了。过一会儿中山羊

嘎啦嘎啦就来了，他的个头可比我大多啦。（双手张开，比画出一个大大的样子）

山怪：（眼睛一亮，挑了挑眉毛）那好，你快滚吧！

〔小山羊低着头，快步走过桥，下场。中山羊迈着有力的步子上场，到桥上放慢步伐，发出“嘎吱嘎吱”的声音。〕

山怪：（咧开嘴，舞动着两个爪子）谁呀？是谁把我的桥弄得“嘎吱嘎吱”响？

中山羊：（勇敢、大声）咩咩——我是第二只山羊嘎啦嘎啦，我要到山坡上去吃草。（摸摸肚子）

山怪：（皱着眉头）是吗？但我正想把你一口吞掉！（张开大嘴，吼了一声）

中山羊：（双手握在胸口）啊，你别吃我，等会儿大山羊嘎啦嘎啦就来了，他的个头可比我大多啦。（双手张开，比画出一个大大的样子）

山怪：（暗暗地开心）太好了，那你快滚吧！

〔中山羊低着头，快步走过桥，下场。大山羊迈着强劲的步子上场，到桥上放慢步伐，发出“吱吱嘎嘎”的声音。〕

山怪：（咧开嘴，舞动着两个爪子）谁呀？是谁把我的桥弄得“吱吱嘎嘎”响？

大山羊：（提起两只前蹄子）咩咩咩，咩咩咩……是我！大山羊嘎啦嘎啦！

山怪：（大笑）好，哈哈哈，我正想把你一口吞掉！（张开大嘴，吼了一声）

大山羊：（强劲的声音）好啊，来吧！我有两把弯刀（抖动两只大羊角），正好刺穿你的眼睛；我还有两个巨大的石锤（举起两只蹄子），正好把你砸成碎片。

山怪：（扑向大山羊）嗷呜……我要吃掉你！

大山羊：（勇猛、有力）我要好好教训你！

〔大山羊向山怪猛扑过去，用犄角刺山怪的眼睛，再用蹄子把山怪踢进河里。〕

大山羊：（胜利、开心）哈哈，看你还敢欺负人。（转身招呼伙伴）山羊们上山吃草啦，山怪已经被我打死了，你们不用害怕。

〔小山羊和中山羊上场，开心地跟着大山羊跑上山坡。〕

三只羊：（齐声）我们要多吃青草，变成三只又胖又壮的大山羊。

〔剧终〕

故事来源：《三只山羊嘎啦嘎啦》（整理：〔挪〕P. C. 阿斯别约恩森、J. E. 姆厄；图：〔美〕玛夏·布朗；译：熊春、蒲蒲兰），二十一世纪出版社2007年版。

幼儿园里我不哭

陈雅莉

场景：幼儿园活动室（桌子、椅子、玩具）

角色：小亚、小奈、小翔、小秋、小莎、小健、小香

道具：抹布、沙子做的蛋糕、火车头玩具箱、晴天娃娃

〔幕启。幼儿园活动室里，小朋友们各自玩着玩具，而小亚坐在地上哭泣。〕

小亚：（伤心）不要不要（跺着脚，把鞋也踢飞了），妈妈不要走！（朝门口喊着）

小奈：（走到小亚身旁，摸了摸小亚的头）别哭了，别哭了。（双手抱住小亚）

小亚：（拨开小奈的手，摇着头）不要不要，口水流到我身上了。（拍拍身上的衣服，捂着脸，继续哭泣）

小翔：（手拿一块布，走到小亚身旁）别哭了，别哭了。（帮小亚擦了擦眼泪）

小亚：（拨开小翔的手，摇着头）不要不要，这是抹布啊。（揉揉眼睛，继续哭泣）

小秋：（捧着一块沙子做的蛋糕，来到小亚身旁）别哭了，别哭了。（把“蛋糕”递给小亚）

小亚：（扭过头，撅着嘴）不要不要，这是沙子做的蛋糕。（说完，又哭了）

小莎：（拿起小亚的鞋子，走到小亚面前）别哭了，别哭了。（想帮小亚穿好鞋）

小亚：（抢过鞋子，摇着头）不要不要，我要自己穿。（边哭边穿鞋）

小健：（套着火车头玩具箱，双手做开车转方向盘的动作，开着“火车”

走到小亚面前）别哭了，别哭了，火车到站啦！（指着火车头玩具箱）小亚要不要上车呀？（笑着看小亚）

小亚：（双手交叉在胸前，摇着头）不要不要，又不是真的火车。（说完又哭了）

小香：（拿着晴天娃娃走到小亚身旁）别哭了，别哭了。（把晴天娃娃塞到小亚怀里）希望小亚的眼睛不要再下“眼泪雨”了。（笑着看小亚）

小亚：（把晴天娃娃还给小香，哭着说）不要不要，我最讨厌晴天娃娃了。

〔幕后，响起“滴滴答答”下雨的声音。〕

小奈：（惊讶）伙伴们，快看外面下雨啦。（手指着窗外）

小亚：（撅着嘴巴，摇着头）不要不要，我不喜欢下雨，不能到外面玩了。

小翔：（笑着说）外面的雨正在和小亚下的“眼泪雨”比赛呢！

小秋：（新奇）真的呢！

小莎：（高兴）我们来为小亚加油吧！（单手握拳在胸前做“加油”状）

众人：（齐声、响亮）小亚的“眼泪雨”加油啊！不要输给天上的雨！

小亚：我讨厌下雨！我讨厌下雨！（双手握拳在肩上挥动，皱眉眯眼拼命地哭）

小健：（笑着指着窗外）雨……雨停啦！

小香：（开心地笑）好厉害呀！小亚是“小雨冠军”！（竖起大拇指）

众人：（齐声、响亮）小亚赢了，小亚好厉害！小亚赢了，小亚好厉害！（大家为小亚鼓掌）

小亚：（既开心，又害羞）哈哈哈，我赢了！我不用哭了！（开心地举手欢呼）

〔小伙伴们一起开心地围着小亚欢呼着。〕

小健：（套着火车头玩具箱，双手做开车转方向盘的动作，开着“火车”走过来）天晴了，小亚开心了，大家上车吧，我们一起去玩喽。

〔大家一手搭肩一手做开火车的动作，齐声发出“咔嚓咔嚓”声，慢慢下场。〕

〔剧终〕

故事来源：《幼儿园里我不哭》（著：〔日〕滨田桂子；译：汪婷），北京科学技术出版社2017年版。

是谁咬了我的大饼

吴莹莹

第　一　幕

场景：小猪家（桌子）

角色：小猪

道具：烤炉、擀面杖、大饼

〔幕启。小猪随音乐《饼干歌》，在家里用擀面杖制作一个超级大的饼。〕

小猪：（一手拿擀面杖，一手摸着肚子）我是一只快乐的小猪，最喜欢做大饼。大饼又甜又香又好吃！（竖起大拇指）

〔小猪从烤炉里端出大饼，闻了闻。〕

小猪：（把大饼放在桌子上，伸懒腰）大饼做好了，好困呀！（揉了揉眼睛）我要睡一觉。（边打哈欠边趴在桌子上，睡着了）

小猪：（边睡边说梦话）肚子好饿呀！吃块大饼吧！（嘴不自觉地啃了一口桌子上的大饼，继续睡觉）

〔小猪伸懒腰、打哈欠，醒过来了，拿起桌上的大饼看了又看。〕

小猪：（盯着大饼，挠了挠脑袋）咦，我的大饼怎么被咬了一口？是谁咬了我的大饼？这个坏家伙，我一定要把他找出来！

〔带着大饼下场。〕

第　二　幕

场景：森林（花丛、小河）

角色：小猪、小鸟、兔子、狐狸、鳄鱼、河马

道具：第一幕中被咬的大饼

〔幕启。小猪手捧着大饼上场。小鸟边唱边拍打着翅膀上场。〕

小鸟：（高兴地唱）我要飞得更高，飞得更高……

小猪：（手拿着大饼，走到了小鸟面前）小鸟，小鸟，是不是你咬了我的大饼？

小鸟：（摇了摇头）不是不是，不是我咬的，不信你看！（咬了一口大饼，指着大饼）

小猪：（看了看小鸟咬过的痕迹，用手比了比）嗯，果然不一样，哼！我一定要把这个坏家伙找出来！（叉着腰，大步向前迈）

〔小鸟下场。兔子随音乐《兔子舞》边舞蹈边上场。〕

小猪：（叉着腰，手拿着大饼，生气地朝兔子喊）兔子，兔子，是不是你咬了我的大饼？

兔子：（摇摇脑袋）不是我，不是我，不信你看！（咬了大饼一口，指着大饼）

小猪：（对比了下牙印）嗯，果然不一样，到底是谁呢？（挠挠头）

〔兔子下场。狐狸随音乐跳着舞，上场。〕

狐狸：（摇头晃脑跳到了小猪面前，闻了闻大饼）真香呀！

小猪：（叉着腰，把大饼放到了背后）狐狸，狐狸，是不是你咬了我的大饼？

狐狸：（瞥了一眼小猪）哼！才不是我，不信你让我咬一口看看！（凑到大饼前，咬了一口）

小猪：（对比了下牙印，挠了挠脑袋）嗯，果然不一样。

〔狐狸下场。鳄鱼随音乐《大鳄鱼》慢慢地走上场。〕

小猪：（手拿着大饼）鳄鱼，鳄鱼，是不是你咬了我的大饼？

鳄鱼：（用力摇了摇尾巴）不是我，不信你看！（咬了一口大饼）我的牙印是锯齿形状的。

小猪：（挠了挠脑袋）嗯，果然不一样。

〔鳄鱼下场。河马打着大大的哈欠，走到了小猪面前。〕

河马：（盯着小猪的大饼）怎么？小猪？

小猪：（看着河马，手拿着大饼）河马，河马，是不是你咬了我的大饼？

河马：（笑着，张开大口）哈哈！不是我，不信你看！（咬了一口大饼）我的牙印像城墙一样！

小猪：（伸长脖子、瞪大双眼）啊！这牙印，真大！果然不一样。

小猪：（捧着已经被吃掉大半个的大饼）大饼不是他们咬的，那到底会是

谁？真奇怪。（难过地低头想着）

旁白：咕噜咕噜，小猪的肚子也有点饿了，他也在大饼上咬了一口，“啊呜”，咬出了一个小小的半圆形。

小猪：（吧唧吧唧嚼着饼）真好吃！（一边吃着大饼，一边想）到底是谁咬了我的大饼呢？小朋友们帮我想想吧！

〔音乐《饼干歌》响起，所有演员上场，和小猪一同舞蹈。〕

〔剧终〕

故事来源：《谁咬了我的大饼》（文、图：徐志江），南京师范大学出版社 2020 年版。

小鸡球球变点心

陈雅莉

场景：森林（大树、草地）

角色：小鸡球球、小熊、长颈鹿、小猴子、粉色大鸟、小狐狸、大狮子

道具：狗尾草、蛋饼、果仁巧克力、面包圈、草莓冰淇淋、小饼干、布丁

〔幕启。小鸡球球手拿狗尾草，哼着歌上场。〕

小鸡球球：（开心）叽叽叽，我跟嘎嘎阿姨学了一个魔法（甩着手中的狗尾草），只要我一念咒语（手指着自己），哎呀呀，所有东西都能变成点心。哈哈哈！（高兴地扑棱着翅膀）

〔小熊迈着慢悠悠的步子，上场。〕

小熊：（微笑）大家好！我是毛茸茸的小熊。（摸摸肚子）

小鸡球球：（高兴）叽叽叽，小熊，我帮你变点心吧？

小熊：（摸摸毛茸茸的肚子，点点头）好呀！

小鸡球球：（甩着手中的狗尾草）快快变点心。（指着小熊）呀咪呀咪，咕噜噜——变！

小熊：（惊讶）呀，我的肚子变成热乎乎的蛋饼啦！（笑着拍拍蛋饼）

〔长颈鹿伸着长脖子，左瞧右瞧，上场。〕

长颈鹿：（微笑）大家好！我是高个子的长颈鹿。

小鸡球球：（高兴）叽叽叽，长颈鹿，我帮你变点心吧？

长颈鹿：（伸伸脖子笑了笑，点点头）好呀！

小鸡球球：（甩着手中的狗尾草）快快变点心。（指着长颈鹿）呀咪呀咪，咕噜噜——变！

长颈鹿：（惊奇）哟，我身上的斑点变成了果仁巧克力啦！（笑着抖了抖身体）

〔小猴子抓耳挠腮，快速地上场。〕

小猴子：（微笑）大家好！我是卷尾巴的小猴子。

小鸡球球：（高兴）叽叽叽，小猴子，我帮你变点心吧？

小猴子：（挠挠脑门，点点头）好呀！

小鸡球球：（甩着手中的狗尾草）快快变点心。（指着小猴子）呀咪呀咪，咕噜噜——变！

小猴子：（惊讶）呵，我卷起的尾巴变成了圆圆的面包圈啦！（抱起面包圈）

〔粉色大鸟一步一停，优雅地上场。〕

粉色大鸟：（微笑）大家好！我是美丽的粉色大鸟。

小鸡球球：（高兴）叽叽叽，粉色大鸟，我帮你变点心吧？

粉色大鸟：（捋捋羽毛，点点头）好呀！

小鸡球球：（甩着手中的狗尾草）快快变点心。（指着粉色大鸟）呀咪呀咪，咕噜噜——变！

粉色大鸟：（惊讶）啊，我的胸膛变成了草莓冰淇淋啦！（挺了挺胸）

〔小狐狸快步上场。〕

小狐狸：（微笑）大家好！我是腮帮鼓鼓的小狐狸。（鼓鼓腮帮）

小鸡球球：（高兴）叽叽叽，小狐狸，我帮你变点心吧？

小狐狸：（鼓鼓腮帮，点点头）好呀！

小鸡球球：（甩着手中的狗尾草）快快变点心。（指着小狐狸）呀咪呀咪，咕噜噜——变！

小狐狸：（惊讶）呃，我的腮帮变成了酥酥的小饼干啦！（鼓鼓腮帮）

〔大狮子“嗷呜”大吼一声，跑着上场。〕

大狮子：（凶狠）嗷呜——我是威武的大狮子，（张牙舞爪）我要抓住你们。（扑向动物们）

众动物：（惊吓）不好啦！球球快念咒语！（四散跑开）

小鸡球球：（甩着手中的狗尾草）看我的。快快变点心。（指着大狮子）呀咪呀咪，咕噜噜——变！

大狮子：（惊讶）啊，我的鼻子变成了软绵绵的布丁！（舔了舔自己的鼻子）哇，真好吃！（开心地笑了，收起爪子和尖牙）

众动物：（高兴）我们都变成点心了，（动物们围着小鸡球球，笑着竖起大拇指）小鸡球球真厉害！

小鸡球球：（甩着狗尾草，笑着说）再变一个什么点心呢？大家一起来吧！（招招手）

众动物：（高兴）呀咪呀咪，咕噜噜——变！哈哈哈！（鼓掌欢呼）

〔剧终〕

故事来源："小鸡球球的故事"《小鸡球球变点心！》（著绘：〔日〕入山智；译：崔维燕），长江少年儿童出版社2018年版。

来喝水吧

王银英

场景：森林（水洼）

角色：犀牛、老虎、巨嘴鸟、雪豹、驼鹿、鲇鱼、大熊猫

〔幕启。犀牛在森林里散步。〕

犀牛：（惊奇地发现一片水洼）哇，这里的水可真多呀。（迫不及待地低下头，伸出大嘴巴喝水，边喝边不时抬起头称赞）哼呼，啪嗒！哈哈，这里的水真甜，真好喝！

犀牛：（想起了一起玩耍的老虎，仰起头，大声叫起来）老虎，快来，快来喝水吧，这里的水可甜了！

〔老虎飞快地跑着上场。〕

老虎：（吞咽着口水，吃惊）来啦，来啦，这儿竟然有一片水洼，真棒！（在水洼边舔水）呼噜噜噜！天哪天哪，实在太好喝了！

〔活泼可爱的巨嘴鸟舞动翅膀欢快地上场。〕

巨嘴鸟：（来到水洼边）你们好，我是巨嘴鸟，我可以和你们一起喝水吗？

老虎：（热情地挥挥手）巨嘴鸟，快来，快来喝水吧，这里的水可甜了！

巨嘴鸟：（急切）来啦，来啦。啊咔，啊咔！啊咿咔！（围着水洼拼命地喝个不停）

〔雪豹大摇大摆地上场，来到了水洼旁，他的眼睛紧紧地盯着水洼。〕

巨嘴鸟：（召唤着雪豹）嘿，雪豹，快来，快来喝水吧！（指着水洼）

雪豹：（小心翼翼地靠近水洼）来啦，来啦。噗噜噜噜！（大口大口地喝水）这水真好喝，可是我们的水越来越少了。

〔调皮的驼鹿嬉笑着上场。〕

驼鹿：（礼貌）你们好，我是驼鹿，我可以和你们一起喝水吗？

雪豹：（看了一眼驼鹿）嗯，喝吧！

〔鲇鱼做游泳的动作，上场。〕

鲇鱼：（摇晃脑袋向大家打招呼）你们好，我是鲇鱼，我可以和你们一起玩吗？

驼鹿：（挥手欢迎）鲇鱼，快来，哈哈哈！

〔调皮的驼鹿、鲇鱼在水洼里嬉戏，玩得不亦乐乎。大熊猫慢悠悠地走上场。〕

大熊猫：（声音浑厚）你们好，我是大熊猫，我也想喝这甜甜的水。

鲇鱼：（摇摆着尾巴）大熊猫，快来，快来喝水吧，这里的水可好喝了！

大熊猫：（小口小口地抿水，谦让着驼鹿）嗞嗞，嗞嗞，嗞嗞！您先请，您先请。

驼鹿：（急忙）我还要喝，哈哈哈！

大熊猫：（抿一小口）嗞嗞，您先请，您先请。（谦让着驼鹿，往后退了一步）

〔调皮的驼鹿、鲇鱼又在水洼里嬉戏，越玩越起劲。〕

巨嘴鸟：（生气地对驼鹿说）嘿，嘿，把你的蹄子从我耳朵边挪开！

雪豹：（愤怒地对鲇鱼说）不要再嬉戏了，我们的水变得越来越少了。

犀牛：（慢慢地摇摇头）不怕，我们的水喝完后还会有的。

雪豹：（皱着眉头）看，我们的水变少了。

大熊猫：（瞪着水发呆）水，变得更少更少了……

老虎：（瞪着鲇鱼和驼鹿，生气）鲇鱼、驼鹿，看你们干的好事，再闹腾，水一滴也没有了。

巨嘴鸟：（内疚）我不应该大口喝水，没水喝了。

驼鹿：（内疚）对不起，我不该在水里嬉戏，害得大家没水喝了。

鲇鱼：（小声抽泣，内疚）我知道错了，我不该在水里嬉戏，害得大家没水喝了。

犀牛：（双手招呼大家）伙伴们，我们要好好珍惜水，喝水时一定不可以浪费，同意的请举手。

众动物：（举手）同意，我们要好好珍惜水。

旁白：看着干枯的水洼，动物们很失落。这时，一片乌云挡住了太阳，乌云越来越多，开始下雨了，水洼的水越来越多了。

众动物：（笑着手拉手欢呼）呜啦，喔呀，哇吼吼，太棒了！我们又有水喝了。小伙伴们，请保护我们的水资源。没有水，我们将无法生存。

〔剧终〕

故事来源：《来喝水吧》（文、图：〔澳〕葛瑞米·贝斯；译：影子），长江少年儿童出版社 2015 年版。

果宝乐园

陈红霞

场景：池塘、花丛、大树

角色：苹果宝宝、西瓜宝宝、菠萝宝宝、橘子宝宝、葡萄宝宝

道具：绳子、游泳圈、梯子、渔网

〔幕启。苹果宝宝、西瓜宝宝、菠萝宝宝、橘子宝宝以及多个葡萄宝宝一个接一个“搭小火车”上场。〕

众水果宝宝：（前后搭肩）呜——咔嚓咔嚓……水果火车出发啦！呜——咔嚓咔嚓……

苹果宝宝：（开心）我们一起玩捉迷藏吧！

其他水果宝宝：（齐声）好呀！好呀！玩捉迷藏喽！（菠萝宝宝举起双手赞同，西瓜宝宝拍着大肚皮，橘子宝宝高兴地扭动着屁股，葡萄宝宝们蹦蹦

跳跳）

苹果宝宝：（大声）伙伴们，我来找，大家快快藏起来。

其他水果宝宝：（齐声）好，快快藏起来。（水果宝宝四散跑开，东看看，西瞧瞧，找躲藏的地方）

苹果宝宝：（趴在池塘旁的大树干上，捂住眼睛开始数数）一、二、三……

〔西瓜宝宝藏到花丛中；菠萝宝宝、橘子宝宝快步躲得远远的，下场。〕

葡萄宝宝们：（急切）哎呀……哎哟……（一个不小心，“扑通”“扑通”“咕噜”“咕噜”……几个葡萄宝宝左摇右摆地掉进了池塘里）

葡萄宝宝们：（惊慌、尖叫）快来人呀，救救我们吧！（双手举过头顶，大声呼救）

苹果宝宝：（转身，顺手拿起树下的绳子跑到池塘边）别害怕，快拉着绳子上岸吧！（葡萄宝宝1抓住了绳子的一端，苹果宝宝用力拉绳子把葡萄宝宝1救上了岸）

葡萄宝宝1：（抖抖身上的水）谢谢你！苹果宝宝。

苹果宝宝：（抱了抱葡萄宝宝1）不客气，没事就好。

西瓜宝宝：（扶着自己的大肚子，摇摇摆摆地跑出来）别害怕，葡萄宝宝，（把池塘边的游泳圈抛向葡萄宝宝们）快接着游泳圈游上岸吧！（葡萄宝宝2套上游泳圈游上了岸）

葡萄宝宝2：（抖抖身上的水）谢谢你！西瓜宝宝。

西瓜宝宝：（抱了抱葡萄宝宝2）不客气，没事就好。

剩余葡萄宝宝们：（惊慌、尖叫）快来人呀，救救我们吧！（双手举过头顶，大声呼救）

菠萝宝宝：（扛着梯子，气喘吁吁地跑上场）别害怕，葡萄宝宝，（把梯子顺着池塘边往下放，双手紧紧地抓住梯子的一端）快顺着梯子爬上岸吧！（葡萄宝宝3顺着梯子爬上了岸）

橘子宝宝：（拿着一张渔网，急急忙忙地跑上场）别害怕，葡萄宝宝（用力把渔网甩开，抛向葡萄宝宝），我用网捞你上岸吧！（葡萄宝宝4被捞上来了）

葡萄宝宝3：（抖抖身上的水）谢谢你！菠萝宝宝.

葡萄宝宝4：（抖抖身上的水）谢谢你！橘子宝宝。

菠萝宝宝、橘子宝宝：不客气，没事就好。

葡萄宝宝们：（点头鞠躬）谢谢！谢谢大家！

其他水果宝宝：（哈哈笑起来）好朋友就应该互相帮助，以后我们玩游戏可要注意安全了。

〔大家开心地笑了，水果宝宝们围在了一起，你抱抱我，我抱抱你，又开始快乐地唱歌、跳舞、做游戏。〕

〔剧终〕

故事来源：《表达·创作·表演——幼儿园戏剧教育课程》（小班）（主编：张金梅），南京师范大学出版社2014年版。

小 黑 鱼

王雅丽

场景：大海（海草、珊瑚、礁石）

角色：小黑鱼、小红鱼、金枪鱼、水母、大龙虾、海鳗

〔幕启。小鱼们上场；音乐《小小美人鱼》响起，小红鱼和小黑鱼在水里快乐地游来游去，互相追逐。小黑鱼游得又快又优雅，像是在舞蹈。〕

旁白：大海的一个角落里，住着一群快乐的小鱼，只有一条是黑色的，其余都是红色的。黑色的小鱼叫小黑鱼，他比他的兄弟姐妹游得要快很多。

〔金枪鱼上场。〕

金枪鱼：（低头捂着肚子）我好久没有吃东西了，都忘记肉是什么味道的啦。说到肉，啊哈哈哈哈，这不是肉吗？（恶狠狠地冲向小鱼们）

众小鱼：（紧张、呼喊）快跑啊，快跑啊，金枪鱼来了。

〔小鱼们被金枪鱼追得四处逃散，小红鱼被金枪鱼吃掉了，只有小黑鱼逃走了。〕

金枪鱼：（舔舔舌头）哈哈，真是美味！（摸摸肚子）

〔金枪鱼快速地游下场。〕

小黑鱼：（害怕地发抖）呜……我该去哪儿呢？我已经游了好久好久，可是我的朋友们在哪儿呢？（独自在海里游来游去）

旁白：大自然真是一个神奇的世界，大海里到处都是各种各样奇妙的生命。小黑鱼游啊游，碰到一个又一个奇迹。

〔水母们上场，优雅地游泳。〕

小黑鱼：（惊讶）哇，好漂亮，你们是谁呀？（绕着水母游了一圈）

水母1：（自豪）我们是水母呀。（转了个圈，笑了笑）

小黑鱼：（好奇）你们和彩虹果冻一样漂亮！（双手托着下巴）

水母2：（热情）小黑鱼要不要一起跳舞呀？

小黑鱼：（笑着拍手）好呀！

水母们：（开心）来和我们一起跳舞，一起玩吧！

〔音乐《泡泡》响起，伴随着欢快的音乐，水母们带着小黑鱼一起玩，围着小黑鱼跳舞。大龙虾们整齐划一地上场，小黑鱼慢慢地靠近大龙虾们；水母们边转着圈边下场。〕

小黑鱼：（惊奇）哇，好威风！你们是机器人吗？（指着大龙虾）

大龙虾1：（自豪）我们不是机器人，（晃动着威武的钳子）我们是大龙虾。

小黑鱼：（竖起大拇指）你们好威风！

大龙虾2：（点点头）谢谢夸奖！你要不要和我们一起操练呀？

小黑鱼：（笑着拍手）好呀！

〔大龙虾们走在前面，小黑鱼也学起了他们大摇大摆走路的样子跟在后面走着。大龙虾们一步一步威风地走下场。海鳗骄傲地扭动着长长的身体，上场。〕

小黑鱼：（惊讶地捂着下巴）哇，好长的鱼，请问你是谁？

海鳗：（自豪）你好，我是海鳗。

小黑鱼：（双手张开，比画着海鳗的长度）哇，你的身体好长。

海鳗：（开心）是啊，我都不知道我的身体到底多长，你可以在我的身体上滑滑梯。

小黑鱼：（笑着拍手）好呀！

〔音乐《多快乐》响起，小黑鱼跟在海鳗后面，穿梭着游来游去。海鳗慢慢地拖着长长的身子下场。小红鱼们从后台上来，躲在礁石的后面。〕

小黑鱼：（对着礁石喊）是谁？

小红鱼们：（小声，探出一个个脑袋）我们是小红鱼。

小黑鱼：（笑着拍手）出来吧，我们一起玩吧！

小红鱼们：（猛地摇头，纷纷摆手）不行，金枪鱼会把我们吃掉的！

小黑鱼：（挠挠脑袋，走来走去）可是，你们不能老躲在那儿吧！我们一定要想想办法。（拍了一下手）有了！我们可以游在一起，变成海里最大的鱼！我来当眼睛。（拍拍自己的身体）

小红鱼们：（笑着拍手）这真是个好主意！

〔音乐《海底的花园》响起，小鱼们游在一起，身体紧紧挨着，自觉排成一条大红鱼的样子，小黑鱼游在前面扮眼睛。〕

旁白：他们在清凉的早上游，在阳光灿烂的中午游，把大鱼吓跑了。大海恢复了平静，大家快乐幸福地生活在一起。

〔剧终〕

故事来源：《小黑鱼》（文、图：〔美〕李欧·李奥尼；译：彭懿），南海出版公司 2017 年版。

小猪变干净了

何珍妮

第　一　幕

场景：小猪家、草地、小树、小花、泥坑

角色：猪妈妈、小猪、小兔、小白鹅

道具：桌子、椅子、书本

〔幕启。猪妈妈和小猪坐在家里的沙发上看书。〕

猪妈妈：（笑着，招手）大家好，我是猪妈妈。

小猪：（转一圈，摸摸自己的肚子，笑着）嗨，我是小猪。我们有圆圆的脑袋、大大的耳朵、小小的眼睛、翘翘的鼻子、胖胖的身体。我们是幸福的一家！（小猪拉着妈妈的手，猪妈妈摸摸小猪的头）

小猪：（走到门前，指着门外高兴地说）妈妈，雨停了，太阳出来了！我可以去外面玩吗？

猪妈妈：（摸摸小猪的头）可以呀，和朋友们好好玩哦。

小猪：（开心地点头）知道了，妈妈。

〔猪妈妈下场；小猪出门后，看到一个大泥坑。〕

小猪：（欢喜）哇！这里有一个大泥坑，我最喜欢在泥坑里玩了。（开心地跳泥坑）

〔音乐《兔子舞》响起，小兔随音乐蹦蹦跳跳地上场。〕

小兔：（招招手）嗨，大家好，我是小兔。我有长长的耳朵、短短的尾巴、洁白的身体，我最爱干净！

小猪：（急忙大喊）小兔，小兔，（从泥坑里跳了出来，拉着小兔的手）我和你一块儿玩，好吗？

小兔：（后退一步）哟！是小猪，看你多脏啊！（甩开了小猪的手，退了几步）快去洗洗吧，洗干净了我再和你玩。（小兔跳到草地上自己玩起来）

小猪：（生气，嘟着嘴巴，叉腰）哼，不玩就不玩！我才不洗呢！（继续跳泥坑）

〔小白鹅一摇一摆地上场。〕

小白鹅：（挥动双手）大家好，我是洁白可爱的小白鹅。我有红红的帽子、白白的羽毛，我最美丽！（拍了拍自己的羽毛，踮起脚转圈）

小猪：（急忙大喊）小白鹅，（围着小白鹅转了一圈，凑到她面前）我和你一块儿玩，好吗？

小白鹅：（连忙后退）哟！是小猪，看你多脏啊！（皱着眉头，捏着鼻子，后退了几步）快去洗洗吧，洗干净了我再和你玩。

小猪：（跺着脚，叉腰）哼，不玩就不玩！洗澡多麻烦，我才不洗呢！（继续跳泥坑）

小白鹅：（向小兔招手）小兔，我们一起去玩吧！

小兔：（一蹦一跳跑向小白鹅）好呀，一起玩吧！（小兔子和小白鹅手拉着手高高兴兴向前走）

小猪：（冲了过来，跳到了他们的面前）你们要去哪里呀？我也要去，可以吗？

小兔、小白鹅：（齐声）小猪小猪脏兮兮，我们不愿意和你玩。

〔小兔和小白鹅一起下场。〕

小猪：（伤心）呜呜……我也想一起玩！（小猪手抱头蹲着哭了起来）

第　二　幕

场景：小河

角色：猪妈妈、小猪、小兔、小白鹅

道具：毛巾、澡盆

〔幕启。猪妈妈在小河旁。小猪边哭边上场。〕

猪妈妈：（摸了摸小猪的头）宝贝，你怎么啦？

小猪：（哭着抱住妈妈）呜呜，没有朋友和我玩，他们说我脏。

猪妈妈：（笑着，拍了拍小猪身上的泥土）你瞧，你身上都是泥，快来洗个澡吧！变干净，大家都会喜欢你的。

小猪：（惭愧地低下头）好的，妈妈。

猪妈妈：（慈爱）走，我带你到河里去洗个澡吧！

〔猪妈妈拿着毛巾、澡盆，带着小猪一起来到小河里洗澡。音乐《我爱洗澡》响起，猪妈妈用毛巾给小猪洗脸，小猪自己往身上泼水。〕

猪妈妈：（笑眯眯地拍拍小猪的屁股）宝贝，洗干净了真好看！

小猪：（抖抖耳朵上的水）哈哈，我变干净啦！哈哈哈！（高兴地蹦蹦跳跳）

〔小兔和小白鹅一前一后上场。〕

小兔：（围着小猪转了一圈）哇！小猪你变得真干净！我们一起来玩吧！

小白鹅：（看着小猪一蹦一跳）哇！小猪你变得真干净！我们一起来玩吧！

小猪：（拍手欢呼）哦！我们一起玩啦！

〔音乐《好宝宝》响起，大家与小猪一起舞蹈。〕

〔剧终〕

故事来源：《小猪变干净了》（文：朱庆坪；图：何艳荣），少年儿童出版社 1984 年版。

金教鞭

快乐环保

陈萍萍

第一幕

场景：佩奇家（餐桌、其他各种家具）

角色：佩奇、乔治、猪爸爸、猪妈妈

道具：早餐、回收箱、玻璃瓶、易拉罐、报纸、废旧电池、厨余垃圾

〔幕启。佩奇一家人围坐在桌旁吃早餐。〕

佩奇：（大方、自信）我是佩奇，（伸出手做介绍家人的动作）这是我的弟弟乔治，这是我的妈妈，这是我的爸爸。

猪爸爸：宝贝们，吃完了别忘收拾垃圾哦！

猪妈妈：（拿着玻璃瓶说道）记得别把玻璃瓶扔进垃圾桶，玻璃瓶可以回收。

猪爸爸：（手指着回收箱）这是我们的回收箱。

〔佩奇和乔治把收拾的东西放进回收箱里。〕

猪妈妈：（招呼佩奇、乔治）东西收拾完了，我们现在去回收中心吧！

佩奇：（开心地做拍手的动作）太好了！我们走吧！

〔妈妈拿着玻璃瓶，佩奇拿着易拉罐，乔治拿着报纸，爸爸拿着废旧电池和厨余垃圾。〕

猪爸爸：（看着家人）大家都准备好了吗？

猪妈妈、佩奇、乔治：（齐声）好了，猪爸爸！

猪爸爸：那我们走吧！

〔一家人开心地唱歌，往回收站方向走去；下场。〕

第二幕

场景：垃圾回收站

角色：佩奇、乔治、猪爸爸、猪妈妈、兔小姐

道具：红色、蓝色、绿色回收箱各一个，玻璃瓶、易拉罐、报纸、废旧电池、厨余垃圾若干。

〔佩奇一家来到垃圾回收站，兔小姐正忙碌地工作着。〕

猪爸爸：兔小姐的回收中心到啦！

兔小姐：（跟佩奇一家礼貌地打招呼）你们好啊！

众人：（向兔小姐招招手）你好，兔小姐！

兔小姐：（指示）请把东西放到回收箱里。（一手指着旁边的回收箱）

猪爸爸：（爽快）好的，没问题！

猪妈妈：（犹豫）谁知道玻璃瓶要放到哪个箱子里？（手拿着玻璃瓶，看着佩奇和乔治）

佩奇：（眼珠子一转，做思考的动作）噜噜噜，玻璃瓶放进蓝色可回收垃圾箱。（接过玻璃瓶，放到蓝色可回收垃圾箱）

猪爸爸：（夸赞）没错，佩奇。（对佩奇竖起了大拇指）

猪妈妈：（犹豫）谁知道易拉罐要放到哪个箱子里？（手拿着易拉罐，看着佩奇和乔治）

乔治：（肯定）哼唧哼唧，易拉罐放进蓝色可回收垃圾箱。（接过易拉罐，放到蓝色可回收垃圾箱）

猪爸爸：（夸赞）说得对，乔治。（走过去摸了摸乔治的脑袋）

猪妈妈：（犹豫）谁知道报纸要放到哪个箱子里？（手拿着报纸，看着佩奇和乔治）

佩奇：（肯定）噜噜噜，报纸放进蓝色可回收垃圾箱。（接过报纸，放到蓝色可回收垃圾箱）

猪爸爸：（夸赞）说得对，佩奇。（走过去摸了摸佩奇的脑袋）谁知道废旧电池放哪个箱子？（拿出废旧电池）

乔治：（快速、大声）哼唧哼唧，废旧电池放进红色有毒垃圾箱。（接过废旧电池，放进红色有毒垃圾箱）

猪妈妈：（拍手）对了，乔治。

猪爸爸：（大声提问）谁知道厨余垃圾放进哪个箱子？（提起一袋厨余垃圾）

佩奇：（快速、大声）厨余垃圾放进绿色厨余垃圾箱。（接过猪爸爸的垃圾袋，放入绿色厨余垃圾箱）

猪妈妈：（拍手）对了，佩奇。

众人：（拍手欢呼）真棒！垃圾分类做好了。

猪妈妈：（拉着佩奇和乔治的手）垃圾放好了，我们回家吧！

兔小姐：谢谢你们回收的东西！

众人：（笑着）不客气。

兔小姐：（做挥手的动作）再见！

众人：（齐声）再见！

〔音乐响起，一家人开心地唱歌，往家的方向走去；下场。〕

〔剧终〕

故事来源："小猪佩奇"《快乐环保》（改编：英国快乐瓢虫出版公司；译：苗辉），安徽少年儿童出版社 2013 年版。

最奇妙的蛋

蔡真真

第　一　幕

场景：森林里的小木屋（桌子、椅子）

角色：母鸡圆圆、母鸡琪琪、母鸡毛毛

道具：米粒、豆子、小虫等母鸡吃的食物

〔幕启。圆圆、琪琪、毛毛坐在桌边，一边吃早餐一边谈论着。〕

旁白：在森林里的小木屋里面，圆圆、琪琪和毛毛三只母鸡正围坐在桌边，一边享用早餐，一边讨论到底谁是最漂亮的母鸡，结果争吵了起来。

圆圆：（扬起下巴）我最漂亮，因为我有美丽的羽毛。（双手左右轮番拨动着自己身上的羽毛）

琪琪：（摇头）不对，不对，（扬起下巴）我最漂亮，因为我有细长的腿。（伸出自己的腿，骄傲地摇晃着）

毛毛：（摇头）不对，（扬起下巴）我最漂亮，因为我有最漂亮的鸡冠。

（摸了摸自己的鸡冠）

圆圆：（双手叉腰，指着自己）胡说，胡说，我最漂亮。

琪琪：（双手叉腰，指着自己）胡说，胡说，我才最漂亮。

毛毛：（双手叉腰，指着自己）胡说，胡说，我才最漂亮。

众：（七嘴八舌、指指点点、频频跺脚）我才最漂亮……我才最漂亮……我才最漂亮……

圆圆：（用力拍了一下桌子）既然比不出来谁最漂亮，那么让国王陛下说说到底我们谁最漂亮。

琪琪、毛毛：（赞同，齐声）好！

〔三只母鸡一起走出小木屋，下场。〕

第　二　幕

场景：国王宫殿外的草地上

角色：母鸡圆圆，母鸡琪琪，母鸡毛毛，国王，母鸡甲、乙、丙、丁

道具：三个蛋（一个又白又亮、一个大、一个四四方方）

〔幕启。三只母鸡来到国王面前。〕

圆圆：（向前走了一步，行了礼）亲爱的国王陛下，我们想让您帮我们解决一个问题。

国王：（大笑）哈哈哈——是什么问题啊？

琪琪：（向前走了一步，行了礼）亲爱的国王陛下，您评一评我们三个到底谁最漂亮。

毛毛：（一手叉腰，一手摸着鸡冠）我最漂亮，我有最漂亮的鸡冠。

圆圆：（一手叉腰，一手捋着羽毛）我最漂亮，我有最漂亮的羽毛。

琪琪：（一手叉腰，一手拍着腿）我最漂亮，我有最漂亮的腿。

国王：（大声宣布）你们三个谁能生出最奇妙的蛋，谁就最漂亮。

母鸡们：（齐声）好！

〔许多母鸡围了过来。〕

圆圆：（嘴巴梳了梳羽毛，昂首挺胸地走到草地上坐下）我下的蛋肯定是最奇妙的，因为我有最漂亮的羽毛（生下一个又白又干净的蛋，起身走到一旁），咕咕咕咕哒……

母鸡甲、乙：（惊喜）又白又干净的蛋，这真是最漂亮的蛋了。

母鸡丙、丁：（惊喜）蛋壳闪闪发光，这真是最漂亮的蛋了。

国王：（惊喜）这真是我看过的最完美的蛋了。

琪琪：（抬了抬细长的腿，昂首挺胸地走到草地上坐下）我下的蛋肯定是最奇妙的，因为我有最漂亮的腿（生下一个比鸵鸟蛋还大的鸡蛋，起身走到一旁），咕咕咕咕哒……

国王：（惊讶）天啊！这是我见过的最大的蛋了。

母鸡甲、乙、丙、丁：（指着鸡蛋，交头接耳）没错，没错，这真的是我们见过的最大的蛋了。

毛毛：（抬了抬头，昂首挺胸地走到草地上坐下）我下的蛋肯定是最奇妙的，因为我有最漂亮的鸡冠（生下一个四四方方的蛋，起身走到一旁），咕咕咕咕哒……

母鸡甲、乙：（非常惊讶）哇，竟然是四四方方的蛋，真是太漂亮了。

母鸡丙、丁：（非常惊讶）每一面还有不一样的颜色，真是太漂亮了。

国王：（非常惊讶）这是我见过的最不可思议的蛋了！

母鸡甲、乙、丙、丁：（齐声）对对对，没错。到底谁生下的蛋是最奇妙的蛋呢？

国王：（大声宣布）圆圆、琪琪、毛毛，你们三个生下来的蛋都是这个世界上独一无二的，都是最奇妙的蛋，所以我认为你们三个都很漂亮。

母鸡甲、乙、丙、丁：（齐声）这个办法真的很不错，太了不起了！（鼓掌，并围着三只母鸡欢呼、转圈）

毛毛、琪琪、圆圆：（开心大笑）我们都是最漂亮的母鸡，哈哈哈……（高兴地抱在一起）

旁白：从那以后，她们三个成了最好的朋友，每天快乐地生世界上最奇妙的蛋。

〔所有的小动物一起拍手、唱歌、跳舞。〕

〔剧终〕

故事来源：《最奇妙的蛋》（文、图：〔德〕赫姆·海恩；译：李紫蓉），明天出版社 2009 年版。

咕咚来了

吴舒亚

场景：森林（大树、花丛、草地、湖、木瓜树）

角色：小白兔、小灰兔、小黄兔、小鸟、小狐狸、小猴、大象、斑马、小鹿、大狮子

〔幕启。音乐《抓蝴蝶》响起。〕

旁白：森林中有一个很大的湖，湖边长着一棵高大的木瓜树，树上结满了黄灿灿的木瓜。一天早晨，湖边寂静无声。三只小兔在快活地扑蝴蝶。忽然，一只熟透了的木瓜被风一吹，“咕咚”一声掉进湖里。（“咕咚”的音效响起）

小白兔：（捂住胸口，跳了一下）哎呀！这是什么声音？（表情惊讶）

小灰兔：（拍拍小白兔的肩膀）别怕，别怕，我们过去看看！

〔小兔们蹑手蹑脚地走过去；又一声“咕咚”的音效响起，小兔们吓了一跳。〕

小黄兔：（捂住嘴巴，一脸惊吓）一定是怪物来了！快跑啊！

小兔们：（齐声）不好了！咕咚来了！快跑呀！

〔小兔们快速地跑下场。小狐狸跳着舞步上场，小鸟飞舞着绕着小狐狸上场。〕

小狐狸：（一脸享受阳光，幸福地笑着）啦……啦……啦，小鸟，看我跳舞美吧！

小鸟：（微笑）美啊，我们一起跳舞吧。（背景音乐响起，小鸟和小狐狸一起跳舞）

〔三只小兔跑上场；小白兔撞上了小狐狸，双双跌倒在地上。〕

小狐狸：（皱眉头）哎哟！你们跑什么呀？

小兔们：（上气不接下气，齐声）哎呀，不好了，不好了！咕咚来了！快跑呀！

小狐狸、小鸟：（对视）咕咚？咕咚是什么？

小白兔：（着急摆手）别说了，别说了，没时间了，快跑吧！

〔小狐狸和小鸟跟着小兔们一起跑起来，伴随紧张的背景音乐。小猴上场，一溜烟爬上大树。〕

小猴：（挂在树上不紧不慢地荡秋千）爬上树，荡秋千，天天快乐笑嘻嘻。

众动物：（齐声大喊）不好了，咕咚来了，快跑呀！（边跑边向小猴子招手）

小猴：（挠挠头）咕咚？咕咚是什么？（耸了耸肩）

小狐狸：（一把拉住小猴）别说了，没时间了，快跑吧！

〔小猴跟着动物们跑起来；伴随紧张的背景音乐，众动物跑下场。大象、斑马、小鹿上场，在草地里游戏。〕

斑马：（踢踢马蹄）大象哥哥、小鹿弟弟，今天天气真好，我们一起郊游真开心！

小鹿：（抖抖鹿角）是呀，我们一起郊游真快乐！

大象：（甩甩鼻子）是呀，我们一起郊游真愉快！

〔小兔们、小狐狸、小猴、小鸟快跑上场，他们朝大象、斑马、小鹿跑过来。大象拦住他们。〕

大象：（大声）你们跑什么呀？

小猴：（双脚哆嗦）不好了，咕咚来了，快跑呀！

小鹿：（走到猴子面前，歪着脑袋问）咕咚是什么呀？

小猴：（双手摆动）别说了，没时间了，快跑吧！

〔大象、斑马、小鹿跟着众动物一起跑起来，伴随紧张的背景音乐。〕

旁白：于是，动物们一个接一个地在森林里跑着，他们以为咕咚是个很可怕的怪物。

〔大狮子不紧不慢地走上场。〕

大狮子：（将手掌平举在胸前）停！（瞪大眼睛看着动物们大喝一声）

〔众动物吓得一个急刹车，停了下来。〕

大狮子：（威严）你们跑什么呢？什么东西把你们吓成这样？

众动物：（气喘吁吁，七嘴八舌）不好了，咕咕咕……咕咚来了！

大狮子：（疑惑）咕咚是个什么东西？住在哪里？长什么样子？

小狐狸：（双手握拳托着下巴，哆嗦着说）咕咚是个很吓人的东西！

大狮子：（不解地自言自语）我当了这么多年的大王，从没碰到过比我厉害的动物，更不知道什么咕咚来了！谁说说这咕咚到底是个什么东西啊？

〔大家你看看我，我看看你，竟然都回答不出来。〕

小白兔：（害怕、发抖）我不知道他长什么样子，但是我知道他就住在湖边。（手指着湖的方向）

大狮子：（挥了一下手臂）这样吧，你带我们去瞧瞧？

小白兔：（犹豫）这……这……我害怕。

大狮子：（勇敢）大家都别怕，有我在。

〔小白兔和大狮子走在前面，众动物小心翼翼地跟在后面往湖边走。〕

旁白：小白兔带着大家一路小心翼翼、蹑手蹑脚地来到湖边。大家东瞧瞧，西瞧瞧，咦？咕咚在哪儿呢？这时候又有一只木瓜熟透了，掉进湖里，发出“咕咚”一声。

众动物：（恍然大悟，相互讨论）哦！原来“咕咚”它就是个大木瓜呀！哈哈哈！

大狮子：（得意地笑）你们看看，搞错了吧？根本没有可怕的东西。

小兔们：（不好意思地低下头）对不起，是我们搞错了！

众动物：（齐声）我们弄错了！哈哈哈！

〔音乐响起，动物们唱歌、跳舞。〕

〔剧终〕

故事来源：动画片《咕咚来了》，上海美术电影制片厂摄制，1981年发行。

奴尼过生日

曾雅芳

场景：奴尼家的客厅、房门、餐桌、沙发

角色：小猪奴尼、小象、小猴、小羊、小牛、小黑猫

道具：电话、生日蛋糕、玩具

旁白：小猪奴尼午睡刚醒，走出房门，来到客厅的餐桌前，发现了妈妈买的大蛋糕。

奴尼：（惊喜地大喊）哇！生日蛋糕！一定是妈妈为我今天生日准备的。我要请好朋友和我一起过生日。

〔奴尼走到一旁的沙发坐下，拿起电话。〕

奴尼：（高兴）喂，小象吗？今天是我的生日，我请你来我家吃蛋糕。

画外音（小象）：好呀，谢谢你的邀请！

奴尼：（礼貌）不客气，我在家等你哦！（挂了电话，又重新拿起）

奴尼：（高兴）喂，小猴吗？今天是我的生日，我请你来我家吃蛋糕。

画外音（小猴）：好呀，谢谢你的邀请！

奴尼：（礼貌）不客气，我在家等你哦！（挂了电话，又重新拿起）

奴尼：（高兴）喂，小羊吗？今天是我的生日，我请你来我家吃蛋糕。

画外音（小羊）：好呀，谢谢你的邀请！

奴尼：（礼貌）不客气，我在家等你哦！（挂了电话，又重新拿起）

奴尼：（高兴）喂，小牛吗？今天是我的生日，我请你来我家吃蛋糕。

画外音（小牛）：好呀，谢谢你的邀请！

奴尼：（礼貌）不客气，我在家等你哦！（挂了电话）

〔奴尼将自己的玩具从房间搬到客厅。小象上场，走到奴尼家门口。〕

小象：（扬起长鼻子）我是可爱的小象。今天是奴尼的生日，我要去给他过生日，真呀真高兴！（“砰砰砰”的音效响起，小象敲门）

奴尼：（打开门）是谁呀？原来是我的好朋友小象，快请进！

小象：（高兴）生日快乐！（抱了抱奴尼，坐下来玩玩具）

〔小猴子边走边挠头，上场。〕

小猴：（用食指在脑门上比画圈圈）我是机灵的小猴子。今天是奴尼的生日，有蛋糕吃，真呀真高兴！（“砰砰砰”的音效响起，小猴敲门）

奴尼：（打开门）是谁呀？原来是我的好朋友小猴，快请进！

小猴：（高兴）生日快乐！（抱了抱奴尼，坐下来玩玩具）

〔小羊和小牛手拉手上场，来到奴尼家。〕

小羊：（摸了一下小胡子）我是聪明的小羊。今天是奴尼的生日，我们要去给他过生日，真呀真高兴！

小牛：（伸出大拇指指着自己）我是勤劳的小牛。今天是奴尼的生日，有蛋糕吃，真呀真高兴！

〔“砰砰砰”的音效响起，小羊和小牛敲门。〕

奴尼：（打开门）是谁呀？原来是我的好朋友小羊和小牛，快请进！（拉着小羊和小牛进屋）

小羊、小牛：（高兴、齐声）生日快乐！（抱了抱奴尼，坐下来玩玩具）

奴尼：（指着桌子上的蛋糕）朋友们，今天我生日，请大家一起吃蛋糕。

小象、小猴、小羊、小牛：（齐声）好呀！（拍手，围坐到桌前）

〔奴尼把蛋糕切成小块，一块一块分给小动物们。〕

小象、小猴、小羊、小牛：（开心）蛋糕好甜好香啊，真好吃！（高兴地吃蛋糕）

〔小黑猫猫着腰，哆哆嗦嗦地走上场。“砰砰砰”的音效响起，小黑猫敲响了奴尼家的门。〕

奴尼：（疑惑）是谁呀？（开门，小动物们都朝门口看去）

小黑猫：（眼睛四处张望、可怜）我，我，我是小黑猫。

〔小动物们一起走到门口，你看看我，我看看你，再看看小黑猫，有点惊讶。〕

奴尼：（轻声）小黑猫，你找谁呀？

小黑猫：（猛地摆手）不知道，不知道，喵呜，喵呜，我没有妈妈，我没有朋友，整天在野地里乱跑。我三天没吃饱，喵呜，喵呜……（摸着肚子，摇头）

小象、小猴、小羊、小牛：（齐声）小黑猫好可怜，我们做你的朋友。

小黑猫：（开心地直拍手）好呀！好呀！（向每个小动物鞠躬）谢谢，谢谢大家！

奴尼：（亲热）你没有妈妈和朋友，要不我的妈妈做你的妈妈，我是哥哥，你是弟弟，好吗？（奴尼拉着小黑猫说）

小黑猫：（开心）真的吗？太好了！

奴尼：（高兴）今天我生日，请你吃蛋糕。（走到桌子前，拿了块蛋糕递给了小黑猫）

小黑猫：（开心）谢谢你！我没有带生日礼物，要不我来唱首歌。喵喵喵，喵喵喵，奴尼生日快乐！

〔音乐《生日歌》响起，小动物们站成一排，开心地为奴尼过生日。〕

〔剧终〕

故事来源：“小青蛙绘本”《奴尼过生日》（文：鲁兵；图：赵晓音），少年儿童出版社 2009 年版。

鼠小弟和音乐会

陈雅莉

场景：森林（舞台、小河、草丛、大树、石堆、草地、灌木丛）

角色：鼠小弟、鼠小妹、企鹅先生、老猫、狸先生、长臂猿先生、狮子先生、大熊先生、大象先生

道具：小号、铜钹、鼓（配鼓槌）、手风琴、小提琴、竖琴、钢琴、指挥棒

〔幕启。森林里，老猫在练习敲铜钹，狸先生在敲鼓，长臂猿先生在拉手风琴，狮子先生在拉小提琴，大熊先生在弹竖琴，大象先生在弹钢琴。〕

〔鼠小弟和鼠小妹手拉手高兴地上场，企鹅先生和他们迎面走来。〕

鼠小弟：（笑嘻嘻）企鹅先生来了。（对企鹅先生招招手）

鼠小妹：（好奇）他还拿着什么呢？（指了指企鹅先生手上的小号）

企鹅先生：（大喊）喂，鼠小弟，我要办一场音乐会，（举起手中的小号，晃了晃）你来吹小号，好不好？

鼠小弟：（接过小号，嘟嘟嘴，用尽全身力气吹响了小号）噗——不行啊，我不会吹。（摇摇头，想把小号还给企鹅先生）

企鹅先生：（皱了皱眉，摇摇手）鼠小弟，你长得小，只有小号适合你呢！鼠小弟，加油！你好好练习吧！（说完走开了）

〔鼠小弟用力地吹小号，鼠小妹双手帮忙抬着小号；一旁的老猫幸灾乐祸地笑着，凑到鼠小弟身边。〕

老猫：（取笑）哈哈！你连这个都不会吹啊？（指着小号，张口大笑）

鼠小弟：（举着小号）老猫，我们换一换行吗？

老猫：（摇头）不行，不行。我喜欢这个铜钹。你们听！（说完“锵——”的一声用力敲响了铜钹）

鼠小弟、鼠小妹：（吓得跳了起来）哎呀！救命！（捂着耳朵）

老猫：（嘿嘿地笑着）怕了吧！

鼠小妹：（瞥了老猫一眼）老猫真坏。

〔鼠小弟和鼠小妹一前一后抬着小号，来到狸先生身边。〕

鼠小弟：（举着小号）狸先生，我们换一换行吗？

狸先生：（拍拍胸脯）这个鼓只有我打才合适，你们听！（说完，卖力地敲起鼓，鼓发出“咚咚咚咚嘣”的响声）

〔鼠小弟和鼠小妹被鼓声吵得不行，只好捂着耳朵走开了。〕

鼠小妹：（拉拉鼠小弟的手）真没办法！咱们找一找别的乐器吧。

〔鼠小弟和鼠小妹一前一后抬着小号，来到长臂猿先生身边。〕

鼠小弟：（举着小号）长臂猿先生，用我的小号换你的手风琴，行吗？

长臂猿先生：（点头）嗯，可以和你换。但是，没有长胳膊可拉不了啊（伸长自己的手臂）。你瞧！（说完就拉开了琴，发出“嗡——”的一声巨响）

〔鼠小弟和鼠小妹被声响震得全身发抖。〕

鼠小弟：（垂头丧气）我，我明白了。

鼠小妹：（皱着眉头）太可惜了。

〔鼠小弟和鼠小妹一前一后抬着小号，来到狮子先生身边。〕

鼠小弟：（举着小号）狮子先生，用我的小号换你的小提琴，行吗？（期待地看着狮子）

狮子先生：（点点头）嗯，可以和你换。（皱眉头）但是，下巴不够结实可不行啊。你们瞧！（说完拉起了小提琴，发出“哆——唻——咪——”的声响）

鼠小弟：（失望）那就算了吧。（低下头）怎么办呢？（挠挠脑门）

鼠小妹：（拍拍鼠小弟的肩膀）咱们可不能放弃啊。

〔鼠小弟和鼠小妹一前一后抬着小号，来到大熊先生身边。〕

鼠小弟：（举着小号）大熊先生，用我的小号换你的竖琴，行吗？（期待地看着大熊）

大熊先生：（点点头）嗯，可以和你换。但是，（张开五指炫耀着自己的指甲）指甲不够结实可不行啊。你们瞧！（说完弹起竖琴，发出“扑棱棱”的响声）好像对你来说太难了吧？（看了看鼠小弟）

鼠小弟：（伤心）也许像我们这样的小家伙，根本玩不了乐器吧。

〔鼠小弟和鼠小妹一前一后抬着小号，来到大象身边。〕

鼠小妹：（羡慕地看着）大象先生那么高大，弹大钢琴真合适啊！

鼠小弟：（羡慕地看着）是啊，真好！

大象先生：（转身，皱着眉）你想不到吧，鼠小弟？其实一点儿也不合适。我的手太大了（举起双手，摇摇头），弹不了钢琴。（指着琴键）

鼠小弟：（举着小号）大象先生，我们换一换，好吗？（笑嘻嘻地看着大象）

大象先生：（高兴）好呀！（用长鼻子接过小号）吹小号，我的长鼻子正合适，哈哈！（说完吹响了小号）

鼠小妹：（开心地拍手）太好了，我们一起弹钢琴。（拉着鼠小弟，跳到琴键上，弹响了钢琴）

〔企鹅先生上场。〕

企鹅先生：（竖起大拇指）大象吹小号，鼠小弟和鼠小妹弹钢琴，这是个好主意。

鼠小弟、鼠小妹：（开心地拍手）这样，我们终于可以参加音乐会了。

企鹅先生：（用力地拍了几下手）大家注意啦！我们的音乐会现在开始！（拿着指挥棒，示意大家准备演奏）

〔在企鹅先生的指挥下，动物们开始演奏各自的乐器。〕

〔剧终〕

故事来源："可爱的鼠小弟"《鼠小弟和音乐会》（文：〔日〕中江嘉南；图：〔日〕上野纪子；译：赵静、文纪子），南海出版公司2010年版。

蚂蚁和西瓜

张小兰

第　一　幕

场景：公园的草地

角色：四只蚂蚁（小黑帽蚂蚁和另外三只蚂蚁）

道具：大西瓜一块

〔幕启。四只蚂蚁上场，低头寻找食物，看到了一块大西瓜。〕

小黑帽蚂蚁：（兴奋）哇！你们看，那是什么？（双手指着草地上的西瓜，大声喊着，兴奋地手舞足蹈）

三只蚂蚁：（拍手）哇！是西瓜，是甜甜的大西瓜。（拍手，跳起来）

小黑帽蚂蚁：（舔了舔舌头）让我们一起来尝一尝吧！哇，好甜啊……（发出流口水的声音）

众蚂蚁：（围到西瓜边上，齐声）你一口我一口，大家吃西瓜，西瓜真甜啊。

小黑帽蚂蚁：（开心）太好吃啦！我们把它搬回家吧！（擦擦嘴，做搬的动作）

三只蚂蚁：（跳起来，拍着手说）好呀！好呀！我们搬回家和伙伴们分享！

众蚂蚁：（齐声）四只小蚂蚁，使出浑身劲，开始搬西瓜。

小黑帽蚂蚁：（得意）看我的！（双手推，身体向前倾，做用力状）

三只蚂蚁：（急忙）我们也来帮忙！（身体向前倾，做用力推的动作）

众蚂蚁：（齐声）噗……哎哟！（摔倒在地上，摸着自己的屁股，做疼的表情）

小黑帽蚂蚁：（摇摇头）看来我们四个搬不动大西瓜。

三只蚂蚁：（疑惑）这可怎么办？

小黑帽蚂蚁：（得意）有了，我们回去叫伙伴们一起出来搬西瓜。

〔小黑帽急忙跑下场。〕

第　二　幕

场景：蚂蚁洞（厨房、粮仓、运动室）

角色：小黑帽蚂蚁、其他若干只蚂蚁

道具：铲子、锄头、水桶、绳子

旁白：蚂蚁洞里有许多的小蚂蚁，他们有的在挖地道，有的在煮饭，有的在打水，有的在做运动，有的在搬东西，人人都很勤快。

〔小黑帽蚂蚁上场。〕

小黑帽蚂蚁：（拉着长音呼喊着）伙伴们——我们在草地上发现好东西啦！有一块又大又甜的西瓜。

众蚂蚁：（急急忙忙凑到小黑帽蚂蚁跟前，七嘴八舌）真的吗？真的吗？

小黑帽蚂蚁：（自豪地叉着腰）当然，我们一起去把大西瓜搬回来，好吗？

众蚂蚁：（开心）哇！太棒啦！（拍手跳了起来）

小黑帽蚂蚁：（挥了挥手）带上工具跟我走吧！

蚂蚁1：（把绳子绕成圈挂在肩膀上）我带绳子。

蚂蚁2、3：（举了举铲子）我们带铲子。

蚂蚁4：（拎上水桶）我带水桶。

蚂蚁5：（扛起锄头）我带锄头。

众蚂蚁：（齐声）大家跟着小黑帽，排好队，一、二、三，出发了！（下场）

第　三　幕

场景：公园的草地

角色：小黑帽蚂蚁、其他若干只蚂蚁

道具：大西瓜、铲子、锄头、水桶、吊篮、绳子、“西瓜皮”滑梯（事先将滑梯装饰成西瓜皮的样子）

旁白：蚂蚁们到了草地，看到西瓜，一拥而上，开始搬西瓜。他们一起用力推，一起用力抬，可是西瓜还是一动不动。

小黑帽蚂蚁：（站在西瓜上喊）伙伴们，我们排好队，一起用力推。

众蚂蚁：（齐声）好嘞！嗨哟，嗨哟……（一个接一个地排队推，又一个接一个地排队抬，最后都累倒在地上，不断擦汗）

蚂蚁1：（挠挠脑门）这可怎么办？

蚂蚁2：（摇摇手）我们搬不动。

蚂蚁3：（摇摇脑袋）快想办法吧。

小黑帽蚂蚁：（灵机一动）这么大的一块搬不动，咱们可以用铲子把它一块一块地挖下来，再搬回家。（跳起来，拿出铲子，高兴地说）

众蚂蚁：（齐声）好办法！我们一块一块地挖下来，再一起搬回家。

蚂蚁1：（摇摇触角）我用铲子用力铲，一块一块铲下来。

蚂蚁2：（挥挥双手）我用吊篮和绳子传递，一篮一篮吊得快。

蚂蚁3、4：（一起合作）我们一起来合作，锄头、水桶一并用，一桶一桶搬得快。

众蚂蚁：（齐声）大家动脑想办法，西瓜西瓜搬得快。

小黑帽蚂蚁：（边擦汗边喘气）家里也装不下了，剩下的，我们把它吃掉吧！

众蚂蚁：（开心）好呀！好呀！（双手拿起西瓜，有的坐着做大口吃西瓜状，有的站着边吃边擦嘴巴）

小黑帽蚂蚁：（满意）吃得肚子圆鼓鼓，好开心啊！吃剩的西瓜皮还可以玩，看我的！（从舞台一侧的"西瓜皮"滑梯上滑下来）

众蚂蚁：（齐声）肚子圆鼓鼓，心里好开心！我们一起玩游戏！

〔所有蚂蚁一起拍手唱歌、玩游戏。〕

〔剧终〕

故事来源：《蚂蚁和西瓜》（文、图：〔日〕田村茂；译：蒲蒲兰），二十一世纪出版社 2005 年版。

小 黑 点

蔡雅心

第 一 幕

场景：森林（大树、花丛、草丛）

角色：小白羊、小黑点、牧羊人

道具：鞭子

〔幕启。欢快的音乐响起，一群小羊随着音乐舞蹈上场。〕

小白羊 1：（两手放嘴边，大声呼喊）哎，我们来玩捉迷藏吧。

小羊们：（拍手，开心地跳起来）好啊，好啊。

小白羊 2：（跑出来）我来找，你们快躲好。

小羊们：（四散跑，边跑边说）快躲起来，快躲起来。（小黑点躲在草丛里，小白羊们躲在大树后）

小白羊 2：（蒙眼，数数）一、二、三、四、五……都藏好了吗？我来找你们啦！（转身，扭屁股，双手挥舞，做开心状，开始寻找小伙伴）

小白羊 2：（右看看）咦，（轻手轻脚，向前一步，左瞧瞧）啊，（快速向前跑到草丛边）哈哈，小黑点，你在草丛的后面，出来吧。

小黑点：（摸着脖子，失落）唉，为什么又是我第一个被抓到？（耷拉着脑袋从草丛里走了出来）

小白羊们：（跑出来，大笑）哈哈哈，哈哈哈……（做各种嘲笑状）因为你跟我们不一样，你身上有很多小黑点。

小白羊 3：（指着小黑点）就是就是，一眼就找到了。

小白羊们：（双手向前舞动，表情得意）我们的羊毛是全白的，全白的才漂亮，主人才喜欢我们。

小黑点：（不服气，撅起小嘴巴）虽然我没有全白的羊毛，但是，我可以变成捉迷藏高手，让你们都找不到我。

小白羊们：（齐声）我们再玩一次吧。

小白羊 4：（蒙眼，数数）一、二、三、四、五……都藏好了吗？这次轮到我去找了。

小黑点：（绕场一圈，手叉腰，自言自语）我要躲得远远的，让你们找不到我。（越走越远，下场）

〔小白羊们各自找地方躲藏。牧羊人戴着帽子，拿着赶羊的鞭子上场。〕

牧羊人：我的小羊们，快快来，我们回家喽！（边挥动鞭子，边点数小羊）一、二、三、四、五、六……少了一只羊。小黑点，小黑点呢？小黑点怎么不见了？（跺了一下脚，摘下帽子，抓了抓自己的头发）

众：（两手放嘴边，大声呼喊）小黑点，小黑点……（一边呼喊小黑点，一边下场）

第　二　幕

场景：森林（大树、花丛、草丛）

角色：小白羊、小黑点、牧羊人、蝴蝶、小鹿、大灰狼

道具：鞭子

〔蝴蝶们上场。〕

小黑点：（指着蝴蝶的翅膀）好漂亮的蝴蝶啊，身上也有小黑点呢。

蝴蝶们：（笑了笑）咦，这只羊身上也有小黑点。（指着小黑点的斑点）

小黑点：（不停地摇手）我不喜欢小黑点，我和别人不一样。

蝴蝶们：（扭扭身体，美美地转圈）可是，我们觉得翅膀上的小黑点很漂

亮呀。（说完扇扇翅膀，下场）

小黑点：（大喊）蝴蝶，等等我呀。（左瞧瞧，右瞧瞧）蝴蝶也玩捉迷藏，躲在什么地方呢？（藏在大树下）

〔小鹿上场。〕

小黑点：（探出脑袋）哇，这只小鹿好漂亮，（眼睛一直盯着小鹿，惊叹着说）身上也有小黑点。

小鹿：（奇怪地看着小黑点）咦，这只小羊身上也有小黑点。

小黑点：（不停地摇手）我不喜欢小黑点，我和别人不一样。

小鹿：（歪了歪脑袋）可是，我们觉得身上的小黑点很漂亮呀。（说完跑远了，下场）

〔小黑点东走走，西逛逛，在森林里玩起来。突然响起了狼叫，大灰狼上场。〕

小黑点：（双手交叉抱在胸前）天快黑了，我害怕，到底哪里好躲藏？（发抖）

大灰狼：（摸着肚子）嗷呜……肚子饿得咕咕叫，找点东西填填肚，（指着小黑点）小羊小羊来得巧，嗷呜一口吃掉他。（伸出两只爪子，向小黑点扑过去）

小黑点：（颤抖）大灰狼来了真可怕，让我快快回家去。（撒腿跑）

〔大灰狼追着小黑点，小黑点拼命地跑。〕

大灰狼：（坏笑）嘿嘿，嘿嘿，小黑点站住，（龇牙咧嘴）我要吃掉你。（挥舞着爪子）

小黑点：（高声大喊）救命，救命！我不当捉迷藏高手了，不要吃掉我。（大灰狼抓住小黑点，小黑点拼命挣扎）

〔牧羊人上场。〕

牧羊人：（大声呼喊）小黑点，小黑点，你在哪里啊？

小黑点：（大声呼喊）是主人，主人，我在这里，你快救救我呀！

牧羊人：（急忙跑过来）你这大野狼，放开小黑点。（挥动鞭子，吓跑了大灰狼）

牧羊人：（安慰）小黑点，不要怕，我们回去吧。

〔小白羊们上场。〕

小白羊们：（围着小黑点）小黑点，你没事吧？这次捉迷藏你赢啦，我们都找不到你。

小黑点：（低下头）还好主人找到我了，我以为没人喜欢我。

牧羊人：（摸了摸小黑点的头）你们都是我的羊，我都喜欢。

小白羊们：（亲切）原来主人也喜欢有小黑点的羊。（拉着小黑点的手）我们也喜欢小黑点。

小黑点：（拍手）太好了，大家都喜欢我。

〔牧羊人带着小羊们高高兴兴地下场。〕

〔剧终〕

故事来源：《小黑点》（文：林海枝；图：冉绫珮），西安交通大学出版社 2010 年版。

小兔乖乖

李阳榕

场景：森林（草地、大石头、房子）

角色：大灰狼、兔妈妈、三只小兔（长耳朵、红眼睛、短尾巴）

道具：篮子、萝卜、大灰狼尾巴、白色毯子

〔幕启。三只小兔在家门口蹦蹦跳跳地玩着，兔妈妈从房子里走出来。〕

旁白：森林里住着兔妈妈和她的三个宝贝——长耳朵、红眼睛还有短尾巴。他们在森林里快乐地生活着。

兔妈妈：（亲切呼唤）长耳朵！

长耳朵：（撒娇）妈妈，我在这儿。（指自己的长耳朵）

兔妈妈：（亲切呼唤）红眼睛！

红眼睛：（撒娇）妈妈，我在这儿。（指自己的红眼睛）

兔妈妈：（亲切呼唤）短尾巴！

短尾巴：（撒娇）妈妈，我在这儿。（背对观众扭屁股）

兔妈妈：（挎着空篮子）妈妈要到地里拔红萝卜，你们好好看着家，把门关得紧紧的，谁来叫都不开门，等妈妈回来了才能开。

三只小兔：（使劲点头）我们知道了！

〔兔妈妈下场。三只小兔回到房子里，一起关门。大灰狼上场。〕

大灰狼：（拍拍肚子）我是一只饥饿的大灰狼，前面就是小兔家，我去捉只小兔来填肚子，哈哈！（大灰狼推门，门关得紧紧的）

大灰狼：（挠挠脑袋）门关得紧紧的，怎么进去呢？（坐在小兔家门口，眯着眼睛，正想着坏主意，看见兔妈妈回来了，连忙跑到一棵大树背后躲起来）

〔兔妈妈挎着一篮子萝卜，一蹦一跳上场。〕

兔妈妈：（拎着篮子，一边敲门一边亲切地唱）小兔子乖乖，把门儿开开，快点儿开开，我要进来。

三只小兔：（高兴）妈妈回来了，妈妈回来了！（三只小兔开门，帮妈妈拎篮子）

兔妈妈：（亲亲红眼睛，亲亲长耳朵，又亲亲短尾巴）真是好孩子，妈妈再去拔点萝卜，你们要把门关得紧紧的，谁来也不开。（下场）

大灰狼：（从大树后出来）太好了，我学会了刚才兔妈妈唱的歌。

大灰狼：（大摇大摆走到中间）哈哈哈！我有办法了。（边唱歌边敲门）小兔子乖乖，把门儿开开，快点儿开开，我要进来。

红眼睛和短尾巴：（欢呼）妈妈回来了，妈妈回来了！（跑到门口）

长耳朵：（一手一个拉住红眼睛和短尾巴）不对，不对，这不是妈妈的声音。（红眼睛和短尾巴往门缝里一看）

三只兔子：（摆手）不对，不对，你不是妈妈，你是大灰狼。

大灰狼：（捏着鼻子，假声）我的小乖乖，我是你们的妈妈，我是你们的妈妈，快点开门！（用力拍打着门板）

三只小兔：（坚定）不开不开我不开，妈妈不回来，谁来也不开！

大灰狼：（着急）我是你们的妈妈，我是你们的妈妈！（双手握拳高高举着，不停地跺脚）

三只兔子：（大声）我们不信，我们不信！要不，你把尾巴伸进来让我们瞧一瞧。（打开了一个小门缝）

大灰狼：（高兴）好嘞，我就把尾巴伸进来，让你们瞧一瞧。（把尾巴伸进门缝里）

三只小兔：（用力）一、二、三！（一起用力关紧门，夹住了大灰狼的尾巴）

大灰狼：（抱住屁股）哎哟，哎哟，痛死我了！痛死我了！（跑下场）

三只小兔：（拍着手，又蹦又跳地欢呼）哈哈哈哈……大灰狼逃跑啦！

〔大灰狼披着白色毯子，上场。〕

大灰狼：（捏鼻子）我披一床毛毯，捏住鼻子唱歌，我就不信小兔还认得出我！哼！（翘起嘴巴）

大灰狼：（细小又沙哑地唱）小兔子乖乖，把门儿开开，快点儿开开，我要进来。

三只小兔：（高兴）妈妈回来啦，妈妈回来啦！

红眼睛：（疑惑）不对，要是还是大灰狼怎么办？

长耳朵：（朝门缝看）我们偷偷看一眼不就知道了。

短尾巴：（朝门缝边看边说）白色的，是妈妈回来了，妈妈回来了！（三只小兔开门奔向大灰狼）

大灰狼：（看到门被打开）哈哈哈，我是大灰狼。（伸出两只爪子向小兔扑过去，一把抓住了长耳朵，正准备把他吃掉）

长耳朵：（恳求）哦，大灰狼，我们先跳个舞吧！（拉着大灰狼跳舞，大灰狼觉得很奇怪）

红眼睛：（急忙拿起一条绳子）我也跟你们一起跳舞，转圈，转圈……（趁大灰狼不注意，偷偷用绳子将大灰狼缠起来）

短尾巴：（急忙捡起地上的砖头）一起跳舞真妙啊，看我的。（说着就将砖头砸向大灰狼，大灰狼一下子倒在地上）

三只小兔：（开心）哈哈哈哈……战胜大灰狼啦！（拍着手，又蹦又跳地欢呼）

〔兔妈妈挎着装满萝卜的篮子，上场。〕

兔妈妈：（惊讶）哦，我的好孩子们，你们居然打败了大灰狼，真是太厉害了！（亲亲红眼睛，亲亲长耳朵，又亲亲短尾巴）

〔剧终〕

故事来源：“经典故事小影院”《小兔乖乖》（编绘：刘畅），吉林美术出版社 2018 年版。

我　是　鸟

吴玉婷

第　一　幕

场景：树林（鸟窝）

角色：鸟爸爸、鸟妈妈、鸟宝宝

道具：鸟蛋（可打开）、蚯蚓、青虫、毛毛虫

〔幕启。鸟妈妈正在孵蛋。〕

旁白：公园里的大树上有一个鸟窝，住着相亲相爱的鸟爸爸和鸟妈妈。鸟妈妈最近又生了个蛋宝宝，他们非常开心，期待宝宝的到来。

鸟妈妈：我们的宝宝就要出生了，我太开心了。

鸟爸爸：（蹲在一旁看着鸟妈妈）宝宝就要出生了，我也很开心。

鸟妈妈：（爱抚地摸摸鸟蛋）等宝宝出生了，我要教他飞翔。

鸟爸爸：（笑着指了指鸟蛋）等宝宝出生了，我要教他捉虫。

〔蛋“咯咯吱吱”地抖动起来，裂开了。〕

鸟宝宝：（从鸟蛋里钻出来）爸爸妈妈，我是宝宝。（朝着鸟爸爸和鸟妈妈喊着）

鸟妈妈：（亲热）哦，我的宝贝，你出生了，妈妈好开心。（上前拥抱鸟宝宝）

鸟爸爸：（兴奋）哦，我的宝贝，你出生了，爸爸也好开心。（上前拥抱鸟宝宝）

〔鸟宝宝看了看四周，开心地转圈圈。〕

鸟宝宝：（张开大大的嘴巴）啾啾啾，（看着鸟妈妈）妈妈，我饿了。（看着鸟爸爸）爸爸，我饿了。

鸟爸爸：（急忙）宝贝，吃只蚯蚓，这是爸爸捉来的。（把蚯蚓喂到鸟宝宝嘴里）

鸟宝宝：（咽下）啾啾啾，蚯蚓真好吃！

鸟妈妈：（关切）宝贝，吃只青虫，这是妈妈捉来的。（把青虫喂到鸟宝宝嘴里）

鸟宝宝：（咽下）啾啾啾，青虫真好吃！

鸟爸爸：（关切）宝贝，吃只毛毛虫，这是爸爸捉来的。（把毛毛虫喂到鸟宝宝嘴里）

鸟宝宝：（咽下）啾啾啾，毛毛虫真好吃！（看看爸爸和妈妈，好奇地问）这么多好吃的是从哪里来的？

鸟爸爸：（摸摸鸟宝宝的脑袋）长大了，爸爸带你飞出鸟窝（张开翅膀），去捉虫吃。

鸟妈妈：（亲亲鸟宝宝的额头），长大了，妈妈带你飞出鸟窝（扇扇翅膀），去捉虫吃。

鸟宝宝：（高兴）好呀，好呀，（抖抖翅膀）我要飞出鸟窝去捉虫。

鸟妈妈：（抱起鸟宝宝）宝贝，天黑了，我们睡觉吧！

〔鸟爸爸、鸟妈妈依偎在一起，鸟宝宝幸福地躺在爸爸妈妈的怀抱里睡着了。〕

第　二　幕

场景：树林（鸟窝）

角色：鸟爸爸、鸟妈妈、鸟宝宝、小男孩

〔幕启。小鸟一家从睡梦中醒来。〕

鸟妈妈：（伸了伸翅膀）宝贝，天气真好，妈妈和爸爸去找吃的，你要乖乖地待在家哦！（摸摸鸟宝宝的小下巴）

鸟宝宝：（揉揉眼睛）我也去。

鸟爸爸：（关心）宝贝，想出去，你可要学会飞翔呀！

鸟宝宝：（张开翅膀）我要学飞，我要学飞。

鸟妈妈：（关心）好呀，宝贝，走出鸟窝，站到树梢上。（走出鸟窝，向小鸟招手）

鸟宝宝：（害怕）树梢好高，我害怕。（走出鸟窝，往下一看，害怕得发抖）

鸟爸爸：（鼓励）好样的，宝贝，展开翅膀，扇动起来。（用力扇着翅膀飞了起来）

鸟宝宝：（担心）飞不起来，我害怕。（抖动着翅膀，哆哆嗦嗦）

鸟妈妈、鸟爸爸：（拍拍鸟宝宝的肩膀）没关系的，宝贝慢慢会学会的。你就先在鸟窝里练习，等我们带好吃的回来。

〔鸟妈妈、鸟爸爸下场。小男孩哼着歌走上场。〕

鸟宝宝：（自信）我一定要像爸爸妈妈一样飞起来。（用力扇动翅膀，跳出鸟窝，“扑通”一声从树枝上掉到地上）

〔小男孩上场，看到地上的鸟宝宝，蹲下来。〕

小男孩：（奇怪）咦，小鸟，你怎么啦？

鸟宝宝：（无助地扑棱着翅膀）我不会飞，就掉下来了。

小男孩：（关心）你的爸爸妈妈呢？

鸟宝宝：（担心）爸爸妈妈出去找吃的了。我不会飞，回不去了。（难过地低下头）

小男孩：（鼓励）我爸爸妈妈说遇到困难不要放弃，坚持下去就会胜利的。（握拳做加油的手势）

鸟宝宝：（大胆）好，（抬头看看小男孩）我再试试。（摇摇晃晃地扇动翅膀，还是飞不起来）哦，我不会飞，我害怕。（难过地坐在地上）

小男孩：（鼓劲）小鸟，加油，勇敢点，再试试吧，我为你加油！（双手捧起鸟宝宝的脸蛋，微笑着鼓励鸟宝宝）

〔鸟爸爸、鸟妈妈飞过来，在鸟宝宝头顶上方。〕

鸟爸爸、鸟妈妈：（大声朝着鸟宝宝喊）宝贝，小哥哥说得对。勇敢点，试着飞起来，加油！

〔鸟宝宝不断扇动翅膀，一次又一次努力尝试飞翔。〕

鸟爸爸、鸟妈妈、小男孩：（齐声）鸟宝宝，加油！鸟宝宝，加油！鸟宝宝，加油！

鸟宝宝：（勇敢）哇，我飞起来了。哈哈哈，快看，我飞起来了。

鸟妈妈：（鼓掌）宝贝，你很勇敢，真棒！

鸟爸爸：（鼓掌）宝贝，你很努力，真棒！

小男孩：（鼓掌）小鸟，你努力坚持不放弃，真棒！

鸟宝宝：（高兴）谢谢小哥哥，鼓励我学会了飞翔。我要回家了，再见！

鸟妈妈、鸟爸爸：（齐声）谢谢你，小哥哥。我们要回家了，再见！

小男孩：（有礼貌）小鸟们，再见！

〔小男孩看着小鸟一家飞回鸟窝，自己哼着歌儿回家了。〕

〔剧终〕

故事来源："幼幼成长图画书"《我是鸟》（文、图：〔日〕和歌山静子；译：林静），少年儿童出版社 2015 年版。

你看起来好像很好吃

张珊珊

场景：树林（草地、红果树、大岩石）

角色：甲龙妈妈、甲龙姐姐、甲龙宝宝、霸王龙

道具：红果子、恐龙蛋（可打开）

〔幕启。甲龙妈妈带着甲龙姐姐来到了树林里摘红果子吃。〕

甲龙姐姐：（手里拿着红果子，咬了一口，开心）妈妈，红果子真好吃！

甲龙妈妈：（从树上摘下一个果子，递给甲龙姐姐）嗯，再给你一个，慢慢吃。

甲龙姐姐：（接过果子，笑得很开心）谢谢，妈妈！

甲龙妈妈：（双手抱着肚子，皱眉做疼痛状）哎哟，不好，我要生蛋了。

甲龙姐姐：（抱住妈妈）妈妈好些了吗？妈妈你听，（"扑通"音效响起）你生下一个又白又圆的蛋，太棒了！

甲龙妈妈：（高兴）嗯，真好，一个又白又圆的蛋。甲龙小心，（"咚咚咚"，远处传来了一阵震耳欲聋的脚步声）是谁来了？

〔霸王龙上场。〕

霸王龙：（面露凶狠）哈哈哈！你们这两只小甲龙，看来是想当我的晚餐了。（双脚大步向前）

甲龙妈妈：（拉着甲龙姐姐的手）快跑！快跑！（下场）

霸王龙：（转身）咦，怎么有个蛋？（走到蛋旁边，摸了摸脑门）

霸王龙：（抬脚）地上有个蛋？我来踢一踢，踢过来踢过去，真好玩！

〔蛋壳裂开了。〕

甲龙宝宝：（探出头）哇，这个家伙是谁？

霸王龙：（蹲下）嘿嘿嘿，你看起来好像很好吃！（蹲下来闻了闻小甲龙，绕着小甲龙大笑着说）

甲龙宝宝：（声音发抖）爸爸！我好害怕！（抱住霸王龙的腿，做害怕状）

霸王龙：（生气地喊）不许叫爸爸，我不是你爸爸！

甲龙宝宝：（小声说）你刚才叫我名字“很好吃”，爸爸。（站起来，拉着霸王龙的手）

霸王龙：（大声喊）不许叫我爸爸，再叫我就把你吃掉。（生气，做猛扑状）

甲龙宝宝：（疑惑，托着下巴问）什么是“吃”？

霸王龙：（恶狠狠、大声）“吃”就是把你放到嘴里，“咕嘟”一声吞到肚子里。（面露凶光，做猛扑状）

甲龙宝宝：（可爱、开心）好像很好玩，那你把我吃了吧！（站立，闭上眼睛，双手打开）

霸王龙：（偷偷一笑，想先吓吓甲龙宝宝）好呀，让你尝尝苦头。（轻轻咬了一口甲龙宝宝的手）

甲龙宝宝：（跳起来大喊）好痛！（缩回双手，甩着手）

霸王龙：（得意地大笑）哈哈哈哈！知道痛了吧！

甲龙宝宝：（爬到了霸王龙胸前）把你的嘴巴打开，我要把你的嘴巴撑得大大的。（“咯吱”一声，霸王龙的嘴巴被小甲龙给掰折了。）

霸王龙：（扶住自己的嘴巴，大喊）好痛！好痛！嘴巴断了断了！

甲龙宝宝：（感到很意外）啊，对不起，爸爸！（双手托住霸王龙下巴）

霸王龙：（痛苦）哎哟……我的下巴断了，你很好吃，可我吃不了。（抹了抹眼泪）

甲龙宝宝：（靠在霸王龙胸前）爸爸，你又叫我名字了，我会帮你扶着下巴的，希望你赶紧好起来。（托着霸王龙的下巴，托了好久好久）

霸王龙：（无奈地靠在岩石边上）哎……

甲龙宝宝：（关心）爸爸，你好一点了吗？我饿了。（一手托着霸王龙的下巴，一手摸着肚子）

霸王龙：（摸摸甲龙宝宝的头）那我去给你找吃的吧！

〔霸王龙从树上摘下许多红果子。〕

霸王龙：（温和）我给你采了果子，吃吧！（抱住甲龙宝宝，温柔地将果子递到了甲龙宝宝面前）

甲龙宝宝：（笑着，边说边吃果子）谢谢你！爸爸！爸爸！你真好！

霸王龙：（抱着甲龙宝宝，脸上露出微笑）很好吃，看着你，我心里暖暖的。你放心睡觉吧。（甲龙宝宝依偎在霸王龙的身边安心地睡着了。）

〔甲龙妈妈小心翼翼地上场，寻找甲龙宝宝。〕

甲龙妈妈：（四处张望，并小声地呼喊着）宝宝，我的宝宝，你在哪儿呀？

霸王龙：（摸摸小甲龙的头，不舍地说）很好吃，你的妈妈来找你了，你该回家了，去吧！

甲龙宝宝：（拉着霸王龙的手臂，撒娇）爸爸，一起回家吧！

霸王龙：（不舍）不，那是你的家，去找妈妈吧！（流着眼泪，把甲龙宝宝带到甲龙妈妈面前）

甲龙妈妈：（抱住甲龙宝宝）宝宝，我的宝宝，谢谢你霸王龙！（连连点头）

甲龙宝宝：（紧紧抱着霸王龙）爸爸！谢谢你！我永远爱你。

旁白：就这样，小甲龙回到了甲龙妈妈的身边。从此，小甲龙多了一个爸爸。他们和霸王龙成了最好的朋友。

〔剧终〕

故事来源：《你看起来好像很好吃》（文、图：〔日〕宫达西也；译：杨文），北京少年儿童出版社 2004 年版。

垃圾车来了

陈秀真

场景：街道

角色：垃圾车、香蕉皮、易拉罐、旧衣、电池、垃圾桶、行人

道具：垃圾车厢（贴有垃圾分类标志）、吸尘器、方向盘、垃圾桶盖

〔幕启。各种垃圾散落在街道上。垃圾车上场。〕

垃圾车：（边开边开心地自言自语）我是垃圾车，现在大家都在睡觉，我要来工作啦！（竖起拇指指着自己）我是辆爱护环境的垃圾车！嘀嘀嘀嘀……

垃圾车：（刹车的音效响起）肚子好饿呀，呀，那是我的早餐！大灯，亮起来！吱……

〔垃圾车发现路边的香蕉皮正歪歪扭扭地躺着。〕

垃圾车：（挥挥手）你好，香蕉皮！

香蕉皮：（伸出双手）你好，勤劳的垃圾车！我被扔在地上，弄脏了环境，别人踩了还会滑倒，请把我带走吧！

垃圾车：（大喊）快进来吧！（打开车门，拿出吸尘器）嗡嗡嗡！

香蕉皮：（大声）我来了。哧哧哧哧！（全身紧缩着跟在吸尘器尾部，进入车内的不可回收车厢）

垃圾车、香蕉皮：（齐声）嘀嘀嘀嘀！垃圾不落地，环境更美丽。垃圾不落地，环保更给力。垃圾不落地，城市更美丽。

〔垃圾车继续往前走，香蕉皮坐在不可回收车厢里。〕

垃圾车：（看到路边的易拉罐）停车！你好，易拉罐！

易拉罐：（伸出双手）你好，勤劳的垃圾车！我被扔在地上，弄脏了环境，请把我带走吧！我是可以被回收再利用的！（拍拍自己的身体，发出金属的声音）

垃圾车：（大喊）快进来吧！（打开车门，拿出吸尘器）嗡嗡嗡！

易拉罐：（大声）我来啦！咕噜咕噜！（滚动着跟在吸尘器尾部，进入车内的可回收车厢）

〔垃圾车继续往前走；香蕉皮坐在不可回收车厢里，易拉罐坐在可回收车厢里。〕

垃圾车、香蕉皮、易拉罐：（齐声）嘀嘀嘀嘀！垃圾不落地，环境更美丽。垃圾不落地，环保更给力。垃圾不落地，城市更美丽。

垃圾车：（看到路边的旧衣）停车！你好，旧衣！

旧衣：（伸出双手）你好，勤劳的垃圾车！我被扔在地上，弄脏了环境，请把我带走吧！我是可以被回收再利用的！

垃圾车：（打开车门，拿出吸尘器）快进来吧！嗡嗡嗡！

旧衣：（大声）我来啦！哗啦哗啦！（飘动着紧跟在吸尘器尾部，进入车内的可回收车厢）

〔垃圾车继续往前走；香蕉皮坐在不可回收车厢里，易拉罐、旧衣坐在可

回收车厢里。〕

垃圾车、香蕉皮、易拉罐、旧衣：（齐声）嘀嘀嘀嘀！垃圾不落地，环境更美丽。垃圾不落地，环保更给力。垃圾不落地，城市更美丽。

垃圾车：（看到路边的电池）停车！你好，电池！

电池：（伸出双手）你好，勤劳的垃圾车！我被扔在地上，弄脏了环境，请把我带走吧！

垃圾车：（打开车门，拿出吸尘器）快进来吧！嗡嗡嗡！

电池：（大声）我来啦！咚咚咚咚！（紧跟在吸尘器尾部，进入车内的有毒回收车厢）

〔香蕉皮坐在不可回收车厢里，易拉罐、旧衣坐在可回收车厢里，电池坐在有毒回收车厢里。垃圾车继续往前开，来到垃圾桶旁边。〕

垃圾车：（向垃圾桶深深地鞠了个躬）谢谢你，可爱的垃圾桶，帮我收集垃圾。

垃圾桶：（鞠躬回礼）不客气，这是我应该做的，快把我肚子里的垃圾带走吧！（拍拍肚子，打开桶盖）

垃圾车：（打开车门，拿出吸尘器）垃圾垃圾快进来吧！嗡嗡嗡！

〔垃圾车把垃圾桶里的垃圾全部吸进车厢后，继续载着垃圾向前开。〕

垃圾车、香蕉皮、易拉罐、旧衣、电池：（齐声）嘀嘀嘀嘀！垃圾不落地，环境更美丽。垃圾不落地，环保更给力。垃圾不落地，城市更美丽。

〔行人上场，垃圾车载着垃圾遇到行人。〕

行人：（捏着鼻子，皱着眉头）好臭的垃圾车啊，赶快走开！（用力向外挥手）

垃圾车：（大笑了起来）哈哈，你说我很臭？哈哈，你说对了！我一直都很臭！可是要是没有我，你们会怎样？

行人：（摸摸脑门，想了想）如果没有垃圾车，垃圾没地方去，我们就要住在垃圾堆里了，到时会比垃圾车还臭呢！

垃圾车：（用调侃的语气）对吧，没有臭臭的我，你们就得住在垃圾堆里了。

行人：（向垃圾车深深地鞠了个躬）谢谢你，勤劳的垃圾车，再见！（挥挥手）

垃圾车、香蕉皮、易拉罐、旧衣、电池：（齐声）嘀嘀嘀嘀！垃圾不落地，环境更美丽。垃圾不落地，环保更给力。垃圾不落地，城市更美丽。

〔垃圾车载着垃圾，继续前行；下场。〕

〔剧终〕

故事来源：《垃圾车来了》（著：〔美〕凯特·麦克穆兰、吉姆·麦克穆兰；译：漆仰平），贵州人民出版社 2008 年版。

中班

森林动物运动会

庄丹容

第　一　幕

场景：森林

角色：小鸟、小猴、小鹿、小狗、斑马、青蛙、棕熊、小兔、老虎、小猪、狐狸

道具：报名册、笔

〔幕启。众动物上场。〕

旁白：动物们一大早就聚集在森林广场，这是怎么回事呢？原来，一年一度的森林运动会马上就要开始了。

小鸟：（拍拍翅膀）好消息，好消息！要举行运动会啦，大家快来报名呀！

小猴：（挠挠脑袋）比赛有哪些项目呀？

小鸟：（掰着手指）有跑步、跳绳、举重。

小鹿：（举手）我最擅长跑步了，我要报名参加跑步比赛。

小狗：（语速极快）要说跑步，谁能跑得过我呢？我也要报名参加跑步比赛。

斑马：（自信）我每天都在练习跑步。这是个好机会，我要好好把握，我也报名参加跑步比赛。

〔众动物七嘴八舌。〕

青蛙：（边叫边说）呱呱，我要报跳绳。

棕熊：（慢吞吞）我要报举重。

小兔：（尖声说）我要报跳绳。

老虎：（声音洪亮）我报举重。

〔众声嘈杂。〕

小鸟：（着急）别急别急，一个一个来，一个一个来。

〔小鸟低头在报名册上帮助动物们登记；动物们登记后有的在一旁玩，有的下场。小鸟面前没有动物了。〕

小鸟：（四处张望）还有谁要报名吗？

〔小猪慢慢地走近小鸟。〕

小猪：（犹豫）我……我也想报名。

狐狸：（轻蔑）小猪？你那么胖，能跑得动吗？

小猴：（嘲讽）小猪，瞧你的大肚子，你能跳得动吗？

小猪：（生气）我想参加举重比赛！

〔棕熊和老虎走上前，在小猪面前各自做了几个健美动作。〕

棕熊、老虎：（轻视）原来是想和我们PK（比拼）呀！

小鸟：（忙打圆场）只要是森林成员都能报名参加；还需要一名啦啦队长，谁来当呢？

狐狸：（翘起尾巴，急忙毛遂自荐）我来我来！

小鸟：（清清嗓子）好的，现在报名结束。半个月后，我们将隆重举行第二届森林运动会，大家抓紧训练，到时候赛场上见分晓。

〔动物们下场。〕

第　二　幕

场景：森林

角色：小鹿、小狗、斑马、小猴、青蛙、小兔、棕熊、老虎、小猪、大象

道具：跳绳、哑铃

旁白：距离比赛的日子越来越近了，动物们都在抓紧训练呢。

〔音乐《坚持下去》（运动风的纯音乐）响起，动物们分三组上场。第一组的小鹿、小狗、斑马做跑步动作，做完动作后下场；第二组的小猴、青蛙、小兔做绳操，做完动作后下场；第三组的棕熊、老虎做哑铃操，做完动作后下场。音乐停，大象晃晃悠悠地上场，小猪跟在后面。〕

小猪：（做思考状）这次比赛，我一定要有好表现。

小猪：（看到前面的大象）对了，我可以去请教请教上届的冠军大象先生。

〔小猪跑到大象面前。〕

小猪：（诚恳）大象先生，您好！我想参加举重比赛，您教教我，怎样才能取得好成绩？

大象：（打量了小猪一下）你这个身材可不行啊，你得减肥，并且要增加手臂的力量。来，跟我一起做。

〔音乐《卡路里》响起，大象指导小猪做各种动作。在音乐声中，大象和小猪边练习动作边下场。〕

第　三　幕

场景：森林

角色：小鸟、狮子、小鹿、小狗、斑马、青蛙、小兔、小猴、棕熊、老虎、小猪、狐狸、小松鼠

道具：话筒、横幅、彩旗、啦啦球、信号枪、终点布条、跳绳、杠铃、奖牌、领奖台

〔众动物上场。〕

小鸟：（拿着话筒，郑重）尊敬的女士们、先生们，今天是我们第二届森林运动会召开的日子，首先让我们隆重请出我们的森林之王——狮子先生宣布运动会开始。

狮子：（威严）亲爱的森林动物们，运动可以让我们有更健康的身体，可以更快乐地生活。我宣布第二届森林运动会现在开始。

〔众动物热烈鼓掌。〕

小鸟：（清脆的声音）首先进行的是跑步比赛，请各位选手做好准备。（举枪准备）各就各位——

〔枪声响起，小狗、小鹿、斑马绕场进行跑步比赛；狐狸带小松鼠啦啦队在赛道两边喊“加油”。〕

啦啦队：（挥动啦啦球）加油！加油！加油！

〔最后，斑马先冲过终点。〕

小鸟：（激动）今天的比赛非常激烈，获得跑步冠军的是我们的斑马先生，祝贺他。

小鸟：（清脆、坚定）接下来进行的是跳绳比赛，请各位选手做好准备。预备——开始！

〔青蛙、小兔、小猴进行跳绳比赛。〕

啦啦队：（挥动啦啦球）加油！加油！加油！

〔小猴停下喘气，接着青蛙停下喘气，小兔坚持跳。〕

小鸟：（兴奋）激动人心的时刻到了，跳绳比赛结果已经出来，冠军是我们的兔小姐，恭喜她。

小鸟：接下来是最后一项比赛——举重，请选手们做好准备。

〔棕熊、老虎、小猪开始比赛举重。第一轮，三个动物都轻松举起。第二轮，棕熊、老虎颤巍巍地举起，小猪轻松举起。第三轮，最大的杠铃，棕熊用力试了试，跌坐在地上；老虎试了试，扭了腰，只好放弃；小猪上场，用力、稳住、举起，全场欢呼。〕

小鸟：（无比激动）比赛真激烈啊！恭喜我们的小猪。

〔颁奖音乐响起，动物齐声鼓掌。〕

小鸟：（欢快）我宣布，第二届森林运动会到此圆满结束。

〔众动物欢呼；音乐《运动真快乐》响起，众动物一起做运动操。〕

〔剧终〕

故事来源：网络故事《森林运动会》。

小猪和靴子

王婷玉

第　一　幕

场景：草地

角色：小猪

道具：红靴子

旁白：从前，有一只热心的小猪，他很喜欢帮助别人。他一出门就会做好事，我们一起去看看吧。

〔音乐《快乐小猪》响起，小猪边唱边上场。〕

小猪：（唱）朋友好好相处，不要计较付出，我是一只善良的可爱的小猪……

小猪：（向前一看，好奇）咦？那边有个红红的东西。

〔拿起地上的红靴子，左瞧右看。〕

小猪：（摸摸脑袋）口小底大，摸上去很光滑，这是什么？嗯，好像是个皮袋子。

小猪：（四下张望）这到底是谁丢的呢？我得帮它找到主人。

小猪：（边跑边喊，手拿红靴子挥舞）谁丢了袋子？谁丢了袋子呀？

〔小猪边跑边喊，下场。〕

第　二　幕

场景：草地

角色：小猪、鹦鹉、小狐狸、小狗

道具：红靴子

〔小猪拿着红靴子，跑上场。〕

小猪：（大声喊）谁丢了袋子？谁丢了袋子？哎，我找得好辛苦啊！

〔鹦鹉上场，从对面走过来。〕

小猪：（跑上前，热情）鹦鹉，这是你丢的袋子吗？

鹦鹉：（接过靴子看了看）小猪，这不是袋子，这……应该是一顶漂亮的红帽子，不信你试试。

小猪：（把靴子放在头顶上）原来不是袋子，是帽子呀，谢谢你，鹦鹉。我得去找它的主人了，再见！

鹦鹉：（挥挥翅膀）好的，祝你好运！

〔鹦鹉下场。小狐狸上场。〕

小猪：（左右顾盼）谁丢了帽子？谁丢了帽子呀？

小狐狸：（走过来，捂嘴笑）笑死我了，这根本就不是什么帽子。

小猪：（疑惑）那这是什么？

小狐狸：（微笑）你把它倒过来看看。

〔小猪把红靴子倒过来。〕

小狐狸：（胸有成竹）这呀，是一个瓶子。

小猪：（恍然大悟）哦，原来它是一只好看的瓶子呀。谢谢你，小狐狸。

小狐狸：（摆摆手）别客气，去找它的主人吧。

小猪：（高兴）小狐狸再见！

小狐狸：（挥挥手）再见！

〔小狐狸下场。〕

小猪：（思考）这么好看的瓶子，要装上花才行。（左右看看）

小猪：（高兴）嗯，有了，摘些野花放进去。

〔小狗上场。〕

小狗：（好奇）小猪，你在干吗呢？

小猪：（高兴）小狗，这是你丢的瓶子吗？

小狗：（好奇地看了看）这个瓶子的形状真奇怪，我没有这样的瓶子。

小猪：（为难）哎！我找了半天了，还没有找到它的主人。

小狗：（手托着下巴思考）这样啊，如果找不到它的主人，不然把它送给小熊吧。我听说小熊病了，我们带上这个花瓶和鲜花一起去看他吧。

小猪：（高兴）小狗，这真是一个好主意！走，我们看小熊去。

小狗：（高兴）走。

〔小猪、小狗下场。〕

第　三　幕

场景：小熊的家

角色：小猪、小狗、小熊

道具：小床、桌子、椅子、红靴子、鲜花

〔小熊躺在小床上。小猪和小狗上场，“咚咚咚，咚咚咚”敲小熊家的门。〕

小猪、小狗：（敲门）小熊，你在家吗？

小熊：（无精打采）是谁呀？

小猪：（友善）我是你的好朋友小猪。

小狗：（真诚）我是你的好朋友小狗。

小猪、小狗：（异口同声）我们看你来了。

小熊：（高兴）快进来吧。

小狗：（关心）小熊，听说你病了，我们来看看你。

小猪：（关心）小熊，你没事吧？

小熊：（伤心）谢谢你们，我就是丢了一样心爱的东西，所以心里难受。

小猪：（安慰）别难受了，我给你带来一个漂亮的花瓶和鲜花，你看。

〔小猪从背后拿出红靴子和鲜花。〕

小熊：（高兴地从床上跳起来）这不是花瓶，这就是我丢的心爱的红靴子。太好了，太好了！（拿着靴子高兴地转圈）

〔小熊把靴子穿到脚上，转个圈，跳一跳。〕

小猪：（恍然大悟）原来这不是花瓶，是你的红靴子呀！（不好意思地摸了摸脑袋）

小熊：（开心）谢谢你们帮我找到了心爱的红靴子！（激动地抱住小猪和小狗）

小猪、小狗、小熊：（相视而笑）哈哈哈，哈哈哈！这真是太好了！

〔音乐《我们都是好朋友》响起，三个好朋友跳舞。〕

〔剧终〕

故事来源：故事《小猪和靴子》，“福建省幼儿园教师教育用书”《领域活动指导》（中班上册），福建人民出版社 2017 年版。

是谁嗯嗯在我的头上

蔡秉燕

第　一　幕

场景：森林（小鼹鼠的家）

角色：小鼹鼠、鸽子、马先生、野兔、山羊、奶牛、猪先生、大狗

道具：一条长长的“嗯嗯”

〔幕启。音乐《找朋友》响起，鸽子、马先生、野兔、山羊、奶牛、猪先生在玩“找朋友”游戏。〕

众：（欢唱）找啊找啊找朋友，找到一个好朋友，敬个礼，握握手，你是我的好朋友，抱抱。

〔小鼹鼠从家里探出头。〕

小鼹鼠：（惊喜）哇！今天真热闹。

〔大狗伸着后腿做“嗯嗯”状，一条长长的“嗯嗯”掉在小鼹鼠的头上。大狗下场。〕

小鼹鼠：（摸了摸头）咦，什么东西？

小鼹鼠：（闻了闻）啊！是嗯嗯。（气得哇哇大叫）搞什么嘛！是谁嗯嗯在我的头上？

〔鸽子经过小鼹鼠身旁。〕

小鼹鼠：（生气，指着头顶）小鸽子，是不是你嗯嗯在我的头上？

鸽子：（拍打着翅膀）不是我！我的嗯嗯又黏又湿，还是白色的。

〔鸽子下场。马先生走到小鼹鼠身旁。〕

小鼹鼠：（指着头顶）马先生，是不是你嗯嗯在我的头上？

马先生：（甩甩尾巴，摇摇头）不是我！我的嗯嗯又大又圆，像马铃薯一样。

〔马先生下场。野兔蹦蹦跳跳来到小鼹鼠身旁。〕

小鼹鼠：（指着头顶）野兔姐姐，是不是你嗯嗯在我的头上？

野兔：（摆摆手）不是我！我的嗯嗯又黑又小，像豆子一样。

〔野兔挥挥手下场。山羊伸着懒腰走过来。〕

小鼹鼠：（指着头顶）山羊伯伯，是不是你嗯嗯在我的头上？

山羊：（揉眼睛，摇摇头）不是我！我的嗯嗯又圆又小，像咖啡色的小球一样。

〔山羊下场。奶牛慢悠悠过来。〕

小鼹鼠：（指着头顶）奶牛哥哥，是不是你嗯嗯在我的头上？

奶牛：（边吃草边摇头）不是我！我的嗯嗯像巧克力蛋糕一样。

〔奶牛慢慢下场。猪先生大摇大摆地过来。〕

小鼹鼠：（指着头顶）猪先生，是不是你嗯嗯在我的头上？

猪先生：（扇扇耳朵）不是我！我的嗯嗯又大又软，像一顶小帽子。

〔猪先生下场。小鼹鼠失望地下场。〕

第 二 幕

场景：森林（大狗家、鼹鼠家）

角色：苍蝇、大狗、小鼹鼠

道具：苍蝇的嗅觉器、小鼹鼠的“嗯嗯”

〔“嗡嗡嗡——”几只苍蝇上场。〕

小鼹鼠：（远望大喊）喂，是不是你们……原来是苍蝇弟弟。

小鼹鼠：（开心拍手）啊哈！我知道谁可以帮助我了。苍蝇弟弟，请问到底是谁嗯嗯在我的头上？

苍蝇：（故做神气状）鼹鼠哥哥，你乖乖坐好，我们试试看就知道了。（说完，用嗅觉器戳了一下小鼹鼠头上的“嗯嗯”）

苍蝇：（拿起嗅觉器）哈！太简单了，这是一坨狗大便。

小鼹鼠：（恍然大悟）原来如此，谢谢你们，苍蝇弟弟。

〔苍蝇说完，下场。小鼹鼠快速跑向大狗家，大狗正趴在门口睡觉。〕

小鼹鼠：（生气）大狗先生，为什么你嗯嗯在我的头上？（先指着大狗，然后再指着自己的头顶）

大狗：（闭眼）我不小心嘛！（不以为然的样子）

小鼹鼠：（哇哇大叫）你应该说“对——不——起”！（跳起来）

小鼹鼠：（捂着肚子）哎哟，肚子有点不舒服。

〔小鼹鼠做“嗯嗯”状，屁股一撅，“噗”的一声，一粒小小的、黑黑的“嗯嗯”掉在大狗的头上。〕

小鼹鼠：（愧疚）大狗先生，对不起！

〔小鼹鼠不好意思地跑下场。〕

〔剧终〕

故事来源：《是谁嗯嗯在我的头上》（文：〔德〕维尔纳·霍尔茨瓦特；图：〔德〕沃尔夫·埃布鲁赫；译：方素珍），河北教育出版社2019年版。

借你一把伞

陈珊珊

第　一　幕

场景：小树林

角色：娜娜、小蚂蚁、小青蛙、小兔子、小山狸、大熊

道具：各种形状的绿叶

〔幕启。娜娜一蹦一跳地上场。〕

娜娜：（开心）大家好，我叫娜娜，我最喜欢到小树林玩，因为这里有很多我的动物朋友。

娜娜：（双手放嘴边喊）朋友们，你们在哪里？

〔众动物挥手上场。〕

众动物：（欢呼）娜娜！我们来啦！

〔音乐《春天的歌》响起，众动物手拉手围着娜娜跳舞、玩“老鹰抓小鸡”的游戏。〕

娜娜：春天的小树林真美，叶子绿油油的，我们找找不同形状的叶子吧。

小蚂蚁：（爬来爬去）我喜欢三叶草的叶子。

小青蛙：（呱呱呱叫）我住在池塘边，经常见到喇叭形状的叶子。

小兔子：（蹦蹦跳跳）我喜欢吃胡萝卜，最爱胡萝卜的叶子。

小山狸：（走着太空舞步）这是芋头叶子吗？香香芋头我最爱。

大熊：（笨重地挪动身体）我力气最大，我能举起最大最重的荷叶。

娜娜：（高兴）你们找到的叶子我都喜欢，我太爱你们了。今天玩得太开心了，我们明天接着玩。

众动物：（挥手）好的！那我们明天不见不散哦。

娜娜：（挥手）嗯，不见不散！

〔娜娜和众动物下场。〕

第 二 幕

场景：小树林

角色：娜娜、小蚂蚁、小青蛙、小兔子、小山狸、大熊

道具：一株三叶草、一片喇叭形状的叶子、一根带叶子的胡萝卜、一片芋头叶子、一片荷叶

〔娜娜边唱歌曲《郊游》边跳着上场。〕

娜娜：（高兴）我来啦！昨天和好朋友们约好了，今天我们一起玩。

〔“轰隆隆——”的打雷声和“哗啦啦——”的下雨声响起。〕

娜娜：（望向天空、着急）哎哟！真糟糕，下雨了，我没带伞，怎么办呀？（双手捂着头顶、四处跑动）

〔小蚂蚁拿着一株三叶草上场。〕

小蚂蚁：（喘气）娜娜，我就知道你在这！来，这把伞借给你吧！（把三叶草递给娜娜）

娜娜：（接过三叶草）谢谢你，小蚂蚁！这三叶草小伞真可爱。（举起三叶草在头顶上比了比）可是，这三叶草小伞太小了，不适合我，还是你自己用吧。

小蚂蚁：（无奈）那好吧，娜娜再见！（挥手，下场）

娜娜：（挥挥手）小蚂蚁再见！

〔小青蛙拿着一片喇叭形状的叶子上场。〕

小青蛙：（高兴地把喇叭形状的叶子递给娜娜）娜娜，我就知道你在这！来，这把伞借给你吧！

娜娜：（接过喇叭形状的叶子）谢谢你，小青蛙！你的喇叭叶子伞真漂亮。（举起喇叭形状的叶子在头顶上比了比）可是它挡不住雨水，不适合我用。

小青蛙：（失望）那好吧，娜娜再见！（挥手，下场）

娜娜：（挥挥手）小青蛙再见！

〔小兔子拿着带叶的胡萝卜一蹦一跳地上场。〕

小兔子：（热情）娜娜，娜娜，你被雨困住了吧？来，这把伞借给你吧！（把带叶子的胡萝卜递给娜娜）

娜娜：（接过带叶的胡萝卜）谢谢你，小兔子！你的胡萝卜伞好特别哦。（举起带叶子的胡萝卜在头顶上比了比）可是叶子太细小了，会漏雨，你自己留着用吧。

小兔子：（失望）那好吧，娜娜再见！（挥手，下场）

娜娜：（挥挥手）小兔子再见！

〔小山狸拿着芋头叶子上场。〕

小山狸：（着急跑上前）娜娜，娜娜，这把伞借给你吧！（把芋头叶子递给娜娜）

娜娜：（接过芋头叶子比了比，开心）这把叶子伞不会漏雨，当伞刚刚好，太棒了！谢谢你！（把芋头叶子举在头顶上）

〔"呼呼呼——"风声响起。〕

娜娜：（惊慌）哎哟！还是不行，风一吹又漏雨了。

小山狸：（担心）那怎么办呢？

娜娜：（安慰）没关系，小山狸，你先拿回去吧。（把芋头叶子还给小山狸）

小山狸：（接过芋头叶子，犹豫）那好吧，娜娜再见！（下场）

娜娜：（挥挥手）小山狸再见！（手捂着头，急切地走来走去）

〔大熊举着一片荷叶慢慢上场。〕

大熊：（边喘气边慢慢地说）娜娜，这把伞借给你吧！

娜娜：（接过荷叶，手一沉，拿不稳）谢谢你！这荷叶真大啊！可是，大熊……你这伞太重，我拿不动。

〔大熊赶紧接过荷叶。〕

娜娜：（安慰）大熊，你赶紧拿回去吧！谢谢你想着我。

大熊：（犹豫）那……好吧，娜娜再见！（下场）

娜娜：（挥挥手）再见！

旁白：雨越下越大，娜娜越来越着急了，这可怎么办呢？

第　三　幕

场景：小树林

角色：小狗、娜娜、小蚂蚁、小青蛙、小兔子、小山狸、大熊

道具：一株三叶草、一片喇叭形状的叶子、一根带叶子的胡萝卜、一片芋头叶子、一片荷叶、小红伞

〔小狗拿着小红伞上场。〕

小狗：（着急）娜娜，娜娜，下大雨了，我给你送伞来了，快快拿着。（把小红伞递给娜娜）

娜娜：（激动地接过并举起小红伞，转圈）太好了，这是我的小红伞！小红伞，小红伞，风里雨里陪伴我。

小狗：（高兴）汪汪汪，让我赶得好着急，小红伞终于送到了。

娜娜：（一手拿伞，一手放嘴边喊）朋友们，小狗给我送来小红伞了！这下，大家都不怕下雨了，快出来一起玩吧！

〔众动物拿着自己的伞，按照从小到大的顺序上场，轮流走到舞台中间。〕

小蚂蚁：（举着三叶草，走到舞台中间）可爱的三叶草小伞。

小青蛙：（举着喇叭形状的叶子，走到舞台中间）漂亮的喇叭叶子伞。

小兔子：（举着带叶子的胡萝卜，走到舞台中间）漏雨的胡萝卜叶子伞。

小山狸：（举着芋头叶子，走到舞台中间）不大不小的芋头叶子伞。

大熊：（举着荷叶，走到舞台中间）好大好重的荷叶伞。

众：（娜娜举着小红伞，领着大家齐声说）听，滴滴答答的雨声真美妙！我们都有不同的伞，风吹雨打都不怕。

〔音乐《小雨点》响起，小动物们拿着各自的伞从小到大排着队跳舞，变换不同队形。舞台背景慢慢出现雨后的彩虹。〕

娜娜：哇，雨停了，你们看，那是彩虹。

众动物：哇，好美的彩虹呀。我们一起去追彩虹吧。

〔音乐《彩虹》（儿歌）响起，娜娜和众动物一起朝着彩虹走去。〕

〔剧终〕

故事来源：《借你一把伞》（文、图：〔日〕小出保子；译：何奕佳），南京师范大学出版社2004年版。

阿莉埃蒂的奇妙之旅

蔡依尔

第 一 幕

场景：森林（中间有一朵很大的鲜花，旁边有一条小河）

角色：阿莉埃蒂、蜜蜂阿姨、猴子哥哥

旁白：阿莉埃蒂是小人国里一个可爱的小姑娘。这天，她一个人到森林里玩，结果迷路了，回不了家。她藏在一朵即将盛开的鲜花里。听，轻柔的音乐响起来了。看，鲜花慢慢打开了。奇妙的事情发生了——

〔蜜蜂阿姨从舞台左侧上场。阿莉埃蒂从鲜花中探出身来。〕

蜜蜂阿姨：（扇动着翅膀，飞到阿莉埃蒂面前，亲切）嗡嗡嗡，可爱的姑娘，你叫什么名字？你从哪儿来的？

阿莉埃蒂：（微笑）你好，蜜蜂阿姨，我叫阿莉埃蒂。我迷路了，我想去找妈妈。

蜜蜂阿姨：（绕着阿莉埃蒂飞了一圈）那我陪你一起去找妈妈吧，我可以带你飞下花朵。

阿莉埃蒂：（兴奋地拍拍手）谢谢蜜蜂阿姨！

〔蜜蜂阿姨帮助阿莉埃蒂飞下了花朵，来到了一棵大树下。阿莉埃蒂和蜜蜂阿姨茫然地看着四周。猴子哥哥从舞台左侧上场。〕

猴子哥哥：（挠了挠头，摇晃着脑袋）可爱的姑娘，你叫什么名字？你从哪儿来的？（挠了挠头）

阿莉埃蒂：（微笑）你好，猴子哥哥，我叫阿莉埃蒂。我迷路了，我想去找妈妈。

猴子哥哥：（指了一个方向）那儿有一座屋子，你可以往那儿去。

阿莉埃蒂：（兴奋地跳了起来）谢谢猴子哥哥！

蜜蜂阿姨：（高兴）太好了，谢谢小猴！（扇动翅膀，转圈）

〔猴子哥哥从舞台右侧下场。〕

〔蜜蜂阿姨和阿莉埃蒂顺着猴子指的方向，来到了一条小河边。她们看着小河。〕

蜜蜂阿姨：（低下头，叹了口气）我们该怎么过去呢？

阿莉埃蒂：（着急）这可怎么办啊？

第 二 幕

场景：森林（内有一条小河）

角色：阿莉埃蒂、蜜蜂阿姨、鲤鱼叔叔、鹿姐姐

〔幕启。阿莉埃蒂、蜜蜂阿姨站在小河边。鲤鱼叔叔上场。〕

鲤鱼叔叔：（游到阿莉埃蒂旁边，大声喊道）可爱的姑娘，你叫什么名字？你从哪儿来的？

阿莉埃蒂：（微笑，招了招手）你好，鲤鱼叔叔，我叫阿莉埃蒂。我迷路了，我想去找妈妈，可是我和蜜蜂阿姨不知道怎么过河。

鲤鱼叔叔：（摆动鱼尾）让我来帮助你们吧，我可以载你们过河！

阿莉埃蒂：（拍手，兴奋地跳了起来）谢谢鲤鱼叔叔！

蜜蜂阿姨：（高兴）太好了，谢谢鲤鱼！（扇动翅膀，转圈）

〔鲤鱼叔叔驮着阿莉埃蒂和蜜蜂阿姨过了河。〕

鲤鱼叔叔：（摇着尾巴）再见，阿莉埃蒂、蜜蜂阿姨。

阿莉埃蒂、蜜蜂阿姨：（高兴地齐声）谢谢你，再见！

〔鲤鱼叔叔说完，下场。阿莉埃蒂和蜜蜂阿姨继续往前走。一会儿，阿莉埃蒂喘着气坐在了一块石头上。鹿姐姐上场。〕

鹿姐姐：（蹦蹦跳跳地过来）可爱的姑娘，你叫什么名字？你从哪儿来的？

阿莉埃蒂：（向鹿姐姐鞠躬，微笑）你好，鹿姐姐，我叫阿莉埃蒂。我迷路了，我想去找妈妈。

鹿姐姐：（原地转了个圈，显示自己的脚力）你们一定累了吧，我可以载你们穿过丛林！

阿莉埃蒂：（双手打开，抱鹿姐姐）谢谢鹿姐姐！

蜜蜂阿姨：（绕着鹿姐姐飞了一圈）谢谢小鹿！

〔阿莉埃蒂骑在鹿姐姐身上向前走，蜜蜂阿姨在一旁飞，下场。〕

第 三 幕

场景：森林（内有一间屋子）

角色：阿莉埃蒂、蜜蜂阿姨、鹿姐姐、妈妈

〔屋子前，妈妈正在张望。阿莉埃蒂与蜜蜂阿姨、鹿姐姐上场。〕

阿莉埃蒂：（见到妈妈，激动）妈妈！（紧紧过去，抱住妈妈）

妈妈：（慈爱）我亲爱的阿莉埃蒂，下次可不能乱跑啦！（摸了摸阿莉埃蒂的头）

阿莉埃蒂：（回头指着蜜蜂阿姨和鹿姐姐）妈妈，是蜜蜂阿姨和鹿姐姐送我回来的，还有鲤鱼叔叔和猴子哥哥的帮助！

妈妈：谢谢你们！

蜜蜂阿姨：（在空中飞了一圈）不用谢！

鹿姐姐：（摇了摇尾巴）不用谢！

妈妈：太感谢大家了，多亏你们的帮忙，阿莉埃蒂才能顺利回到家中。

阿莉埃蒂：我要画下蜜蜂阿姨、猴子哥哥、鲤鱼叔叔、鹿姐姐、妈妈和我，留作永久纪念。谢谢你们。

〔大家一起手拉着手跳舞。〕

〔剧终〕

故事来源：电影《借东西的小人阿莉埃蒂》，2010 年 7 月 17 日于日本正式上映，影片剧情改编自英国作家玛丽·诺顿的奇幻小说《地板下的小人》。

小青蛙杂货店

吴诗怀

第 一 幕

场景：小青蛙的家（中间有桌椅，地上放着很多包装的礼品）

角色：小青蛙、青蛙妈妈、青蛙爸爸

道具：胡萝卜、青草、小皮球、麦片等礼品，盘子，筷子，芭蕉叶，笔

〔小青蛙打着哈欠，上场。〕

小青蛙：（到桌子旁，看看地上的礼品，面向舞台一侧）妈妈，这些礼物都是我的吗？

〔青蛙妈妈上场。〕

青蛙妈妈：（欣喜地点着头，温和）呱呱呱——当然了，这是大家送你的生日礼物。

小青蛙：（跳了起来，绕着礼物走了一圈，兴奋）哇！这些礼物都是我喜欢的呀！

青蛙妈妈：（摸了摸小青蛙的头，温和）小青蛙，你慢慢地拆礼物吧，妈妈去做饭了。

〔青蛙妈妈下场。青蛙爸爸上场。〕

青蛙爸爸：（抬头挺胸，快步走到小青蛙面前，亲切）小青蛙，你在做什么呢？

小青蛙：（指着礼物，高兴地拉着爸爸的手）爸爸，我在拆小动物们送给我的礼物呢！

青蛙爸爸：（坐了下来，笑着）来，爸爸和你一起拆。

小青蛙：（高兴）好呀！谢谢爸爸。

〔青蛙妈妈手拿盘子上场，把盘子摆在桌上。〕

青蛙妈妈：（笑着走到小青蛙面前）开饭啦，大家快来吃饭。

小青蛙、青蛙爸爸：（放下手中的东西，高兴、齐声说）来啦。

青蛙妈妈：（看着礼物，好奇地看着小青蛙）小青蛙，你的礼物这么多，该怎么办呀？

〔小青蛙转动着眼珠子，一边拿起筷子吃饭，一边若有所思。〕

小青蛙：（放下筷子，大声说）爸爸妈妈，我想开一个杂货店。

青蛙爸爸：（笑了起来，竖起拇指）这个办法不错。

〔小青蛙把胡萝卜、青草、小皮球、麦片等按大小在桌子上摆成一排。〕

青蛙爸爸：（摸了摸小青蛙的头，笑着问）小青蛙，你的杂货店叫什么名字呢？

小青蛙：（托着下巴，摸摸自己的小脑袋）有了，爸爸。

〔小青蛙捡来一片芭蕉叶，在上面写上一行字“小青蛙杂货店”，放在桌上。〕

小青蛙：（擦擦汗、大声叫卖）呱呱呱——大家好！“小青蛙杂货店”开张啦，八折优惠，大家快来买啊。

第　二　幕

场景：小青蛙的家（中间的桌子上有各种商品）

角色：小青蛙、小黑兔、小狗、小公鸡、小黄鸭、小野猪

道具：胡萝卜、青草、小皮球、麦片、泡泡水

〔幕启。小青蛙在桌子前整理东西。小黑兔上场。〕

小黑兔：（走到小青蛙面前，看了看杂货店的东西，不好意思）我要一根胡萝卜，但是我没有钱，要不我给你跳个舞吧。

〔音乐《郊游》响起，小黑兔随乐舞蹈。小青蛙摇晃着脑袋观看小黑兔的舞蹈。〕

小青蛙：（高兴地把胡萝卜递给小黑兔）好，给你啦，你拿好哦。

小黑兔：（拿着胡萝卜，转圈）太好了，谢谢小青蛙老板。

〔小黑兔下场。小公鸡和小狗上场。〕

小公鸡和小狗：（手拉着手，笑着来到小青蛙面前）小青蛙老板，你好呀！

小青蛙：（正在整理东西，抬起头笑着说）小公鸡、小狗，你们好！你们需要什么？

小公鸡：（摸摸头，兴奋）我喜欢青草。

小狗：（走来走去）我喜欢小皮球。

小公鸡和小狗：（齐声、失望）可是，我们身上没有带钱。

小青蛙：（摸摸自己的小脑袋）那这样吧，你们给我表演一个节目吧。

小公鸡和小狗：（商量一下）那我们一起给你唱首歌。

〔音乐《幸福拍手歌》响起，小公鸡和小狗一起演唱《幸福拍手歌》。小青蛙在一旁认真地欣赏。〕

小青蛙：（边听歌边拍手，听完鼓掌）你们唱得太好听了！来，这是你们要的东西。（把青草递给小公鸡，把小皮球递给小狗）

小公鸡和小狗：（高兴地接过东西）谢谢你，小青蛙老板！

小青蛙：（温和）不客气。

〔小公鸡、小狗下场。小黄鸭和小野猪上场。〕

小青蛙：（大声叫卖）大家都来看一看，“小青蛙杂货店”的东西很漂亮。

小黄鸭和小野猪：（开心地跑向小青蛙）有什么好东西吗？

小青蛙：（看看小黄鸭和小野猪）你们要买点什么回去吗？

小黄鸭：（抢着说）我最喜欢吹泡泡了。

小野猪：我喜欢喝那个香喷喷的麦片。

小青蛙：（兴奋）好，我马上给你们包装起来。

小黄鸭和小野猪：（互相看看对方、齐声）可是我们没有钱，这可怎么办？

小青蛙：（期待）那你们给我表演一个走秀吧。

小黄鸭和小野猪：（齐声）好的。

〔音乐《Baby Shark》响起，其他小动物上场，来看小黄鸭、小野猪走秀。〕

小青蛙：（睁大了眼睛和嘴巴，非常惊讶）你们真厉害！这是你们的东西。（把泡泡水递给小黄鸭，把麦片递给小野猪）

小黄鸭和小野猪：（手拉着手蹦蹦跳跳，激动）好的，谢谢。再见，小青蛙老板！

小青蛙：（挥手）再见，小黄鸭！再见，小野猪！

小青蛙：（看着空荡荡的桌子，抹着眼泪）呜呜——我什么也没有了。

小动物们：（围在小青蛙身边）小青蛙哭了，这下可怎么办呢？

小黑兔：（掏出胡萝卜，拿给小青蛙）小青蛙弟弟，你别哭了，我把胡萝卜还给你吧。

小青蛙：（看了看胡萝卜，看了看小黑兔）谢谢你，小黑兔！

小黄鸭：嘎嘎嘎——（把泡泡水放下）你就别哭了，泡泡水还给你。

小公鸡：叽叽叽，青蛙不要哭，我们一起去玩吧。

小野猪：小青蛙、小公鸡、小黄鸭，我们一起去喝香喷喷的麦片吧！

小狗：汪汪汪，让我们一起去玩吧！

〔小动物们高高兴兴地和小青蛙一起玩耍。音乐《吹泡泡》响起，小青蛙和小动物们一起吹泡泡、捉泡泡。〕

〔剧终〕

故事来源：《小老鼠裁缝店》（文：〔比〕沃尔特；图：〔比〕格里班；译：漪然），湖南少年儿童出版社 2009 年版。

章鱼先生卖雨伞

吴燕玉

第 一 幕

场景：雨伞店铺

角色：章鱼先生、大象、狮子夫妇、孔雀

道具：灰、橙、蓝雨伞各一把，可载人自行车一辆，干毛巾一条

〔幕启。下雨的音效响起。章鱼先生上场，走到雨伞店铺前。〕

章鱼先生：（抬头看看天）下雨啦，下雨啦，卖雨伞啦！（双手放嘴边，大声吆喝）雨伞雨伞真漂亮，大家快来买雨伞！

〔大象甩着长鼻子，一步一步笨重地上场。〕

章鱼先生：（走向大象，热情）大象，大象，请问你想要什么雨伞呢？

大象：（声音粗哑）我的身体这么大，我要买一把超级、超级大的雨伞。（两手向身体两侧画一个大圈）

章鱼先生：（点头，开心）有的，有的。（身体微微前倾）那请问大象，你想要什么颜色的雨伞呢？

大象：（缓慢）我想要一把灰色的雨伞。

章鱼先生：（双手将一把灰色的大雨伞递出）大象，这把灰色的雨伞请拿好。

大象：（满意、高兴）谢谢你，章鱼先生！

〔大象边说边缓步下场。狮子夫妇推着自行车上场。〕

狮子先生：（郁闷）这雨可真大啊，把我们都淋湿了。

章鱼先生：（热情地伸手打招呼）赶紧到店里先避一避雨吧。

狮子太太：（温柔）谢谢你，章鱼先生。

章鱼先生：（摆摆手）不客气，可以看看有没有你们喜欢的雨伞。

狮子先生：（看了看店里的雨伞）我们想买一把橙色的伞。

章鱼先生：（取了一把橙色的雨伞，双手递出）有的，有的，这把橙色的雨伞请拿好。

狮子夫妇：（高兴、齐声）有了雨伞，我们可以继续走了。谢谢你，章鱼先生！

章鱼先生：（开心，摆手再见）不客气，请慢走。

狮子夫妇：（开心）嗖嗖嗖，橙雨伞，雨里冲，真开心！

〔狮子夫妇边说边骑车，下场。孔雀上场，被雨淋湿了，一副垂头丧气的模样。〕

孔雀：（生气、急躁）哼！这场讨厌的雨，把我美丽的羽毛都打湿了！（双手叉腰、跺脚）

章鱼先生：（关心地递上毛巾）美丽的孔雀小姐，不要生气，不要生气，请允许我来帮您擦一擦美丽的羽毛。

〔章鱼先生手拿毛巾为孔雀擦羽毛。〕

孔雀：（感动）真的太感谢你了，章鱼先生。我也要买一把雨伞。

章鱼先生：（热情）孔雀小姐，请问你想要什么颜色的雨伞呢？

孔雀：（略做思考）我想买一把蓝色的雨伞，这样能把我的羽毛衬得更漂亮。

章鱼先生：（双手将一把蓝色的雨伞递出）这是一把蓝色的伞，请拿好。

孔雀：（撑着伞转了一圈，高兴）噔噔噔，蓝雨伞，雨里走，真神气！

〔孔雀边说边下场，一副抬头挺胸、神气的样子。〕

第　二　幕

场景：雨伞店铺

角色：章鱼先生、变色龙、鸡宝宝

道具：七彩伞、黄雨伞各一把

〔幕启。音乐《小雨沙沙》响起，章鱼先生在雨伞铺前。变色龙上场。〕

章鱼先生：（热情）变色龙，你想要买雨伞吗？

〔变色龙不说话，走到章鱼先生的身边。〕

章鱼先生：（热情）变色龙，请问你想要什么颜色的雨伞呢？

变色龙：（低头做思考状）我要一把五颜六色的伞。

章鱼先生：（连连点头）好的，好的。（双手将一把七彩伞递给变色龙）

变色龙：（高兴，走S形路线）嘶嘶嘶，七彩伞，雨里串，真高兴！

〔变色龙拿着七彩伞下场。鸡宝宝上场。〕

鸡宝宝：（蹦蹦跳跳）叽叽叽！叽叽叽！我是可爱的鸡宝宝。

章鱼先生：（热情）可爱的小宝贝，请问你是来买雨伞的吗？

鸡宝宝：（点点头）是的，章鱼先生。请问你有黄色的伞吗？

章鱼先生：（点头）有的，这把黄色的小雨伞和你一样可爱，你用正合适。

鸡宝宝：（开心）那我就买这一把黄色的雨伞。

章鱼先生：（双手将黄色的雨伞递出）好的，这把黄色的雨伞给你。路上小心，慢慢走，不要跑哦，雨天路滑。

鸡宝宝：（高兴）谢谢你，章鱼先生，再见！嗒嗒嗒，黄雨伞，雨里滑，真好玩！

〔鸡宝宝拿着黄色的雨伞下场。〕

第　三　幕

场景：雨伞店铺

角色：章鱼先生、小蚂蚁、太阳、白云、大象、狮子夫妇、孔雀、变色龙、鸡宝宝

道具：黑色雨伞六把，灰、橙、蓝、七彩、黄雨伞各一把

〔幕启。下雨的音效响起，小蚂蚁们喘着粗气，发出“哼哧哼哧”的声音，上场。〕

小蚂蚁们：（急切地齐声）章鱼先生，我们要黑色的伞，黑色的伞，黑色的伞。

章鱼先生：（由惊讶转为无可奈何）啊？你们要黑色的雨伞？可是我这里没有黑色的雨伞啊。

小蚂蚁1：（急切）章鱼先生，这雨实在太大了，请你帮忙想想办法吧，

求求你了。

章鱼先生：（安慰）不着急，不着急，我来想想办法。

小蚂蚁2：（嘀咕）怎么能不着急呢？（双手握拳互碰）

小蚂蚁3：（哽咽）这雨太大了，没有伞的话，我们会被冲走的！（抽泣状）

小蚂蚁2、3：（相互转身看对方，做拥抱哭泣状）我们不想被大雨冲走！

〔章鱼先生来回踱步，做思考状。〕

小蚂蚁4：（小跑向小蚂蚁2、3，摸摸他们的头）不哭不哭，大家都很着急，章鱼先生已经努力在帮助我们想办法了。我们相信章鱼先生会有办法的。

小蚂蚁5：（安慰）是啊，我们应该相信章鱼先生。

小蚂蚁6：（呜咽）虽然我也害怕被大雨冲走，但我相信章鱼先生一定会有办法的。

小蚂蚁5：（点头附和）是啊，是啊。

章鱼先生：（眼睛一亮，一手握拳一手平摊，握拳手敲击平摊手）我有办法了，我有办法了，我是章鱼先生啊，我会吐墨啊，我的墨就是黑色的啊！

小蚂蚁们：（开心，边跳边齐声）太好了，章鱼先生！太好了，章鱼先生！章鱼先生真厉害！

小蚂蚁1：（伸手示意）章鱼先生，我们一共需要六把雨伞。

章鱼先生：好的，请你们稍等一会儿。

〔章鱼先生做吐墨状，伴随"噗噗噗噗"的音效。〕

章鱼先生：（自信）来，你们的六把黑雨伞好了。

小蚂蚁们：（感激）真的太谢谢你了，章鱼先生。（高兴）嘿哟嘿哟，黑雨伞，雨里撑，正合适。

〔太阳、白云上场。太阳手指绕圈做环绕状；白云两手高举、左右摇晃，表示云朵飘来飘去。〕

章鱼先生：（高兴）太阳出来了，我的雨伞也卖完了，今天好开心啊！

〔动物们带着自己的雨伞上场，走到舞台中间。音乐《快乐的 Do Re Mi》响起，动物们收起雨伞，在雨伞店铺前围成圈，跳起舞蹈。〕

〔剧终〕

故事来源：《章鱼先生卖雨伞》（著：韩煦），接力出版社 2018 年版。

三只闹腾的小狐狸

曾霜梅

第 一 幕

场景：小狐狸家

角色：狐狸老大、狐狸老二、狐狸老三

道具：多种乐器、行李包

〔幕启。狐狸三兄弟坐在家里毫无节奏地敲打乐器。〕

狐狸老大：（捂着耳朵，抬着头大喊）啊啊啊啊啊，好吵呀！这个喧闹的城市，我待够了！

狐狸老二：（摸着下巴）或许我们可以搬到安静的乡下住一段时间。

狐狸老三：（拍着手）嗯嗯，我同意，要不我们的耳朵会受不了的。

狐狸老大：那我们准备出发吧！

〔狐狸们把多种乐器打包，背上乐器出发了；下场。〕

第 二 幕

场景：大树、地洞、池塘、房子

角色：狐狸老大、狐狸老二、狐狸老三、猫头鹰、鼹鼠、青蛙、小獾

道具：多种乐器、行李包

〔狐狸三兄弟背着乐器上场。猫头鹰上场。〕

猫头鹰：（拍打着翅膀，好奇）嘿，三只闹腾的小狐狸，你们要去干什么啊？

狐狸三兄弟：（向猫头鹰鞠躬，礼貌）猫头鹰先生你好，我们来自一座喧闹的城市，想在乡下找一个安静的住处。猫头鹰先生，请问你住在哪里呀？你能帮助我们吗？

猫头鹰：（爽快）当然可以啦，看，我就住在这棵大树的树顶，这里又高

又安静。（指着树上）

〔小狐狸们摇摇晃晃地爬上去，战战兢兢。〕

狐狸老大：（害怕，声音有点颤抖）是啊，这里确实是很安静，但是对于我们来说太高了，我们会害怕呀。（紧紧抱着树干）

猫头鹰：（友善）那你们再去前面看看吧，或许会有适合你们的住所。

狐狸三兄弟：（高兴）谢谢你，猫头鹰先生，再见。（挥手和猫头鹰道别）

狐狸老大：（对另外两只狐狸说）那我们走吧。

〔猫头鹰下场。狐狸三兄弟继续往前走。鼹鼠从地洞往外探头，然后从洞里往外钻。〕

鼹鼠：（热情）嘿，三只闹腾的小狐狸，你们要去干什么啊？

狐狸三兄弟：（向鼹鼠鞠躬，礼貌）鼹鼠妈妈你好，我们来自一座喧闹的城市，想在乡下找一个安静的住处。鼹鼠妈妈，请问你住在哪里呀？你能帮助我们吗？

鼹鼠：（爽快）哎呀，当然没问题，我住的地方就很安静，跟我来，我带你们去，（指着地洞）这个安静的地洞就是我的家。

〔小狐狸们排着队钻进鼹鼠的洞口。〕

狐狸老二：（为难）这里确实很安静，但是对我们来说太黑了。

狐狸老三：（皱着眉头）里面什么都看不见啊。

狐狸老大：（靠近洞口伸着手）洞口也太小。

鼹鼠：（失望）那你们再去前面看看吧，或许会有适合你们的住所。

狐狸三兄弟：（摇着手）谢谢你，鼹鼠妈妈，再见。

狐狸老大：（对另外两只狐狸说）那我们走吧。

〔鼹鼠下场。狐狸三兄弟继续往前走。青蛙一蹦一蹦地上场，与狐狸三兄弟相遇。〕

青蛙：（抬着头）呱呱，呱呱，三只闹腾的小狐狸，你们要去干什么啊？

小狐狸们：（蹲下来）青蛙小姐你好，我们来自一座喧闹的城市，想在乡下找一个安静的住处。青蛙小姐，请问你住在哪里呀？你能帮助我们吗？

青蛙：（招着手）跟我来，我带你们去看看，我就住在这个安静的池塘里。

〔狐狸三兄弟绕着池塘转了一圈。〕

狐狸老三：（摊开手耸肩）是啊，这里确实非常安静，但是对我们来说太潮湿了，而且我们不会游泳呀。

青蛙：（温和）那你们再去前面看看吧，或许会有适合你们的住所。

狐狸三兄弟：（摇着手）谢谢你，青蛙小姐，再见。

狐狸老大：（对另外两只狐狸）那我们走吧。

〔青蛙下场。狐狸三兄弟向前走。小獾欢快地上场。〕

小獾：（热情）嘿，三只闹腾的小狐狸，你们要去干什么啊？

狐狸三兄弟：（礼貌）小獾先生你好，我们来自一座喧闹的城市，想在乡下找一个安静的住处。小獾先生，请问你住在哪里呀？你能帮助我们吗？

小獾：（热情）当然可以啦，跟我来。

〔狐狸三兄弟跟着小獾往前走。〕

小獾：（指着房子）这就是我家啦，这里是整个乡下最安静的地方了，比起喧闹的城市，这里好多了！

〔狐狸三兄弟在房子里走了一圈，左看看，右看看。〕

狐狸老大：（叉着腰）是啊，这里确实非常安静，而且也非常温馨，应该是我们一直在寻找的最合适的住处了。

狐狸三兄弟：（你看看我，我看看你，为难）只是……只是……这里太安静了，一点声音也没有。

〔狐狸三兄弟从行李包中拿出各种乐器演奏起来，嘈杂的音效响起。〕

第　三　幕

场景：小獾家、小狐狸家

角色：狐狸老大、狐狸老二、狐狸老三、小老鼠

道具：多种乐器、行李包

〔狐狸三兄弟拿起他们的乐器并演奏着。小老鼠上场。〕

小老鼠：（急匆匆地跑过来）你们真是太吵了，你们的乐器发出了噪音，这会影响周围的村民的！快停下来！（捂住耳朵）

狐狸三兄弟：（停下手上的乐器）我们只是觉得这样很热闹，很开心，难道你不觉得吗？

小老鼠：（生气）如果你们能让乐器发出好听的声音，而不是噪音，那样不仅你们自己会快乐，也会给身边的人带来快乐。

狐狸老大：（惊讶）真的是这样吗？

狐狸老二：（小声）或许我们真的太吵了！

狐狸老大：（双手叉腰）那我们来改变乐器的敲打方式，让我们的乐器发出好听的声音吧！

狐狸老二、狐狸老三：（连连点头、拍手）好啊！好啊！

小老鼠：（连连点头）好听的声音能让别人心情愉悦，相信大家会喜欢的！

〔狐狸三兄弟背上行李，走了很远很远的路，又回到城市的家里，开始排练好听的音乐。音乐《小鸟飞来了》响起。〕

狐狸老大：（恍然大悟）原来我们才是噪音的制造者。

狐狸老二：（愉悦）我们要把噪音变成好听的声音，这样才能生活在悦耳的环境里。

狐狸老三：（直点头）我们要让大家都听到我们好听的音乐。

旁白：后来，小狐狸们还邀请了猫头鹰先生、鼹鼠妈妈、青蛙小姐、小獾先生来参加他们的音乐会，大家都很开心。

〔音乐《小鸟飞来了》响起，狐狸三兄弟尽情地边演奏乐器边唱歌。〕

〔剧终〕

故事来源：《三只闹腾的小狐狸》（文、图：〔英〕埃米·赫斯本德；译：秦心），汕头大学出版社 2015 年版。

小老鼠找新家

倪君茹

第　一　幕

场景：森林里的老鼠洞（拱形门）

角色：小老鼠

道具：苹果

〔幕启。森林里，小老鼠在老鼠洞里睡觉。“咚咚咚”的音效响起，小老鼠从洞里探出头，看见了洞外的苹果。〕

小老鼠：(手捂住嘴巴，开心) 哇，又大又红的苹果！(做闻一闻的动作) 真香！一定很好吃，(张开嘴咬了一口) 真好吃！我得把它搬进洞来慢慢吃。

〔小老鼠试着用推、抬、拉、抱等不同的动作把苹果搬进洞，但没有成功。〕

小老鼠：(瘫坐在地上，沮丧) 苹果太大了，而我的家又太小了，没有办法搬进来，这可怎么办呢？

小老鼠：(拍拍脑袋，从地上跳起来，高兴) 对呀！我找一个大一点的新家，不就能把这个苹果装进家里面了？

〔小老鼠说完，带上苹果出发去找新家了；下场。〕

第　二　幕

场景：森林里的小鼹鼠家（有许多书本）、小兔子家（有许多包心菜）、獾家、大熊家

角色：小老鼠、小鼹鼠、小兔子、獾、大熊

道具：苹果

〔在森林里，小老鼠抱着苹果走着。〕

小老鼠：肚子好饿呀！(看了一眼苹果，咬了几口苹果)

〔这时，小老鼠发现了舞台左边的小鼹鼠家。〕

小老鼠：(往小鼹鼠家望了望) 这个家比我家稍微大一点点，看起来刚刚好，一定可以装下我和我的苹果。(开心地跑过去)

小老鼠：(轻轻地敲门) 你好，有人在家吗？

小鼹鼠：(打开门) 原来是小老鼠呀，你好，有什么事吗？

小老鼠：(开心) 小鼹鼠，你好！我有一个大苹果，可是我家里太小了装不下，需要一个大一点的家装这个苹果，我可以搬进来和你一起住吗？

小鼹鼠：(看了看苹果，用手指家中的书) 对不起，小老鼠，你看我家到处都是书，我想应该挤不下我们两个吧。

小老鼠：(叹了一口气，低下头，垂下双手往前走，失落) 好吧，我再去找一找吧。

〔小老鼠耷拉着脑袋继续向前走。〕

小老鼠：肚子又饿了，这次我咬一小口就好。（抱着苹果又咬了一小口）

〔这时，小老鼠发现了鼹鼠家边上的小兔子家。〕

小老鼠：（踮起脚向小兔子家看了看）这个家比小鼹鼠家稍微大一点点，看起来刚刚好，一定可以装下我和我的苹果。（一脸开心，赶快走过去）

小老鼠：（轻轻地敲门）你好，有人在家吗？

小兔子：（打开门）你好，小老鼠，有什么事吗？

小老鼠：（支支吾吾，卷着衣服的一角）小兔子，你好！我有一个大苹果，可是我家太小了装不下，需要一个大一点的家装这个苹果，我可以搬进来和你一起住吗？

小兔子：（看了看苹果，又看看自己的家，耸了耸肩）对不起，小老鼠，我家到处都是包心菜，我想应该挤不下我们两个吧。

小老鼠：（低下头，失落）好吧，我再去找一找吧。

〔小老鼠抱着他的苹果继续向前走。〕

小老鼠：好饿呀，肚子又饿了，我再咬一口吧。（抱着苹果又咬了一小口）

〔这时，小老鼠发现了小兔子家边上的獾家。〕

小老鼠：（向獾家左看看，右瞧瞧）这个家比小兔子家稍微大一点点，看起来刚刚好，一定可以装下我和我的苹果。（一脸开心地走过去）

小老鼠：（轻轻地敲门）你好，有人在家吗？

獾：（打开门）你好，小老鼠，有什么事吗？

小老鼠：（支支吾吾）獾哥哥，你好！我有一个大苹果，可是我家里太小了装不下，需要一个大一点的家装这个苹果，我可以搬进来和你一起住吗？

獾：（摸了摸自己的头）对不起，小老鼠，我整天都懒懒地躺在垫子上，打呼噜又大声，我想我家应该挤不下我们两个吧。

小老鼠：（失落）好吧，我再去找一找吧。

小老鼠：（累倒在地上，摸摸自己的肚子）我走不动了，又累又饿。

〔这时，小老鼠发现了獾家边上的大熊家，于是抱着苹果弯着身子慢慢地走过去，轻轻地敲门。〕

大熊：（打开门，看见垂头丧气的小老鼠）小老鼠，见到你太高兴了，要不要进来跟我一起住啊？

小老鼠：（害怕、小声嘀咕）不用了，谢谢你，我想，这个洞小了一点儿，住不下你跟我，还有我的苹果。

〔说完，小老鼠赶紧跑掉了；下场。〕

第　三　幕

场景：森林里的老鼠洞（拱形门）

角色：小老鼠

道具：苹果

〔小老鼠绕着舞台往回走，忽然看到了一个小洞。〕

小老鼠：（自言自语）这个洞看起来刚刚好，不知道谁住在这里。（往洞里左看看，右瞧瞧）没有人在家，（钻进去，把苹果一起搬进去，嘴里嘀咕着）真的刚刚好。

小老鼠：（兴奋）我就知道我会找到一个新家，正好住得下我和我的苹果，太棒了！

〔小老鼠说完，爬上自己的床，不一会儿就沉沉地睡着了。〕

〔剧终〕

故事来源：《小老鼠找新家》（文、图：〔英〕彼得·霍拉赛克；译：赖慈芸），明天出版社 2016 年版。

蛇偷吃了我的蛋

林明玲

第　一　幕

场景：河边的草丛

角色：鸡妈妈、蛇

道具：五个鸡蛋

〔幕启。鸡妈妈坐在草堆上做孵蛋的样子。〕

鸡妈妈：（伸懒腰）哎，孵了这么久的蛋，我的腿都酸了。我还是去河边走走吧！

〔鸡妈妈起身离开。一会儿，一条蛇“咻——”的一声跑上场。〕

蛇：（高兴）哇，今天的早餐真是太美味了！吃得我的肚子都圆鼓鼓的了。（拍拍肚皮，做满足状）

蛇：（伸出舌头舔了舔嘴巴）我呀，去躺一会儿，休息休息。

〔鸡妈妈躲在舞台左侧的草丛后面偷看，蛇边走边扭动身体，走到舞台右后方，躲在草丛里休息。〕

鸡妈妈：（大叫）啊！（连忙捂住嘴巴）这条坏蛇，肚子圆鼓鼓的，一看就知道偷吃了蛋！他吃的是谁的蛋呢？

第　二　幕

场景：河边的草丛，鸭妈妈、鹅妈妈、乌龟妈妈的家（每个家里都有五个身着蛋服装的蛋宝宝，几个家呈半圆形依次分布在舞台上）

角色：鸡妈妈，鸭妈妈、鹅妈妈、乌龟妈妈及她们的五个蛋宝宝

道具：四个鸡蛋

〔鸡妈妈从舞台左侧跑到舞台中间，朝舞台左侧做呼唤的动作。〕

鸡妈妈：（急匆匆，大喊）鸭妈妈，鸭妈妈，不好啦！蛇偷吃了你的蛋了！

〔鸭妈妈从舞台左侧摇摇摆摆地上场。〕

鸭妈妈：（拍动翅膀，惊讶）鸡妈妈，你怎么知道蛇偷吃的是我的鸭蛋呀？

鸡妈妈：（边说边用手指着肚子）因为我看见他的肚子鼓得像一个鸭蛋那么大！

鸭妈妈：（害怕）天哪，我的鸭蛋！不行，我得赶紧回去看看。

〔鸭妈妈跑向自己的家。鸡妈妈退到舞台右侧。〕

鸭妈妈：（担心）一、二、三……我的蛋宝宝们你们都在吗？（一边伸出手指数鸭蛋，一边问）

大丫：（跳起来）妈妈，我在这！

二丫：（跳起来）妈妈，我在这！

三、四、五丫：（合）妈妈，我们在这！

〔五只鸭蛋宝宝围着鸭妈妈。〕

鸭妈妈：（松了一口气）我的宝贝们，太好了！你们都在，一个也不少。（拍拍胸脯，搂着鸭蛋宝宝们）

鸭妈妈：（疑问）咦？不是我的蛋，会不会是鹅妈妈的蛋呢？我得赶紧去问问鹅妈妈。

〔鸭妈妈急匆匆地跑去找鹅妈妈。〕

鸭妈妈：（急匆匆，对着大门大喊）鹅妈妈，鹅妈妈，不好啦！蛇偷吃了你的蛋了！

〔鹅妈妈边伸脖子边上场。〕

鹅妈妈：（手放耳边）鸭妈妈，你刚才说什么？

鸭妈妈：（对着鹅妈妈的耳边）蛇……蛇偷吃了你的蛋了！

鹅妈妈：（惊讶）鸭妈妈，你怎么知道蛇偷吃的是我的蛋呀？

鸭妈妈：（边说边用手比画）因为他的肚子鼓得像鹅蛋那么大！

鹅妈妈：（害怕）太可怕了！我得赶紧回去看看。

〔鸭妈妈回到自己的家。鹅妈妈急匆匆地推开家门。〕

鹅妈妈：（边喘气边说）我的宝贝们，你们在哪儿？

〔五个鹅蛋宝宝一拥而上。〕

五个鹅蛋宝宝：妈妈，妈妈，我们在这呢！

鹅妈妈：（伸出手指点数）一、二、三、四、五，一个也不少。我的宝贝都在，太好了！（摸摸鹅蛋宝宝的头）

鹅妈妈：（恍然大悟）啊！（拍脑袋）难道是乌龟妈妈的蛋？

〔鹅妈妈急匆匆地跑去找乌龟妈妈。〕

鹅妈妈：（气喘吁吁）乌龟妈妈，乌龟妈妈，不得了了！蛇……蛇偷吃了你的蛋！

〔乌龟妈妈慢慢地上场。〕

乌龟妈妈：（害怕）鹅妈妈，你怎么知道是我的蛋呢？

鹅妈妈：（边说边做动作）他的肚子有乌龟蛋那么大。

乌龟妈妈：（惊讶）没错，没错，我的蛋就是这么大，我快回家看看。

〔鹅妈妈回到自己的家。乌龟妈妈急急忙忙地跑回家。〕

乌龟妈妈：（着急地拨开沙堆，边数边摸蛋宝宝的头）一一、二二、三三、四四、五五，一个也不少。

蛋宝宝：（伸懒腰，揉揉眼睛）妈妈，妈妈，你回来啦！

乌龟妈妈：（温和）我的宝贝们，看到你们都在，妈妈就放心了。可是，蛇吃的蛋到底是谁的呢？我得赶紧去问问！

〔乌龟妈妈走到舞台中间，做呼唤的动作。〕

乌龟妈妈：（急切）鸡妈妈、鸭妈妈、鹅妈妈，你们快来！

鸡妈妈、鸭妈妈、鹅妈妈：（齐声）来啦！来啦！

〔鸡妈妈、鸭妈妈、鹅妈妈跑到乌龟妈妈的身边。〕

乌龟妈妈：（开心）告诉你们，我的蛋宝宝全都在，一个也不少哦！

鸭妈妈、鹅妈妈：（疑惑）奇怪！不是你的蛋，不是我的蛋，蛇到底偷吃了谁的蛋呢？

〔鸭妈妈、鹅妈妈、乌龟妈妈你看看我，我看看你，突然转向鸡妈妈。〕

鸭妈妈、鹅妈妈、乌龟妈妈：（齐声）难道……是你的蛋？

鸡妈妈：（拍脑袋）我的天哪！我怎么就没想到是我的蛋呢？

〔紧张的音乐响起，鸡妈妈慌张地往河边的草丛跑去，手捧草堆，面向观众。〕

鸡妈妈：（紧张，深吸一口气，手颤抖）一、二、三、四，糟了！蛇偷吃的是我的蛋！

〔鸡妈妈捧着草堆，急匆匆地跑向舞台中间，去找鸭妈妈、鹅妈妈、乌龟妈妈。〕

鸡妈妈：（伤心、哭泣）呜呜呜，蛇偷吃了我的蛋！这可怎么办？

〔鸭妈妈、鹅妈妈、乌龟妈妈围抱着鸡妈妈。〕

鸭妈妈、鹅妈妈、乌龟妈妈：（安慰）鸡妈妈，你别难过！我们一起想办法，帮你把蛋宝宝夺回来！

第　三　幕

场景：河边的草丛

角色：蛇、鸡妈妈、鸭妈妈、鹅妈妈、乌龟妈妈

道具：绳子、锤子、鸡蛋

〔幕启。蛇躺在河边的草丛里睡觉。鸡妈妈、鹅妈妈、乌龟妈妈上场，鸭妈妈拿着绳子上场。〕

鸭妈妈：（神气）我们可以用绳子把蛇套住，再想办法把蛋拿出来。

鸡妈妈：（着急，摆动双手）不行不行！万一没套住蛇，还把他给吓跑了，我就真的找不到我的蛋宝宝了。

鹅妈妈：（从口袋里拿出锤子）我们可以趁蛇在睡觉，先用锤子把他锤晕。

乌龟妈妈：（自信）再用剪刀把他的肚子剖开，把蛋宝宝拿出来。

鸡妈妈：（着急，摆动双手）不行不行！剪刀会把我的蛋宝宝剪坏的。

鸭妈妈：（拍脑袋）那我们再想一想还有什么好办法。

〔鸡妈妈、鸭妈妈、鹅妈妈、乌龟妈妈左右踱步，思考。〕

乌龟妈妈：（拍手跺脚）有了！（双手示意鸡妈妈、鸭妈妈、鹅妈妈走到自己身边）

〔乌龟妈妈小声地向几位妈妈介绍自己的方法，大家伸出右手，将手叠放在一起做“加油”的动作。〕

鸡妈妈、鸭妈妈、鹅妈妈、乌龟妈妈：（信心满满）一、二、三，加油加油！

〔几位妈妈轻轻地走到舞台右后方，合力抓住蛇，将蛇押解到舞台中间。紧张的音乐响起，几位妈妈将蛇又扯又扭，鸡蛋掉了下来，鸡妈妈双手将蛋紧紧抱在怀里。〕

鸭妈妈：（愤怒，手指蛇）你这好吃懒做的家伙！

乌龟妈妈：（跺脚、愤怒）讨厌的家伙，你快走开！

鸡妈妈、鸭妈妈、鹅妈妈、乌龟妈妈：（气愤）你就是只可恶的蛇，快走开！

〔蛇跑到舞台左侧。〕

鸡妈妈：（开心）啊，我的好孩子！（鸡妈妈抱起鸡蛋，亲了又亲）能见到你，真是太好了！

〔鸭妈妈、鹅妈妈、乌龟妈妈露出会心的微笑。这时“咻——”的一声，那只本来被赶走的蛇，肚子鼓得像一个蛋那么大，从舞台左侧跑到右后侧的草丛中。〕

旁白：小朋友们，你们猜一猜，这次蛇又偷吃了谁的蛋？

〔剧终〕

故事来源：《蛇偷吃了我的蛋》（文：李紫蓉；图：许仙燕），南京师范大学出版社 2012 年版。

大灰狼娶新娘

陈雪玲

第　一　幕

场景：森林

角色：大灰狼、小狗、花豹、公鸡、小猴、八只小老鼠

道具：花轿一顶（两人抬）、唢呐两把、灯笼两盏、迎亲牌匾两块

旁白：小朋友们，大灰狼要娶新娘了。你们猜，他的新娘是谁呢？告诉你们，连大灰狼自己都不知道。大灰狼能不能顺利地娶到新娘？他和新娘会发生什么有趣的事情？让我们一起欣赏《大灰狼娶新娘》就知道了。

〔幕启。大灰狼随着音乐《瑞典狂想曲》的节奏，从舞台左侧上场至舞台中央。〕

大灰狼：（开心地跟着音乐节奏说唱）今天我要结婚啦，新娘是谁我也不知道。我左想想，右想想，越想心里越烦躁。她要是只小绵羊，温柔可爱我喜欢。她要是只母老虎，哎呀！叫我怎么办？

〔小狗、花豹、公鸡、小猴从舞台右侧上场。〕

小狗：（两手放耳朵边扇动）汪！汪汪！狼大哥，您今天穿得这么帅，这是要去哪儿呀？

大灰狼：（兴奋、神气）今天我要结婚啦，正准备去接新娘。

小狗：（抱拳作揖）恭喜，恭喜，恭喜狼大哥！

小狗、花豹、公鸡、小猴：（一起抱拳作揖）贺喜，贺喜，贺喜狼大哥！

大灰狼：（抱拳作揖）多谢，多谢！

小狗：（单手放嘴边凑上前，做询问状）狼大哥，您的新娘是谁呀？

〔其他小动物凑上前听。〕

大灰狼：（两手摊开，做无奈、害羞状）哎呀，这个，我，我，我也不知道！

众动物：（开心）啊？哈哈……（笑得前仰后合、手舞足蹈）

大灰狼：不着急，不着急，跟我一块去瞧瞧！

大灰狼：（转向舞台左侧）兄弟们！锣鼓敲起来，花轿抬出来，跟我一起接新娘。

〔音乐《猪八戒背媳妇》响起，大灰狼走前面，小狗、花豹、公鸡、小猴随后，由八只小老鼠组成的迎亲队伍从舞台左侧上场跟在最后，众动物绕舞台一圈后从舞台左侧下场。〕

第　二　幕

场景：新娘家

角色：大灰狼（新郎）、灰狼小姐（新娘）、毛驴妹妹（假新娘）、狐狸（媒婆）、小狗、花豹、公鸡、小猴、小兔、小鸟、小鸡、小鸭

道具：红色方巾三块（两位新娘各一块大的作为红盖头、媒婆一块小的拿手上）

〔音乐《瑞典狂想曲》响起，大灰狼和小狗、花豹、公鸡、小猴四位伴郎跟着音乐节奏从舞台左侧走至台中。音乐停，大灰狼做按门铃状，门铃响起。狐狸听到门铃声从舞台右侧上场。〕

狐狸：（甩着红手帕）来了来了。哎呀呀呀！我以为新郎官是谁呢？原来是你呀！

大灰狼：（高兴）狐狸妹妹，你好呀！我来接新娘去拜堂。

狐狸：（娇媚、狡猾状）想接新娘可以，只要你猜对了，就可以接走新娘。要是猜错了，你说怎么办？

大灰狼：（正直、憨厚状）狐狸妹妹，你说咋办就咋办。

狐狸：（尖声叫）那好，姐妹们，出来吧！

〔音乐《掀起你的盖头来》响起，两位头上盖着红盖头的外形相似的新娘和小兔、小鸟、小鸡、小鸭四位伴娘从舞台右侧上场。〕

大灰狼：（傻眼）啊？怎么有两个新娘？到底哪个是真哪个是假？

〔大灰狼做着急状，过了一会儿，拍了下脑门说“有了”。音乐《掀起你的盖头来》再次响起。〕

大灰狼：（对着新娘唱）掀起你的盖头前，让我来猜猜你是谁。

大灰狼：（期待）新娘，新娘，请伸出你的手让我瞧一瞧。

众动物：（右脚上前一步，身体前倾呈探头张望状）咦？

〔小动物们瞪大眼睛，新娘摇摇身体，忸怩地伸出一只手。〕

大灰狼：（喜滋滋地唱）你的手儿毛茸茸呀，是不是一只小绵羊？

众动物：（跟随音乐模仿小绵羊的动作唱）你的手儿毛茸茸呀，是不是一只小绵羊？

新娘：（扭扭身体，表示不对）嗯……不是！

大灰狼：（充满期待）掀起你的盖头前，让我来猜猜你是谁。

大灰狼：（急切）新娘，新娘，请伸出你的脚让我瞧一瞧。

众动物：（右脚上前一步，身体前倾呈探头张望状）哎？

〔新娘扭扭腰肢，抬起一只脚。〕

大灰狼：（害怕地唱）你的趾甲真正尖呀，是不是一只大老虎？

众动物：（跟随音乐模仿大老虎的动作唱）你的趾甲真正尖呀，是不是一只大老虎？

新娘：（摇摇手，表示不对）嗯……不对！

大灰狼：（跟着音乐继续唱）掀起你的盖头前，让我来猜猜你是谁。

大灰狼：（温柔）新娘，新娘，请伸出你的尾巴让我瞧一瞧。

众动物：（右脚上前一步，身体前倾呈探头张望状）喔？

〔新娘羞答答地掀起裙子的一角，露出尾巴。〕

大灰狼：（惊喜地唱）你的尾巴粗又长呀，是不是一只小狐狸？

众动物：（跟随音乐模仿小狐狸的动作唱）你的尾巴粗又长呀，是不是一只小狐狸？

新娘：错啦，错啦！（急得跺起脚来）

大灰狼：（手指放脑袋边转圈，做思考状，唱）掀起你的盖头前，让我来猜猜你是谁。

大灰狼：（试探）新娘，新娘，请伸出你的嘴巴让我瞧一瞧。

众动物：（右脚上前一步，身体前倾呈探头张望状）啊？

〔新娘掀起盖头的一角，露出牙齿。〕

大灰狼：（非常满意地唱）你的牙齿尖又大呀，是不是一只大灰狼？

众动物：（跟随音乐模仿大灰狼的动作唱）你的牙齿尖又大呀，是不是一只大灰狼？

〔新娘害羞地转过身去。〕

大灰狼：（高兴）哈哈哈！总算猜对了！

〔两位新娘在伴娘们的遮挡下迅速换位站好。〕

大灰狼：（困惑）到底哪个才是我的新娘呀？

狐狸：（响亮）哎呀！我说狼大哥，这回你可得看仔细了。

大灰狼：（跟着音乐《瑞典狂想曲》的节奏欢快地说唱）今天我要结婚啦，心里那个喜洋洋。狐狸妹妹真淘气，送上两个美娇娘。我左瞧瞧，右看看，到底哪个是新娘？大家快来帮帮我啊！

大灰狼：（面向观众）你们说到底哪一个才是我的新娘呀？

〔台上小动物们有的指这个，有的指那个。大灰狼上前掀开其中一位新娘的红盖头。〕

众动物：（期待）哇！

〔新娘表现出害羞的样子。〕

大灰狼：（甜蜜、美滋滋地唱）哈哈，你和我长得一个样呀，你就是我的准新娘！

众动物：（高兴地唱）你和他长得一个样呀，你就是他的准新娘！（齐声、大声）恭喜狼大哥，贺喜狼大哥！

〔伴娘扶着新娘上花轿，迎亲队伍在音乐的伴奏下吹吹打打，抬着花轿绕舞台一圈从左侧下场。〕

第　三　幕

场景：大灰狼家

角色：白马先生（婚礼主持人）、灰狼先生（新郎）、灰狼小姐（新娘）、众动物

道具：小椅子、杯子若干

〔背景音乐《喜洋洋》响起，众动物每人拿一张小椅子分别从舞台的左右两侧上场，到达舞台中央围坐成一圈，等待喜宴开始。〕

〔主持人白马先生随着音乐《婚礼进行曲》迈步上场。〕

白马先生：（激动）尊敬的女士们、先生们，今天是大灰狼先生结婚的好日子。请允许我代表两位新人及他们的家人对各位的到来表示衷心的感谢和热烈的欢迎！（众动物鼓掌）有请新郎、新娘闪亮登场。

〔音乐《婚礼进行曲》响起，大灰狼挽着头盖红盖头的新娘从舞台左侧上场。〕

白马先生：（开心）你们知道灰狼大哥的新娘到底是谁吗？

众动物：（起哄）不知道，不知道。新郎，新郎，快快掀开红盖头让我们看看新娘子长什么样。

白马先生：（平稳的语气）不着急，不着急。让我们先来玩一个猜新娘的游戏，如果大家猜对了，我们就让新郎掀开新娘的红盖头，好不好？

众动物：（齐声说）好！

白马先生：（转向盖着红盖头的新娘）请新娘把手伸出来给大家瞧瞧！

众动物：（张大双眼）哇！手上全是毛。

白马先生：（清晰、稍慢）请把脚伸出来让大家瞧瞧！

众动物：（张大双眼）哇！脚趾甲好尖啊。

白马先生：（清晰、中速）请把尾巴露出来给大家瞧瞧！

众动物：（张大双眼）哇！尾巴好大呀！

白马先生：（清晰、稍快）最后请把嘴巴露出来给大家瞧瞧！

众动物：（张大双眼）哇！牙齿好大呀！

白马先生：（转向众动物）现在竞猜开始，猜对了就请新郎掀开红盖头。

宾客1：我猜新娘是只温柔的小绵羊，她有毛茸茸的手。

宾客2：我猜新娘是只母老虎，她手上全是毛，还有尖尖的爪子。哈哈！灰狼大哥你可得小心了！（说完大笑）

宾客3：我猜新娘是松鼠，她有尖尖的爪子，还有粗粗的尾巴。（得意地扬起头）

宾客4：（激动地站起来）不对不对，都不对。我猜新娘和灰狼大哥一个样，手上有毛、趾甲很尖、尾巴很大，而且还有大大的牙齿。

众动物：（拍手起哄）对对对！新郎快掀开红盖头，让我们大家看清楚。

白马先生：（转向新郎）好，那就请我们的新郎为大家揭开答案。

〔大灰狼满脸幸福地转身，轻轻地掀起新娘的红盖头。众动物张大眼睛，各自做出不同的张望动作。〕

众动物：（欢呼雀跃）耶！我猜对了！我猜对了！

白马先生：（笑呵呵）恭喜猜对的朋友，恭喜灰狼先生和灰狼小姐！

新郎、新娘：（端起酒杯、高兴）谢谢大家！

〔众动物有的拍手，有的轻轻地敲击酒杯，有的说着祝福的话语。〕

白马先生（响亮）：让我们一起举杯共贺，祝福两位新人幸福美满！

〔音乐《Why Me》响起，众动物跟着音乐节奏用杯子敲响幸福的乐章。〕

白马先生：（响亮）非常感谢各位嘉宾参加灰狼先生和灰狼小姐的婚礼，让我们再次举杯，共祝一对新人白头偕老，美满幸福！全体起立干杯！

〔剧终〕

故事来源：《大灰狼娶新娘》（文：朱庆坪；图：黄缨），南京师范大学出版社 2010 年版。

桃树下的小白兔

陈小莉

第　一　幕

场景：小溪边

角色：桃树、桃花、小白兔、蜜蜂

道具：锄头、喷水壶

旁白：在一条小溪边，景色美极了，有蓝天、白云，还有一棵大桃树。一只可爱的小白兔就住在这儿。看，他来了。

〔小白兔上场，手拿锄头和喷水壶，随音乐《快乐的小兔子》跳到桃树边。〕

小白兔：（开心）我种下的桃树长高了，快开花了，我得给它松松土、浇浇水。（松土，浇水）

小白兔：（抚摸着桃树）桃树，桃树，春天来了，快开花吧！

〔桃花和蜜蜂上场，随音乐《春天到》跳舞。〕

小白兔：（抬头看，惊喜）啊，桃花慢慢开放了，一朵、两朵、三朵、四朵……啊，越来越多了，还是粉红色的！

小白兔：（大声）我种的桃树开花啦！好漂亮的桃花啊！（绕着桃花快乐转圈）

小白兔：（急切）我要去邀请好朋友，请大家一起来欣赏美丽的桃花！（下场）

第 二 幕

场景：小溪边

角色：老山羊、小羊、桃树爷爷、小猫、松鼠、小鸡、蚂蚁

道具：书、拐杖、书包、书签、发夹、扇子、帽子

〔老山羊腋下夹着一本书，拄着拐杖，小羊们跟在后面，随音乐《小羊钻山洞》慢悠悠地上场。〕

小羊们：（拉着老山羊的手不停摇晃，着急）爷爷，爷爷，我们下次还想听这个故事。

老山羊：（无奈）可以，（摇摇头，指着脑袋）可我记性不好，每次都忘记讲到哪儿了，怎么办呢？

小羊 1：（嘟嘴，不开心）那可怎么办呀？

小羊 2：（失望）要是有个书签就好了！（抬头，欣喜）你们看，（手指着桃树）那儿有一棵桃树。

小羊们：（兴奋）好漂亮的桃花呀！桃树爷爷，能给我们一朵桃花做书签吗？

桃树爷爷：（爽快）可以，可以，拿去吧，这是小白兔送给你们的。

小羊们：（高兴地鞠躬）谢谢桃树爷爷！

桃树爷爷：（摆摆手）不用谢！

小羊们：（跳起来）我们有漂亮的桃花书签啦！（边扬着书签边下场）

〔小猫边唱《生日歌》边上场。〕

小猫：（开心）祝你生日快乐，祝你生日快乐！哈哈，明天是我的生日，我想要一个漂亮的发夹。（惊喜）好漂亮的桃花啊！用它来做发夹肯定很漂亮！桃树爷爷，桃树爷爷，能给我一朵桃花做发夹吗？

桃树爷爷：（爽快）可以，可以，拿去吧，这是小白兔送给你的。

小猫：（兴奋）谢谢桃树爷爷！

桃树爷爷：（摆摆手）不用谢！

小猫：（开心）哇，我有漂亮的桃花发夹啦！（边将发夹插在头上边下场）

〔松鼠们手遮着额头，随音乐《小松鼠过河》蹦跳上场。〕

松鼠 1：（郁闷）今天的太阳好大呀！

松鼠 2：（擦汗）对呀，你看我头上的汗直往下流。我们一起去大树下乘凉吧！

松鼠 1：（郁闷）好想有把凉快的扇子呀！要到哪儿去找扇子呢？

松鼠 2：（惊奇）你看！（指向桃树）好漂亮的桃花啊！

松鼠们：（期待）桃树爷爷，能给我们一朵桃花做扇子吗？

桃树爷爷：（爽快）可以，可以，拿去吧，这是小白兔送给你们的。

松鼠们：（开心）谢谢桃树爷爷！

桃树爷爷：（亲切）不用谢！

松鼠们：（兴奋）哇，我们有凉快的桃花扇啦！（边扇着风边下场）

〔小鸡们背着书包蹦跳上场。〕

小鸡们：（开心）走走走，我们拉小手，走走走走走，一同去郊游。哇，好漂亮的桃花啊！用它做太阳帽戴着去郊游，一定很不错。（期待）桃树爷爷，能给我们一朵桃花做太阳帽吗？

桃树爷爷：（慈爱）可以，可以，拿去吧，这是小白兔送给你们的。

小鸡们：（开心）谢谢桃树爷爷！

桃树爷爷：（微笑）不用谢！

小鸡们：（兴奋）哇，我们有遮太阳的桃花帽啦！（边将帽子戴在头上边下场）

〔蚂蚁们唉声叹气地走上场。〕

蚂蚁 1：（伤心）糟糕，糟糕，真糟糕，我们运粮食的船破了。

蚂蚁 2：（难过）那么我们怎么运粮食呢？

蚂蚁 1：（拍手）有了，让我们一起去找一条新的小船吧。

蚂蚁 3：（开心）好主意，可是我们该找什么样的小船呢？（手指桃树，惊喜）你们快看！

蚂蚁们：（激动）好漂亮的桃花啊！

蚂蚁 2：（期待）桃树爷爷，能给我们一朵桃花做小船吗？

桃树爷爷：（爽快）可以，可以，拿去吧，这是小白兔送给你们的。

蚂蚁们：（高兴）谢谢桃树爷爷！我们有运粮食的桃花船喽，赶快出发吧。（边做划船的动作边下场）

第　三　幕

场景：小溪边

角色：小羊、小猫、松鼠、小鸡、蚂蚁、小白兔、桃树爷爷

道具：书签、发夹、扇子、帽子

小白兔：（蹦跳上场，开心）我的朋友过会儿就来！（惊讶，手捂着嘴，瞪大眼睛看着桃树）天哪，这是怎么回事？桃花怎么没有了？（生气、伤心）谁把桃花偷走了？（坐在桃树下哭了起来）

桃树爷爷：（亲切）不要哭，不要哭，你看，桃花回来啦！

〔小动物们随音乐《森林舞会》一个接一个走上场。〕

小羊：（开心）你们看，我们有了可爱的桃花书签！

小猫：（快乐）我有了漂亮的桃花发夹！

松鼠：（开心）我们有了凉快的桃花扇！

小鸡：（高兴）我们有了遮太阳的桃花帽！

蚂蚁：（开心）我们有了运粮食的桃花小船！

小动物们：（开心）谢谢桃树爷爷的桃花，谢谢小白兔的礼物，我们都很喜欢！

小白兔：（挠挠脑袋，疑惑）我没送礼物给你们呀！

小动物们：（高兴）有！桃树是你种的，所以才有美丽的桃花，也才有我们的书签、发夹、桃花扇、太阳帽、小船呀。

小白兔：（恍然大悟）原来是这样！

小动物们：（开心）桃树爷爷，明年我们还要来看你。

桃树爷爷：（高兴）来吧，来吧！欢迎大家一起来看我。

小兔：（高兴地拍手）对对对，大家都来，明年桃花一定会开得更美！

〔大家随音乐《梦想的花》一起开心地跳起舞来。〕

〔剧终〕

故事来源：《桃树下的小白兔》（文：冰波；图：汪芳），新时代出版社2009年版。

笨牛学艺

叶琪琳

第 一 幕

场景：森林

角色：小猴子、三只蝴蝶、小羊、小鸡

道具：森林艺术团招聘大海报

〔小猴子上场，到舞台中间停下来。其他小动物从舞台两侧走到舞台中间，做侧听状。〕

小猴子：（双手放在嘴边做喊叫的动作，身体随之左右转动）森林艺术团要招聘！招收唱歌、舞蹈、朗诵、杂技等艺术天才，欢迎森林里的动物踊跃报名。

三只蝴蝶：（挥动翅膀）猴哥猴哥，我们会跳舞，能不能报名啊？

小猴子：（上下打量蝴蝶）那你们就给我来段舞蹈吧！

〔音乐《蝴蝶飞飞》响起，三只蝴蝶往前排“一”字形翩翩起舞。〕

小猴子：（看着蝴蝶，频频点头）嗯嗯嗯，不错不错，你们被录取了！

〔三只蝴蝶轻盈地飞到旁边做定型动作。〕

小羊、小鸡：（自信）猴哥猴哥，我们会唱歌，我们想报名。我们唱给你听吧！

〔小羊、小鸡手拉手在舞台中间唱歌。〕

小猴子：（手打着拍子，摇头晃脑，陶醉）真不错。好，你们也被录取了。请要报名参加艺术团的小动物到我这边登记一下。

第 二 幕

场景：森林

角色：小猴子、三只蝴蝶、小羊、小鸡、笨牛

道具：森林艺术团招聘大海报

〔笨牛“哞哞哞”慢慢地走上场。〕

笨牛：（拍着胸脯，粗声）我听说森林里要成立艺术团，我也来凑凑热闹。耶，到了！哞哞哞……

〔小动物们惊讶地看着笨牛。〕

小猴子：（不屑）这不是笨牛哥嘛！你不给主人耕田，跑到这干吗呀？

笨牛：（呵呵笑，摸着耳朵，不好意思）嘿嘿，我也来报名！

小猴子：（连忙跑到笨牛前面）报名？（声音上扬）那你会什么呀？

笨牛：（双臂上举）我会耕田！

〔小动物们哈哈大笑。〕

小猴子：笨牛哥，我们这是艺术团，我是问，（指着笨牛）你有没有艺术细胞！

笨牛：（笑着摸头）艺术细胞？没有。

〔小动物们捧腹大笑。〕

小猴子：（挠挠头）哎，要不你像我这样来唱一段。（走上前开嗓清唱）

笨牛：（清清嗓子）那我来了，你们可不许笑我啊。哞哞哞……

〔小动物们大声答应，听完捂着耳朵。〕

小猴子：（摆摆手）停停停，吵死了！你要笑死我们呀，你真笨！

笨牛：（害羞）嘿嘿，他们也都这么说！

小猴子：（叉着腰）那你再给我们来段舞蹈吧！听好我的口令啦！

笨牛：（高兴）好咧！

小猴子：（手打节奏）抬右脚，抬左脚，屁股扭一扭啊，扭一扭，再来转一圈。

〔笨牛跟着小猴子的口令做慢一拍的动作，转圈时差点摔倒。〕

小动物们：（哄堂大笑）哈哈哈……牛哥，（指着笨牛）你你你，可真的不适合进艺术团。

笨牛：（摸摸头，低声）他们也是这么说的。

小猴子：（招呼其他小动物）好了，想要参加的先到我这边登记一下。

〔小猴子率领小动物们下场。〕

第　三　幕

场景：森林

角色：小猴子、三只蝴蝶、小羊、小鸡、笨牛、老虎

〔老虎“嗷嗷嗷”地上场，走到舞台中间停下来。〕

老虎：（得意）听说森林里要成立艺术团，这可是一个难得的机会！我又可以饱饱地吃上一顿了！这都好几天没吃东西了，（摸摸肚子）肚子真是饿啊。我得去瞧瞧。到啦，哈哈！

小动物们：（害怕）老虎来啦，老虎来啦！（四处躲藏）

〔小猴子吓得直哆嗦，笨牛勇敢地站在小猴子前面。〕

笨牛：（双臂撑开）别害怕。

老虎：（上下打量笨牛）老牛，你力气比较大，我就放你一马，（指着小猴子）那猴子，你让我吃了吧。

小猴子：（声音发抖）牛哥，牛哥，救救我吧，救救我吧。

笨牛：（挡在小猴子身前，对着老虎）不行，他们是我的朋友，不许你欺负他们。

老虎：（凶狠）你是敬酒不吃吃罚酒！

〔伴随紧张的音效，老虎和笨牛双手放在对方的肩膀上，左右、前后地搏斗了起来。老虎最后被打败，躺在地上。〕

小动物们：（出来欢呼）噢噢噢，老虎被打倒了，老虎被打倒了！（围着笨牛）牛哥牛哥，你真厉害！你真棒！谢谢你救了我们。

笨牛：（摸着头，不好意思地笑）呵呵，没什么没什么。我要回去耕田了。（准备离开）

小猴子：（拉住笨牛）牛哥牛哥，你别走。你不参加艺术团啦？

笨牛：（害羞）我连半点艺术细胞都没有，还是回去耕田吧！

小动物们：（拉着笨牛的衣角）没关系，没关系，我们来教你。

〔小猴子看着笨牛，点头同意。〕

笨牛：（疑惑）我行吗？

小动物们：（齐声）没问题，没问题！

〔森林艺术团就在小动物们的互帮互助下热热闹闹地成立了。音乐《海草舞》响起，小动物们欢快起舞。〕

〔剧终〕

故事来源：网络故事《笨牛学艺》。

还有一只羊

谢莹莹

第　一　幕

场景：牧羊人山姆家

角色：山姆、十只小羊

道具：床、小羊头饰和小羊白背心

〔音乐《大家一起喜羊羊》响起；十只小羊手拉着手，边唱边跳舞上场；山姆随小羊上场。〕

山姆：（双手交叉摸手臂，发抖）外面的风可真大啊！

十只小羊：（围在山姆身边，抬头看着山姆，齐声）咩——风可真大啊！

山姆：（搓手、哈气）外面的天可真冷啊！

十只小羊：（围在山姆身边，抬头看着山姆，齐声）咩——天可真冷啊！

山姆：（慈爱）外面天寒地冻的，我得数一数，确认我的宝贝们都进屋了。

山姆：（抚摸着一只小羊）我的十只小羊，我得确保你们都在屋子里。一只羊，两只羊，三只羊，四只羊……（数一只小羊，就用手摸一只小羊的脑袋，数完手捂着嘴巴，打哈欠）啊——好困啊。

〔山姆打哈欠，走到床边躺下睡着了。〕

小羊1：（双手叉腰，嘟嘴）他每次都这样！

小羊2：（双手撑着下巴）数羊有这么困难吗？

小羊3：（微微仰头，疑问）他睡着了，我们做什么？

小羊4：（看着小羊2）可能他觉得我们很无趣吧！

小羊5：哈哈！他竟然还打呼噜！

小羊6：（手捂着嘴巴打哈欠）啊，我也有点困了，外面风雨这么大，我们的屋子里真暖和，我们舒舒服服地睡一觉吧！

十只小羊：（齐声）咩——我们舒舒服服地睡一觉吧！

〔音乐《摇篮曲》响起，山姆和小羊们入睡了。〕

第　二　幕

场景：牧羊人山姆家

角色：大灰狼、山姆、十只小羊

道具：床、小羊头饰和小羊白背心、大灰狼尾巴、装着一套小羊服装的行李箱

〔狂风暴雨音效响起。大灰狼拖着行李箱上场，步行到舞台中间。〕

大灰狼：（声音发抖）好冷好饿啊！要是有暖和的屋子烤火，要是有美味的小羊当点心，多好啊！可是他们的门关得那么紧，怎么办？（鼻子一吸，眼睛一转）哎，有了，我找找我的百宝箱。

〔大灰狼打开行李箱，换上小羊服装，捂着嘴巴，奸笑着走向山姆家。〕

大灰狼：（敲门）咚咚咚——

〔山姆被敲门声惊醒，从床上跳起来，先转头看看熟睡的小羊，再看向门口处。〕

大灰狼：（继续敲门）咚咚咚——

山姆：（走向门口，打开门）来啦！谁呀谁呀？

大灰狼：（捏着鼻子细声）咩咩咩——（低着头）

山姆：（惊叫）我的天，原来还有一只羊！我真是糊涂，竟然把你留在了风雨中。快点儿进来，我的小宝贝！

第　三　幕

场景：牧羊人山姆家

角色：山姆、十只小羊、大灰狼

道具：床、小羊头饰和小羊白背心、大灰狼尾巴

〔山姆和大灰狼在舞台前方，十只小羊在舞台后方。〕

小羊 1、2：（站起来，疑惑地探头望）咦？他是谁？

小羊 3、4：（站起来，好奇地探头望）不知道啊！

小羊 5：（皱眉）我怎么没见过他！

小羊 6、7：（疑惑）他的声音怎么怪怪的。

小羊 8、9：（跑到山姆身后，拉住山姆的手臂）你怎么知道他是你的羊？

你没先数数，你刚才没数完就睡着了。

小羊 10：（揉着脑袋）是啊，山姆，你得先数一数我们有多少只。

山姆：（为难，挠着脑袋）你们知道数羊是件很累人的事，你们看起来都一样，数着数着很容易睡着。（打哈欠）

小羊 1：我们还是数一数吧！

小羊 2：（托腮思考）但是要怎么让山姆数清楚几只羊呢？

小羊 3：我有办法啦！

十只小羊：（齐声）我们有办法啦！

〔音乐《库企企》响起，十只小羊排成一横排，单膝半跪。山姆数一只羊，小羊跟着报数并跳起来，露出羊角。〕

〔大灰狼趁着小羊在数数，偷偷从行李箱里取出羊角戴上，躲到第十只小羊的身后。〕

大灰狼和小羊 10：（齐声）十。

小羊 10：（摆手，着急）我才是第十只小羊！

大灰狼：（拍拍胸脯，故作细声）我才是第十只小羊！

小羊 1：（摆摆手）不怕不怕，我还有办法！

十只小羊：（齐声）我们还有办法！

〔音乐《库企企》响起，十只小羊排成一横排，面对舞台正面站。山姆数一只羊，小羊跟着报数并跳起来往后转身，露出羊尾巴。山姆数一只羊就摸一下羊尾巴，大灰狼捂着尾巴慌张地走来走去。〕

山姆：（指着大灰狼，疑问）嗯？你怎么不转过来？

大灰狼：（扭动着身体，摇晃着脑袋）不要不要！

〔大灰狼摇着摇着，头上的假羊角掉了下来，狼尾巴露了出来。〕

十只小羊：（吃惊、害怕，往后退，齐声）啊！原来是一只大——灰——狼！

山姆：（挥舞着手臂，大声）不要怕，我们一起把他赶出去！

十只小羊：（齐声）对！我们一起把他赶出去！

山姆、十只小羊：（大声吆喝）滚！快滚！可恶的大灰狼！

〔大灰狼灰溜溜地下场，山姆和十只小羊欢呼；音乐《小苹果》响起。〕

〔剧终〕

故事来源：《还有一只羊》（图：〔英〕罗素・艾图；文：〔英〕蜜亚・凯力；译：黄乃毓），二十一世纪出版社 2008 年版。

熊大叔的修理铺

苏珊珊

第　一　幕

场景：熊大叔的修理铺

角色：熊大叔、小狗、小鸡、小鸭、小猪、小猫

道具：围裙、套袖、锤子、皮球、自行车、呼啦圈、羽毛球拍、溜冰鞋

旁白：熊大叔在森林里开了个修理铺，据说熊大叔的手艺非常好，没有修不好的东西。你们瞧！

〔幕启。熊大叔坐在修理铺里修着东西，发出“叮叮当”“叮叮当”的声音。〕

熊大叔：（一边修理东西，一边开心地唱歌）修锅喽，我修的锅呀，烧出饭来喷喷香。修盆喽，我修的盆呀，舀多少清水也不会漏。修壶喽，我修的壶呀，烧起开水咕噜噜。修伞喽，我修的伞呀，多大的雨都挡得住！

〔小狗拿着皮球走进熊大叔的修理铺。〕

小狗：（伤心）熊大叔，您好！我的皮球破了，您能帮我修好吗？

熊大叔：（热情、爽快）没问题，没问题。（笑呵呵地接过球看了看）你稍等一下，马上就好！

〔熊大叔做修理皮球的样子。〕

熊大叔：（把修好的皮球递给小狗，温和）修好了，你看看是不是和以前一样。

小狗：（拿着球左看右看，拍了一下，高兴）真的修好了，您真是太厉害了！谢谢您，熊大叔。（玩皮球）

〔小鸡推着自行车来到熊大叔的修理铺。〕

小鸡：（不开心）熊大叔，您好！我的自行车坏了，您能帮我修好吗？

熊大叔：（热情、爽快）没问题，没问题。（蹲下身看了看）你稍等一下，马上就好！

〔熊大叔做修理自行车的样子。〕

熊大叔：（把修好的自行车放在小鸡面前，温和）修好了，你看看能骑了吗。

〔小猫拿着呼啦圈、小鸭拿着羽毛球拍、小猪拿着溜冰鞋，一起上场，走到熊大叔的修理铺。〕

小猫、小鸭、小猪：（急切，你一言我一语）熊大叔，我的呼啦圈/羽毛球拍/溜冰鞋坏了！您能帮我修好吗？

熊大叔：（热情、爽快）没问题，没问题！都是小事情！你们稍等一下，马上就好！

〔熊大叔做修理东西的样子，时不时擦擦额头上的汗。小猫、小鸭、小猪期待地观看着。〕

熊大叔：（亲切）看，你们的东西都修好了，快试试看。

〔小猫、小鸭、小猪拿好各自的物品，试了起来。〕

小猫：（激动）熊大叔真能干！他修的呼啦圈转得快。（转起呼啦圈）

小鸭、小猪：（兴奋）熊大叔真能干！什么东西都能修！

〔长耳兔皱着眉头，若有所思地上场，看到动物们拿着修好的东西，停住脚步。〕

长耳兔：（疑惑）熊大叔真的这么厉害吗？什么都会修吗？

动物们：（抢着回答）那当然，你看熊大叔帮我们把这些东西都修好了！

小鸡、小鸭：（看看天）天快黑了，我们回家吧。

小猫、小狗、小猪：（开心）好的，我们明天再玩。

〔动物们下场。〕

长耳兔：（自言自语）真的这么厉害呀！那熊大叔会修月亮灯吗？（边说边往熊大叔的修理铺走去）

第　二　幕

场景：熊大叔的修理铺（夜空的背景中有一枚弯弯的月亮）

角色：熊大叔、长耳兔

道具：围裙、套袖、锤子

〔幕启。长耳兔在修理铺旁探头探脑，犹豫不决地走来走去。〕

旁白：天渐渐黑了，动物们回家了，熊大叔的修理铺里灯火通明。这时长耳兔来到了熊大叔的修理铺外。

长耳兔：（小声自言自语）我要不要进去呢？熊大叔真的什么都会修吗？熊大叔能帮我修好吗？

熊大叔：（和蔼可亲）小家伙，你在外面来来回回走了这么久，怎么不进来呀？

长耳兔：（跳进修理铺）熊大叔，你真的什么都会修吗？

熊大叔：（自豪）那当然！

长耳兔：（期待）那……请您修修月亮灯吧！

熊大叔：（疑惑）什么？月亮灯？

长耳兔：（点头）对呀对呀，昨天晚上我看见月亮灯坏了，（指着天上的月亮）就剩下一个弯弯的角啦！

熊大叔：（为难）这个……这个……

长耳兔：（着急）熊大叔，请您帮忙修理一下月亮灯吧，让月亮灯变得圆溜溜的。我会天天给您送来好吃的！

熊大叔：（勉强）那好吧，不过修月亮灯很难，月亮很大，挂得很高，要修好需要花很长的时间！

长耳兔：（跳了起来，开心）那太好了，能修就好，要让月亮灯变得圆溜溜的。我会每天给您送来好吃的，谢谢您！（开心地跑下场）

熊大叔：唉，小兔子！小兔子……这只傻兔子！（边说边摇头）

第　三　幕

场景：熊大叔的修理铺（夜空的背景中有一轮渐圆的月亮）

角色：熊大叔、长耳兔

道具：围裙、套袖、锤子、胡萝卜、篮子、蘑菇、红薯

旁白：从此以后，每一天，长耳兔都会来修理铺给熊大叔送东西。

长耳兔：（抱着一个大胡萝卜，高兴）熊大叔，您好！（指着夜空）我看见月亮灯大一点了，一定是您修理的吧？

熊大叔：（支支吾吾）嗯……是啊是啊。

长耳兔：（开心鼓掌）谢谢您，熊大叔！我明天再来给您送东西。（蹦蹦跳跳地下场）

〔熊大叔继续在修理铺修理东西。〕

长耳兔：（提着一篮蘑菇）熊大叔，熊大叔，我看见月亮灯又大一点了！您太棒了！

熊大叔：（挠挠头）呵呵，是又大了一点呢！

长耳兔：（开心鼓掌）谢谢您，熊大叔！我明天再来给您送东西。（蹦蹦跳跳地下场）

〔熊大叔继续在修理铺修理东西。〕

长耳兔：（扛着一袋大红薯，擦着汗）熊大叔，我看见今天月亮灯又大了一点！一定快修好了吧！

熊大叔：（不好意思）呵呵，是又大了一点呢！

长耳兔：（开心鼓掌）谢谢您，熊大叔！我就知道您一定能修好的，我明天再来给您送东西。（蹦蹦跳跳地下场）

旁白：第四天，第五天……长耳兔天天给熊大叔送来好吃的东西。时间一天天过去，熊大叔也不唱歌了，整天愁眉苦脸地想着心事。

〔熊大叔愁眉苦脸，托着脑袋在修理铺里有一下没一下地敲着。〕

熊大叔：（提着一篮蘑菇）唉……这可怎么办才好呢？（来回踱步做思考状）

熊大叔：（面向观众，焦急）唉……这可怎么办才好呢？大家帮我想想办法，我该怎么向长耳兔解释呢？

第 四 幕

场景：熊大叔的修理铺（夜空的背景中挂着又大又圆的月亮）

角色：熊大叔、长耳兔、小狗、小鸡、小鸭、小猪、小猫

道具：围裙、套袖、锤子、青菜

旁白：这一天，天上的月亮又大又圆，像玉盘一样，美极了。

〔抒情的音乐响起。长耳兔和动物们一起高高兴兴地上场。〕

长耳兔：（边蹦边说）你们看，熊大叔真厉害，把月亮灯修好了，（手指月亮）月亮灯又大又圆了！

动物们：（抬头看着月亮）是啊是啊，月亮灯好漂亮！（鼓掌）熊大叔真厉害！

长耳兔：（在修理铺外喊）熊大叔，熊大叔，太好了，太好了，现在月亮

灯又大又圆。熊大叔您真的把月亮灯修好了，太厉害了！这是我自己种的青菜，请您吃！（把青菜递给熊大叔）

动物们：（佩服）熊大叔您真厉害！连月亮灯都能修好！

熊大叔：（不好意思）小兔子，我不能再拿你的东西，你把以前拿来的东西也都拿回去吧！

长耳兔：（疑惑）为什么？是我送来的东西不好吃吗？

熊大叔：（急忙）不是的，不是的！谢谢你送的东西！

长耳兔：（伤心）那是为什么呢？

熊大叔：（拉着长耳兔的手，温和）月亮根本就不用修！月亮的圆缺是有规律的，从圆到缺，从缺到圆，一个月变化一次。今天刚好是月圆的日子，所以月亮就变得又大又圆了。

长耳兔、动物们：（恍然大悟）原来是这样啊！

熊大叔：（不好意思）小兔子，对不起，之前怕你伤心，所以没有告诉你真相。真不好意思，你送我的东西都在这里呢，现在我把东西还给你吧！

长耳兔：（开心）谢谢您告诉我月亮的秘密！这些东西您还是留着吧，以后我再也不怕月亮灯会坏掉啦！

动物们：（齐声）对！您是什么都能修好的熊大叔，是最厉害的熊大叔！我们下次还来找您修东西！

〔剧终〕

故事来源：网络故事《熊大叔的修理铺》。

垃圾，别再流浪

柯珊瑜

第　一　幕

场景：森林、小兔家

角色：小兔、小老虎、小熊、小猴

道具：纸团、喇叭、石头、垃圾桶（红、橙、蓝、绿各一）

〔幕启。音乐《森林狂想曲》响起。森林里，小猴、小熊和小老虎正热烈地讨论着垃圾分类。〕

小猴：（挠挠耳朵，跳到了石头上，单手叉腰，拿着喇叭大喊）今天是一年一度的森林垃圾分类日，我们一起来分享垃圾分类的小妙招吧！

小老虎、小熊：（左顾右盼，疑惑）好呀！可是，今天小兔去哪里了？

小猴：（跳到了小老虎、小熊面前）我们一起去小兔家找找吧！

小猴、小熊、小老虎：（一起向小兔家走去，敲门，齐声）小兔在家吗？

〔小兔上场，打开门。〕

小猴、小熊、小老虎：（高兴，齐声）小兔，节日快乐！

小兔：（皱着眉头，一脸茫然）节日？今天是什么节日？

小熊：哎呀，这你都不知道，今天是垃圾分类日呀！

小兔：（双手打开，耸耸肩，疑惑）垃圾分类日也算节日吗？

小老虎：（笑嘻嘻）当然算啦！

小兔：（点点头，笑眯眯）那今天是垃圾分类日，你们有哪些分类的好办法呢？

小猴：（挠了挠耳朵，跳到小兔面前，边说边摊开两手）垃圾分类就是把垃圾一半分这边，一半分那边……

小老虎：（迫不及待地插嘴）不对不对，应该是这样分——今天放这边，明天放那边啊。（边说边将手上的纸团往垃圾桶一扔）

小兔：（摇摇头，摆摆手，叹了口气）唉，你们真是乱来啊，这哪算垃圾分类呀！

小猴、小熊、小老虎：（齐声）你说我们分得不对，那要怎么分呢？

小兔：（摊开手，皱着眉头）可是，我也不懂啊！（眼珠子一动，跳了起来，伸出食指）但是我有一个好办法，我有一个智能机器人，有关垃圾分类的问题，我们都可以问它，它会教我们怎么分类。

小猴、小熊、小老虎：（兴奋地鼓掌，齐声）太好了！太好了！你快把机器人请出来吧。

第　二　幕

场景：小兔家

角色：小兔、小老虎、小熊、小猴、机器人

道具：矿泉水瓶、垃圾桶（红、橙、蓝、绿各一）

〔音乐响起，机器人跳机械舞上场。〕

小熊：（围着机器人转了一圈，仔细打量，好奇）咦，这就是机器人呀？

小猴：（挠了挠头，推开了其他人，跑到机器人面前，迫不及待）我先问，我先问。你好，机器人，鸡蛋壳要扔在哪个垃圾桶？

机器人：（转动了一下眼珠，指着绿色垃圾桶，用机械的声音）你好，鸡蛋壳、剩菜剩饭、果皮、骨头等食类垃圾都属于厨余垃圾。这类垃圾经过生物技术处理，可以生产成有机肥料。

小老虎：（手持空矿泉水瓶）那，这个属于哪一类垃圾呢？

机器人：（转过头，指着蓝色垃圾桶）矿泉水瓶，属于可回收垃圾。

小熊：（走到机器人面前）还有什么也是可回收垃圾呢？

机器人：（机械摆动手臂，身体左右摇晃，用机械的声音）杯子、牙膏牙刷，还有废纸、玻璃、金属物、布料等，属于可回收垃圾。

小兔、小老虎、小猴、小熊：（睁大了眼睛，你看看我，我看看你，惊奇）原来是这样分啊！垃圾分类的学问可真大啊！

小猴：（挠了挠头，跳到机器人面前，摇晃着脑袋，疑惑）那么，废旧的电池、日光灯管、过期药呢，也可以回收利用吗？

机器人：（摇手）不行哦，这些属于有害的垃圾，需要经过特殊的安全处理，我们要把它们放在这里。（指着红色垃圾桶）

小兔：（点了点头，恍然大悟）我明白了！我们生活中的垃圾可以分为可回收垃圾、厨余垃圾和有害垃圾三种。

机器人：（指着橙色垃圾桶）你回答的基本正确，但还有一类，像砖瓦陶瓷、卫生间废纸、餐巾纸等难以回收的废弃物，我们把它们称为其他垃圾。

小猴：（低下头，不好意思）原来垃圾分类不是一半放这边、一半放那边。

小老虎：（捂着嘴笑着，害羞）原来垃圾分类也不是今天扔这个垃圾桶、明天扔那个垃圾桶啊。

小兔、小老虎、小猴、小熊：（齐声）谢谢你，机器人，告诉我们这么多垃圾分类的知识。

小猴：（跳了起来，高兴）我们今天学会了要怎么进行垃圾分类，要好好庆祝啦！

小兔、小老虎、小猴、小熊：（高兴地围着机器人一起念童谣）小朋友们分垃圾，回收蓝，厨余绿，有害红，其他橙，记住分类不乱放，学会分类真开心！

小兔：（笑着走到台前）大自然的环境需要我们大家一起来保护，这样我们的生活才能更美好！

小老虎、小猴、小熊：（齐声）让我们行动起来吧！

〔小老虎、小猴、小熊一起动手帮小兔把家里的垃圾进行分类。〕

〔剧终〕

故事来源：《垃圾不见了》（文：李萍；图：小良），中国中福会出版社2017年版。

彩虹色的花

施雅清

第　一　幕

场景：绿色的草地

角色：彩虹色的花（以下简称小花）、太阳

〔幕启。鸟鸣叫的音效响起。〕

旁白：这是早春的一天，雪还没有融化，静静的原野上到处是白茫茫的一片，没有生机，也没有活力，只有一阵阵的风不停地吹着。

〔太阳上场。〕

太阳：（自信）春天来了，我要把积雪全都融化掉，让白茫茫的雪地变成绿色草地。

〔太阳张开双臂转动身体。小花蹲在舞台中间，慢慢站起，打个哈欠，伸伸懒腰。〕

太阳：（好奇）早上好，你是谁？（围着小花打量了一圈）

小花：（开心）太阳，你好啊！我是彩虹色的花。冬天的时候，我一直待在泥土里，可我再也等不及了。现在终于见到你了，我多高兴呀！我想跟每个人分享我的快乐。

太阳：（疑惑）分享你的快乐？什么快乐呢？快快说来。

小花：（开心）对啊！当我在泥地里的时候，闻着泥土的芳香。（回忆）当我发芽时，喝着甘甜的雪水。（感动）当我努力生长时，蚯蚓哥哥给我帮助。这些都使我很快乐。

太阳：（微笑）真是一朵乐观的小花。

〔音乐《世界多美好》响起，小花和太阳一起跳舞。音乐停止，太阳、小花下场。〕

第　二　幕

场景：绿色的草地

角色：彩虹色的花（以下简称小花）、小蚂蚁、蜥蜴、小老鼠、小鸟、小刺猬

道具：可以拆分的花瓣

旁白：温和的春天来了，过了几天，好像有谁从花儿的身边走过。

〔小花在舞台中间。小蚂蚁上场，来到小花身边。〕

小花：（友好）你好，我是彩虹色的花，你是谁呀？

小蚂蚁：我是蚂蚁。我现在要去奶奶家。（为难）可是，雪融化了，原野中间有一个很大的水洼，我怎么才能过去呢？

小花：是这样啊，（想了想）你看看我的花瓣，摘一片试试看，说不定能用得上呢。

小蚂蚁：（迟疑）可是，这样会伤害你吗？

小花：（安慰）没事的，如果能帮上忙，我会很高兴的。

〔小蚂蚁摘下一片橙色的花瓣，看了看。〕

小蚂蚁：（高兴）太好了！这片花瓣浮在水面上，就可以变成一艘小船载我过去。太感谢你了，彩虹色的花！

小花：（微笑）不客气！能帮助你，我感到非常快乐！

〔小蚂蚁做划船动作，缓缓下场。〕

旁白：过了几天，一个令人舒服的晴天，好像又有谁走来。

〔蜥蜴低着头，失落地慢慢走上场。〕

小花：（亲切）你好，我是彩虹色的花。你是谁呀？你为什么这么难过？

蜥蜴：（伤心，哽咽）我是蜥蜴，今天我要去参加宴会，可是没有合适的衣服。怎么办呢？

小花：（看了看身上的花瓣）哦，也许我的哪一片花瓣与你的绿色相配。你喜欢哪个颜色给你当礼服？

蜥蜴：（迟疑）这……这真的可以吗？

〔小花微笑点点头。蜥蜴摘下一片红色花瓣，贴在身后，转个圈。〕

蜥蜴：（高兴，神气）你瞧，红色礼服！和我太相配了！彩虹色的花，谢谢你！再见！

小花：（微笑）再见。能帮助你，我很快乐！帅气的蜥蜴先生！

〔蜥蜴下场。〕

旁白：炎热的夏天到了，每天的阳光都很强烈。好像又有谁从花儿的身边走过。

〔小老鼠边擦汗边喘气，上场。〕

小花：（热情）你好，我是彩虹色的花。你是谁呀？你怎么“呼哧呼哧”地喘着气呢？

小老鼠：（边说话边擦汗）哦，你好，我是小老鼠。最近天气又闷又热，我快被热晕了，要是有把扇子就好了。

小花：（热情）哦！那用我的花瓣不正好吗？

小老鼠：（疑惑）你是说用你的花瓣当作扇子？那你就少了漂亮的花瓣了，多不好啊。

小花：（开心）没事的，能帮助你，我很快乐！

〔小花微笑点头。小老鼠走过去，摘下一片花瓣，对着自己扇了扇。〕

小老鼠：（舒服地闭着眼）哇，这把漂亮的花瓣扇子！现在凉快多了！谢谢你，彩虹色的花。

小花：（微笑）不客气！能给你带来凉快，我无比快乐！

〔小老鼠下场。〕

旁白：白天越来越短了，已经是秋天了。好像有谁从天空飞过。

〔小鸟飞着上场。〕

小花：（惊讶）你好。你是谁呀？你还会飞啊。

小鸟：（自豪）你好，我是小鸟。因为我有翅膀，所以会飞呀。

小花：（好奇）你在找什么呢？

小鸟：（着急）今天是我女儿的生日，我出来为她选一件礼物，可是飞来飞去，什么也没找到，正着急呢。

小花：（微笑）那你看看我这儿有没有她喜欢的彩色花瓣呢？

小鸟：（迟疑）可是你只剩下三片花瓣了。

小花：（安慰）没关系，希望你的女儿会喜欢。

〔小鸟摘下一片黄色的花瓣。〕

小鸟：（闻了闻花瓣）哇，好香啊，我想我女儿一定会很喜欢的！谢谢你，彩虹色的花。

小花：（微笑）不客气，能帮助你，我感到非常快乐！再见！

〔小鸟下场。〕

旁白：有一天，乌云遮住了天空。好像有谁跟花儿打招呼。

〔小刺猬上场。〕

小刺猬：你好，彩虹色的花。（担心）最近冷多了，眼看就要下雨了，怎么办？

小花：（虚弱）我能帮你什么忙吗？

小刺猬：（着急）马上要下雨了，可是回家的路还很远，我需要一把雨伞。

小花：（虚弱）那你摘一片我的花瓣当雨伞吧！

小刺猬：（犹豫）可是……

小花：（安慰）没关系的，帮助别人我很开心。

〔小刺猬摘下一片绿色花瓣。〕

小刺猬：（举在头顶上）谢谢你，彩虹色的花！我得赶紧回家了，再见！

小花：（虚弱地一笑）再见！多好的花瓣雨伞！

〔小刺猬下场。〕

旁白：天空越来越暗，传来阵阵雷声。大风把花儿的最后一片花瓣也刮走了。

〔大风的音效及悲伤的纯音乐响起，小花做摇摆的动作，把身上的紫色花瓣摘下，用力一扔，低头，慢慢弯下腰，倒地。〕

旁白：太阳隐去了自己的光芒。彩虹色的花折断了。雪花仿佛要拥抱彩虹色的花，轻轻地、轻轻地飘落下来……很快，大雪覆盖了所有东西，大地一片白茫茫。谁会想到，在这里曾经开过一朵彩虹色的花呢？来年，彩虹色的花还会绽放吗？

〔灯光渐暗，小花下场。〕

第　三　幕

场景：积雪的草地

角色：太阳、彩虹色的花（以下简称小花）、小蚂蚁、蜥蜴、小老鼠、小鸟、小刺猬

道具：灯光

〔一道光从远处射出来，太阳上场。〕

〔小蚂蚁、蜥蜴、小老鼠、小鸟、小刺猬上场。〕

动物们：（开心）太阳出来了！

旁白：他们看着光芒，心里渐渐温暖起来。大家想起了彩虹色的花曾经给过自己的帮助。

小蚂蚁：（感激）她给了我一艘花瓣小船。

蜥蜴：（回忆）她给了我一件红色花瓣礼服。

小老鼠：（悲伤）她给了我一把花瓣扇子。

小鸟：（哽咽）她给了我一份花瓣礼物。

小刺猬：（伤心抹泪）她给了我一把花瓣雨伞。

动物们：（伤感，齐声）彩虹色的花是多么的有爱心，我们也爱她！她还会回来吗？

太阳：（坚定）会的，她一定会回来的！等着来年的春天，我们再见！

〔音乐《春天的钟》响起，动物们一起做舞蹈动作。〕

旁白：漫长的冬天终于过去了，春天又来了。

〔一束灯光照向舞台前面的彩虹色的花。〕

小蚂蚁：（惊喜）你们看，那是谁！

动物们：（开心）是彩虹色的花。她回来了，太好了，太好了！（欢呼）

小花：（热情）我的朋友们，很高兴又见到你们。

〔动物们跑过去围着小花。音乐《春天音乐会》响起，小花、太阳和动物们一起欢呼、跳舞。〕

〔剧终〕

故事来源：《彩虹色的花》（著：〔美〕麦克·格雷涅茨；译：彭君），二十一世纪出版社 2018 年版。

小蝌蚪找妈妈

郑淳菁

第　一　幕

场景：池塘

角色：青蛙妈妈

道具：青蛙卵、水草

〔背景音乐《春天来了》响起。〕

旁白：暖和的春天来了，池塘里的冰融化了。青蛙妈妈睡了一个冬天，也醒来了。她从泥洞里爬出来，“扑通”一声跳进池塘里，在水草上生下了许多黑黑的、圆圆的卵。春风吹着，太阳照着，池塘里的水越来越暖和了。

〔青蛙妈妈一蹦一跳上场，伸懒腰、踢踢腿。〕

青蛙妈妈：（高兴，声音响亮）呱呱呱，我是一只大青蛙，头顶两只大眼睛，脸上一张阔嘴巴，白白肚皮绿衣裳，四条长腿会游泳，唱起歌来“呱呱呱”，走起路来蹦蹦跳。

〔青蛙妈妈跳进池塘里，蹲在水草上产卵。〕

青蛙妈妈：（慈爱）这些黑黑的、圆圆的卵就是我的小宝贝，春风吹着、太阳照着，等池塘里的水更加暖和了，我的孩子们就会出来的。我先去找点吃的吧。

青蛙妈妈：（声音响亮）我是一只大青蛙，头顶两只大眼睛，脸上一张阔嘴巴，白白肚皮绿衣裳，四条长腿会游泳，唱起歌来“呱呱呱”，走起路来蹦蹦跳。

〔青蛙妈妈一蹦一跳地下场。〕

第　二　幕

场景：池塘

角色：小蝌蚪们、鸭妈妈、小鸭子们、大金鱼、大白鹅、大乌龟

道具：角色的服饰

〔小蝌蚪们做游泳动作，上场。〕

小蝌蚪们：（欢快）我们是一群快乐的小蝌蚪，游来游去真快活。

〔音乐《母鸭带小鸭》响起，鸭妈妈带着一群小鸭子唱着歌上场。〕

鸭妈妈：（温柔）今天天气真好。孩子们，我们一起去池塘里游泳吧。

蝌蚪1：（羡慕）小鸭有妈妈，真幸福呀！我们的妈妈在哪里呢？

蝌蚪2：（疑惑）我们的妈妈长什么样呢？我从来没见过我们的妈妈。（失落地低下头）

蝌蚪3：（伤心）我好想我们的妈妈啊。

小蝌蚪们：（着急，齐声）鸭妈妈，鸭妈妈，您看见过我们的妈妈吗？请您告诉我们她在哪里。（游向鸭妈妈）

鸭妈妈：（温柔）看见过。你们的妈妈有两只大眼睛，嘴巴又阔又大。好孩子，你们到前面去找吧！

小蝌蚪们：（齐声）谢谢您，鸭妈妈！

〔鸭妈妈和小鸭子们一摇一摆地下场。〕

〔小蝌蚪们高高兴兴向前面游去。音乐《小金鱼》响起，大金鱼摆动双鳍，嘴巴一张一合地游上场。〕

蝌蚪1：（惊讶，大喊）快看，快看！（指着大金鱼）她头顶上有两只大眼睛，嘴巴又阔又大。

蝌蚪2：（兴奋，拍手）她是我们的妈妈！

小蝌蚪们：（齐声，激动）妈妈！妈妈！

大金鱼：（亲切）我不是你们的妈妈，我是小金鱼的妈妈。你们的妈妈肚皮是白的，好孩子，你们到前面去找吧！

小蝌蚪们：（有礼貌）谢谢您，鱼妈妈！（有点失望）再见。

大金鱼：（亲切）好孩子，再见。

〔大金鱼摆动着尾巴游下场。〕

小蝌蚪们：（伤心）我们的妈妈到底在哪里啊？

〔音乐《咏鹅》响起，大白鹅摇摇晃晃走上场。〕

蝌蚪 2：（高兴）你们快看啊，她有白肚皮！

蝌蚪 3：（兴奋）她是我们的妈妈。

小蝌蚪们：（齐声高喊）妈妈！妈妈！

大白鹅：（温和）我不是你们的妈妈。你们的妈妈有四条腿，你们看，我有几条腿呀？（脖子一伸）

小蝌蚪们：（不好意思）哇！对不起呀，我们认错了。

大白鹅：（亲切）没关系，再见。

〔大白鹅摇摇晃晃地走下场。〕

〔音乐《小乌龟》响起，大乌龟慢吞吞地爬上场。〕

蝌蚪 1：（伸出手指点数）一条、两条、三条、四条。

蝌蚪 2：（兴奋）她有四条腿！

蝌蚪 3：（激动）她是我们的妈妈！

小蝌蚪们：（鼓掌，大声）妈妈！妈妈！这回可找到妈妈啦！

大乌龟：（亲切）你们认错了，我不是你们的妈妈，我是小乌龟的妈妈。你们的妈妈穿着好看的绿衣裳，唱起歌来“呱呱呱”，走起路来一蹦一跳。好孩子，（指着前面）快去前面找吧！

小蝌蚪们：（失望）谢谢您，乌龟妈妈！

〔大乌龟慢悠悠地爬下场。〕

第 三 幕

场景：池塘

角色：青蛙妈妈、小蝌蚪们

道具：荷叶

〔音乐《青蛙跳下水》响起，青蛙妈妈在荷叶上一蹦一跳上场。〕

小蝌蚪们：（不自信，小声）请问，您看见我们的妈妈了吗？她有两只大眼睛，嘴巴又阔又大，四条腿，走起路来一蹦一跳的，白肚皮绿衣裳，唱起歌来“呱呱呱”……

青蛙妈妈：（高兴）傻孩子，我就是你们的妈妈呀，我已经找了你们好久啦！

〔小蝌蚪们摇摇尾巴，你看看我，我看看你。〕

小蝌蚪们：（疑问）奇怪！奇怪！为什么我们长得跟您不一样呢？

青蛙妈妈：（和蔼）你们还小呢。等过几天，你们会长出两条后腿来；再过几天，又会长出两条前腿。四条腿长齐了，脱掉尾巴，换上绿衣裳，就跟妈妈一样了。那时候，你们就可以跳到岸上捉虫吃啦。

小蝌蚪们：（兴奋）呵！我们找到妈妈了！我们找到妈妈了！（高兴地游来游去，嬉戏）

青蛙妈妈：（亲切）孩子们，妈妈带着你们一块儿游玩去。（跳进水里）

〔音乐《池塘里的小青蛙》响起，青蛙妈妈在前面，小蝌蚪们紧跟其后，在水里开心地游来游去。〕

旁白：过了几天，小蝌蚪们先长出两条后腿，又过了几天，再长出两条前腿，接着脱掉尾巴，换上绿衣裳，变成了小青蛙，和青蛙妈妈一起捉害虫，保护庄稼。

〔剧终〕

故事来源：故事《小蝌蚪找妈妈》（著：方惠珍、盛璐德）。

1只猪和10只狼

林婷婷

第　一　幕

场景：森林（高低不同的树）

角色：小猪、狼老大、狼二哥、狼三哥、狼四哥、狼五哥、狼六哥、狼七哥、狼八哥、狼九哥、狼小弟

〔幕启。狼二哥等有气无力地抱着树或倚靠在树旁；狼老大上场，捂着肚

子弯着腰。〕

狼老大：（颤巍巍的声音）咕噜噜，咕噜噜，哎呀，肚子好饿啊！

狼小弟：（倚靠在大树旁，摸着肚子）对啊，好多天没有吃东西了，肚子好饿啊！

其他狼：（有气无力）肚子好饿啊！美味大餐你在哪里？

〔小猪上场，开心地边走边唱歌。〕

小猪：（高兴哼唱）猪头猪脑猪身猪尾巴，从来不挑食的乖娃娃，每天睡到日晒三竿后，从不刷牙从不打架……

十只狼：（躲在大树后面望着小猪，露出贪婪的表情，小声嘟囔）嘿嘿！多么圆滚滚、肥嘟嘟的小猪啊，终于可以饱餐一顿啦！

狼老大：（张牙舞爪地冲到小猪面前，咧嘴邪笑）嘿嘿！嘿嘿！我可爱的小猪，快到我的身边来，让我饱餐一顿。

小猪：（害怕，大喊）救命啊！谁快来救救我可怜的小猪呀？

狼老大：（张牙舞爪）嘿嘿！嘿嘿！我可爱的小猪，别跑！

其他狼：（齐声）别跑！圆滚滚、肥嘟嘟的小猪，快点停下来让我们饱餐一顿。

小猪：（害怕，大喊）救命啊！谁快来救救我可怜的小猪呀？

〔小猪绕着舞台跑，十只狼在后面追，绕舞台跑一圈后下场。〕

第　二　幕

场景：森林

角色：小猪、狼老大、狼二哥、狼三哥、狼四哥、狼五哥、狼六哥、狼七哥、狼八哥、狼九哥、狼小弟

〔小猪惊慌失措地跑上场，十只狼恶狠狠紧追其后上场。〕

小猪：（害怕，大喊）救命啊！谁快来救救我可怜的小猪呀？

十只狼：（张牙舞爪地在后面追小猪，恶狠狠）别跑！圆滚滚、肥嘟嘟的小猪，快点停下来让我们饱餐一顿。

小猪：（哆嗦着，可怜）求求你们，别……别……别吃我！

十只狼：（围成圆圈，朝着小猪不断地逼近，流口水）哈哈——哈哈——终于抓住你了，我们的美味大餐。

狼老大：嘿嘿！嘿嘿！我们该先吃小猪的哪儿好呢？

狼二哥：（揪着耳朵）先吃耳朵吧，耳朵的骨头软。

狼三哥：（盯着肚子）先吃肚皮吧，肚皮软乎乎的肯定好吃。

狼四哥：（摸着尾巴）还是先“吧唧吧唧”地嚼尾巴吧。

其他狼：（七嘴八舌）先吃耳朵，先吃肚皮，先吃尾巴，先吃耳朵……

狼二哥：（淡定）慢着慢着！我们一共有十只狼，十只狼吃一口小猪，一只狼顶多吃到一小口。

狼大哥：（点头）可……可不是嘛，一小口也填不饱肚子呀。

其他狼：（点头，齐声）对啊，一人一小口，吃不饱呀。

狼小弟：（自信）我们可以让这只小猪回去叫十只小猪来，这样我们每一只狼就都能吃到一只小猪了。

狼老大：（咧嘴邪笑）嘿嘿！嘿嘿！我觉得可以。

狼二哥：（点头）我也觉得这个办法好。

其他狼：（拍手）好，很好，非常好！

狼小弟：（得意）喂，小猪！你去叫十只小猪到这里来！是十只小猪哟，要是你叫来了十只小猪，我们就不吃你了，你听明白了吗？

小猪：（频频点头，声音发抖）好的，好的，我马上回家去叫十只小猪来。（飞一样地跑下场）

十只狼：（得意地冲小猪挥手，齐声）我们在这里等着哟！快——去——快——回！

第　三　幕

场景：森林（舞台左侧）、小猪家（舞台右侧）

角色：小猪、狼老大、狼二哥、狼三哥、狼四哥、狼五哥、狼六哥、狼七哥、狼八哥、狼九哥、狼小弟

〔十只狼在森林里等小猪回来。〕

狼小弟：（摸脑袋）小猪怎么这么慢呀？

其他狼：（摸肚子）饿死了，怎么还不来呀？

狼大哥：（有气无力）慢吞吞的小猪，等十只小猪来了，我们立马把他们吃掉。

其他狼：（齐声）对，立马吃掉！

〔舞台左侧灯光暗下来。〕

小猪：（倚靠在沙发上，翘着脚，手里拿着书）十只笨狼，我才不会回去白白送死的。你们就慢慢等着吧。

小猪：（伴随音乐《猪之歌》哼起歌）猪头猪脑猪身猪尾巴，从来不挑食的乖娃娃，每天睡到日晒三竿后，从不刷牙从不打架……

〔剧终〕

故事来源：《1只小猪和100只狼》（文、图：〔日〕宫西达也；译：彭懿），新疆青少年出版社2008年版。

老鼠嫁女

雷小琴

第　一　幕

场景：老鼠村长家

角色：老鼠村长、小老鼠美叮当、老鼠们

道具：桌椅、老花镜、拐杖

旁白：很久很久以前，在一个村庄阴暗的墙角下有个老鼠村，村里住着老村长夫妇和他们的女儿美叮当。美叮当长得非常漂亮，村里的年青老鼠们都想娶她做新娘。

〔幕启。老鼠村长戴着一副老花镜，拄着拐杖、略弯着腰，慢慢地上场，走至舞台中间。小老鼠美叮当坐在舞台中间梳妆台前打扮自己。老鼠村长若有所思地望着女儿美叮当。〕

老鼠村长：（无奈，叹气）唉！我——是老鼠村的村长，和村里许许多多的老鼠兄弟姐妹们只能住在这个潮湿、阴暗的墙角下，（手指着前方）每天都看不到光。（仰起头）

美叮当：（撒娇地大声喊）爸爸——爸爸——我的房间太暗了，我要化妆，都看不见镜子了。

老鼠村长：（慈祥）乖女儿，好女儿，爸爸也正为这事苦恼呢。（无奈地低下头）等会儿还有很多老鼠村的男生们要来求亲呢。

美叮当：（不好意思）可是这么昏暗，我们怎么能看清楚他们呢？爸爸，爸爸，我们为什么要住在这么昏暗、潮湿的墙角呢？

老鼠村长：（无奈）我也不想住在这里啊，可是我们害怕猫啊！所以只能躲在这阴暗、潮湿的墙角。（抚摸着美叮当的头）我的宝贝受委屈了。

美叮当：（撒娇地哭泣）爸爸，爸爸，我再也不想住在这里了！

老鼠村长：（若有所思，拍了一下额头）有了！爸爸帮你选一位世界上最强的新郎，我们就不用害怕猫了，我们就不用住在这昏暗、潮湿的墙角了！

美叮当：（高兴地抱住老鼠村长）太好了，太好了！我要找一个世界上最强的新郎！

〔老鼠 1、老鼠 2、老鼠 3 贼头贼脑地跑上场。〕

老鼠 1：（边说边举起手臂展示肌肉）尊敬的村长大人，您好！老鼠村里属我的力气最大，您可以把美叮当嫁给我吗？我有力量保护她。

老鼠 2：（做快跑状）亲爱的村长大人，您好！老鼠村里属我跑得最快，您可以把美叮当嫁给我吗？遇到危险时，我可以带她跑。

老鼠 3：（期待地看着老鼠村长）伟大的村长大人，您好！老鼠村里属我的鼻子最灵，您可以把美叮当嫁给我吗？我可以很快为美叮当找到食物。

老鼠们：（互相推搡，大声）嫁给我，嫁给我，嫁给我……

老鼠村长：（挥挥手示意大家安静，缓慢开口）大家听我说，你们都很厉害，但都不是世界上最强的。我要把美叮当嫁给世界上最强的新郎。你们回去吧……

〔老鼠 1、老鼠 2、老鼠 3 无趣地下场。老鼠村长和美叮当下场。〕

第　二　幕

场景：森林

角色：老鼠村长、小老鼠阿郎、太阳、乌云、风、墙

旁白：谁会是最强的呢？老鼠村长开始寻找世界上最强的新郎。

〔老鼠村长从舞台左侧上场，太阳从舞台右侧上场。〕

老鼠村长：（疑惑）太阳，请问你是全世界最强的吗？

太阳：（骄傲）当然，我是全世界最强的。（双手上举，神气地仰头）世界上有谁能抵挡我的光和热？

老鼠村长：（擦着头上的汗，真诚）我是老鼠村的村长，我要把女儿嫁给你……

〔乌云从舞台右侧上场，遮住太阳。老鼠村长惊讶地看着乌云。〕

太阳：（生气）讨厌的乌云，又挡住我了！（边说边下场）

老鼠村长：（急忙，大声）我是老鼠村的村长，我要把女儿嫁给全世界最强的。你是不是全世界第一强？

乌云：（得意地笑）没错，我就是全世界第一强，（叉着腰，仰起头）因为只有我才能遮住炎热的太阳。

〔风声音效响起，风从舞台左侧上场。〕

乌云：（生气）哎呀，风来了，又要被你吹散了！（边说边下场）

老鼠村长：（失望）我在找全世界最强的，好把女儿嫁给他。你知不知道世界上谁最强？

风：（得意，大声）全世界谁能比我强？我能吹散乌云，吹掉人们的帽子，也能把你吹回家。（双手在胸前画大圈后，双掌向老鼠村长方向推去，嘴作吹气状）

〔墙上场。风哈哈大笑，老鼠村长双手划圈后退，直至撞到墙，摔在地板上。〕

老鼠村长：（皱着眉头，满脸疑惑）墙啊墙，你是不是全世界最强的？（一边揉着屁股，一边对着墙）

墙：（挺着胸，得意）我天不怕，地不怕，我是天下第一强！（害怕地大叫）啊呀！

〔小老鼠阿郎从墙洞钻出来。〕

墙：（小声）我天不怕，地不怕，就怕老鼠来打墙。（说着逃跑下场）

小老鼠阿郎：（自豪）我们老鼠虽小，也有别人比不上的本事呢。（说完围着村长，给村长捶背）

老鼠村长：（若有所思，自言自语）难道老鼠是世界上最强的吗？可是……谁又比老鼠强呢？对了，（大声）是猫！是猫！

小老鼠阿郎：（害怕）猫！哪里有猫？（吓得躲回洞里）

第 三 幕

场景：花猫家

角色：老鼠村长、小老鼠美叮当、老鼠们、花猫

道具：唢呐、红盖头、花轿等

〔花猫坐在椅子上，翘着脚休息着。〕

老鼠村长：（害怕，哆嗦，小声）花猫老弟，我在找全世界最强的新郎，好把女儿嫁给他。我找了一天，终于发现你是世界上最强的新郎！

花猫：（得意，不屑地瞥了老鼠村长一眼）你找对了！我就是世界上最强的！

老鼠村长：（诚恳）我终于找到世界上最强的新郎了，我想把我的女儿美叮当嫁给你。

花猫：（惊讶）你真的要把美叮当嫁给我？（边说边起身绕着老鼠村长一圈圈地走。）

老鼠村长：（高兴）是的，你是世界上最强的，一定能保护好她的，美叮当再也不用住在阴暗潮湿的墙角了！

花猫：（嘴角上扬，笑了笑）好好好，我答应你，明天我们就成亲吧！

老鼠村长：（高兴地连连点头）好好好！我这就回去告诉美叮当和村里的兄弟姐妹们！（下场）

〔音乐《我真的很不错》响起，花猫开心地跳起舞蹈。音乐切换成喜庆的唢呐乐曲，老鼠村长得意地走在最前面带路，老鼠们抬着花轿，美叮当盖着红盖头坐在花轿中，其他老鼠们跟在后面抬嫁妆，朝花猫家走去。〕

花猫：（狡黠）我亲爱的新娘，喵——我来了！啊呜！

〔花猫扑向美叮当。美叮当倒地。老鼠村长看得目瞪口呆、浑身发抖。紧张的音效响起，老鼠村长和老鼠们惊慌失措、四处逃散。〕

花猫：（大笑）哈哈哈！对老鼠们来说，我就是世界上最强的！既然有送上门的老鼠，不吃白不吃，哈哈哈！（追着其他老鼠下场）

〔剧终〕

故事来源：民间故事《老鼠嫁女》。

和甘伯伯去游河

周丽丽

第　一　幕

场景：河边，河里有一条船

角色：甘伯伯、小男孩、小女孩、野兔、猫、狗、猪、绵羊、鸡妈妈、小鸡、牛、山羊

道具：草帽、毛巾、船、竹竿等

〔幕启。甘伯伯上场。〕

甘伯伯：（高兴）我就是甘伯伯，我的家就在河边。我有一条船，（手指向停靠在河边的船）瞧！今天的天气真好，太阳暖暖地照着，风儿轻轻地吹着，河水哗哗唱着歌。我要下河把船摇，欣赏美景乐陶陶。（戴上草帽和毛巾）哈哈，游河去喽！

〔甘伯伯走向河边，上船，拿起竹竿划船。音乐《上学歌》响起，小男孩和小女孩手拉手，边走边开心地唱着歌，上场。〕

小男孩：（指着甘伯伯）妹妹，你看！甘伯伯在划船。

小女孩：（好奇）哥哥，甘伯伯要去哪里呢？

小男孩：（摇摇头）我也不知道！要不，我们去问问吧！（拉着小女孩的手走向甘伯伯）

小男孩、小女孩：（齐声，有礼貌）甘伯伯，您好！请问您要去哪里呢？

甘伯伯：（亲切）今天天气真好，我要划船去游河哦。

小男孩、小女孩：（兴奋）我们跟您去好不好？

甘伯伯：（温和）好是好，只要你们不乱吵闹。

小男孩、小女孩：（连连点头）好好好！我们一定不乱吵也不乱闹。（上船）

〔音乐《郊游》响起，甘伯伯划着船，小男孩和小女孩开心地唱着歌。野兔一蹦一跳上场。〕

野兔：（诚恳）甘伯伯，您好！我能和你们一起去游河吗？（期待地看着

甘伯伯）

甘伯伯：（温和）行是行，但是你不能乱蹦跳。

野兔：（高兴地连连点头）嗯嗯！我一定不乱蹦也不乱跳。（跳上船）

〔甘伯伯划船，小男孩、小女孩和野兔唱着歌。猫“喵喵”叫着上场。〕

猫：（羡慕地看着船，挥手，大声）嗨，甘伯伯，您好！我很想坐一回船，因为我还从来没坐过船呢。

甘伯伯：（亲切）好吧，但是你不能追兔子。

猫：（高兴）好的，我一定不会追兔子。（上船）

〔甘伯伯划船，小男孩、小女孩、野兔和猫继续唱着歌。狗快跑上场。〕

狗：（大喊）甘伯伯，您好！可不可以带我一起去？

甘伯伯：（和蔼）可以，但是你不能招惹猫。

狗：（兴奋）嗯嗯，我保证不去招惹猫。（上船）

〔甘伯伯划船，小男孩、小女孩、野兔、猫和狗继续唱着歌。猪“哼哼”叫着跑上场。〕

猪：（气喘吁吁，身体左右摇晃）甘伯伯，您好！我能去吗？

甘伯伯：（热情）来吧，但是你不能来回晃。

猪：（高兴地连连点头）好的好的，我一定不会来回晃。（上船）

〔甘伯伯划船，小男孩、小女孩、野兔、猫、狗和猪继续唱着歌。绵羊走上场。〕

绵羊：（温柔）咩——咩——咩，甘伯伯，您好！还有空位让我坐吗？

甘伯伯：（耐心）空位有，但是你不能“咩咩”乱叫。

绵羊：（开心）嗯嗯，我不会“咩咩”乱叫的。（上船）

〔甘伯伯划船，小男孩、小女孩、野兔、猫、狗、猪和绵羊继续唱着歌。鸡妈妈和小鸡上场。〕

鸡妈妈和小鸡：（大声）咯咯哒！甘伯伯，您好！我们也去，行不行？

甘伯伯：（和气）行是行，但是你们不能扇翅膀。

鸡妈妈和小鸡：（高兴）好的好的，我们一定不会扇翅膀的。（上船）

〔甘伯伯划船，小男孩、小女孩、野兔、猫、狗、猪、绵羊、鸡妈妈和小鸡继续唱着歌。牛甩着尾巴走上场。〕

牛：哞哞，甘伯伯，您好！（朝船上左看右看）能腾出个位置给我吗？

甘伯伯：（爽快）可以啊，只要你不乱踩东西。

牛：（高兴）我一定不乱踩东西。（上船）

〔甘伯伯划船，小男孩、小女孩、野兔、猫、狗、猪、绵羊、鸡妈妈、小鸡和牛继续唱着歌。山羊踢腿走上场。〕

山羊：（小心翼翼）甘伯伯，您好！我能加入你们吗？

〔甘伯伯点点头，山羊也上了船。音乐《郊游》响起，船上的小男孩、小女孩和动物们开心地唱着歌。〕

第　二　幕

场景：河里的船上

角色：甘伯伯、小男孩、小女孩、野兔、猫、狗、猪、绵羊、鸡妈妈、小鸡、牛、山羊

道具：草帽、毛巾、船、竹竿等

旁白：就这样，甘伯伯的船上坐着小男孩、小女孩、野兔、猫、狗、猪、绵羊、鸡、牛和山羊。大家都很高兴，但是刚过一小会儿，不幸的事就发生了……

山羊：（烦躁）怎么这么挤啊？（脚开始乱踢，踢到牛）

牛：（生气地站起来）哞——哞——哞！（用手指着山羊）你为什么踢我呀！（脚开始乱踩，踩到鸡妈妈的脚）

〔船开始左右摇晃。〕

鸡妈妈：（跳起来尖叫）咯咯哒，咯咯哒！好痛啊！（抱起脚，指着牛）你为什么踩我的脚啊！（不停地扇翅膀，翅膀扇到绵羊的脸上）

绵羊：（生气地站起来）咩——咩——咩！你为什么扇我的脸啊！（撞到猪）

猪：（摇摇晃晃）哼哼哼！（指着绵羊）你为什么撞我呀！（晃来晃去地碰到狗）

狗：（大叫）汪汪汪！汪汪汪！讨厌的猪，你为什么碰我啊！（声音吓到了猫）

猫：（捂住耳朵）喵喵喵！吵死了，这么大声！我不跟你坐在一起了！（去追兔子，要抢兔子的位置）

〔船摇晃得更加厉害了。兔子吓得乱蹦乱跳，小女孩哭了起来。〕

小女孩：（揉着眼睛）哥哥，我好怕！我不去游河了。

小男孩：（大声喊）别吵了，别吵了！

甘伯伯：（慈爱而无可奈何）大家都别吵了，再吵，船就要翻了。

〔船摇晃到失去平衡，终于翻了；全体做摔倒状。〕

第　三　幕

场景：河、船、甘伯伯的房子

角色：甘伯伯、小男孩、小女孩、野兔、猫、狗、猪、绵羊、鸡妈妈、小鸡、牛、山羊

道具：草帽、毛巾、竹竿、桌子、椅子、茶具等

〔众角色倒在舞台上；甘伯伯吃力地站起来。〕

甘伯伯：（着急）大家快跟着我游上岸吧，我们的船沉了。（做游泳状）

〔甘伯伯拉着小男孩和小女孩，狗驮着野兔和猫，猪拉着绵羊，牛驮着山羊、鸡妈妈和小鸡，大家一起游上岸，瘫坐在岸边。〕

甘伯伯：（关切）大家快把衣服和身子晒干吧！

小男孩、小女孩：（不好意思）对不起，我们不该乱吵闹。（低下头）

野兔：（惭愧）我不该乱蹦乱跳。

猫：（小声）我不该追兔子。（不好意思看着兔子）

狗：（低下头）我不该去招惹猫。

猪：（摇着头）要是我不来回晃，船就不会翻了。

绵羊：（难过）我也不该“咩咩”乱叫的。

鸡妈妈：（低声）我就不该扇翅膀的，对不起。

牛：（摸着头）我忘了不能乱踩东西。（拍拍自己的腿）

山羊：（伤心）对不起，甘伯伯，是我们没有听您的话，才会翻船的。（惭愧地低下头）

甘伯伯：（温和）没关系，今天没办法去游河了，我们只好穿过这片草地走路回家了。我请你们到我家喝喝茶。

旁白：大家一起来到甘伯伯家，围在一起喝茶聊天一直到天黑。

众：（开心，齐声）谢谢甘伯伯，真是开心的一天！我们要回家了，甘伯伯，再见！（挥手）

甘伯伯：（热情）再见啦，下次再来游河吧。

〔剧终〕

故事来源：《和甘伯伯去游河》（文、图：〔英〕约翰·伯宁罕；译：林良），河北教育出版社 2011 年版。

长尾巴兔子

叶琪琳

第　一　幕

场景：小白兔的家（屋外有一棵树）

角色：兔妈妈、小白兔、三只猴子

道具：篮子、萝卜、猴子的长尾巴、兔子的短尾巴

〔幕启。三只猴子在树下玩。兔妈妈提着篮子带着小白兔上场，走到舞台中间停下来。〕

兔妈妈：（亲切）兔乖乖，妈妈要送些萝卜到外婆家去。你找小朋友玩吧。要记住，遇到坏家伙撒腿就跑，他是抓不住你的。

小白兔：（调皮）哦，我知道了。

〔兔妈妈下场。小白兔蹦蹦跳跳地出门了，走到树下。〕

小白兔：（看到三只猴子，好奇）咦，你们是谁呀？

猴子 1：（神气）你这短尾巴兔子，（竖起大拇指仰起头）连我们大名鼎鼎的猴子都不认识。

小白兔：（好奇）那你们的尾巴是长的吗？

猴子 2：（骄傲）那还用说，你看。（屁股朝着小白兔，甩出长尾巴）

小白兔：（瞅了瞅自己的尾巴，疑惑不解）那我的尾巴怎么这么短呢？

猴子 3：（嘲笑）兔子的尾巴长不了，看你笨手笨脚的，连树都不会爬。

小白兔：（眼睛转了转，做思考状）那我跑得比你们快。

猴子1：（指着兔子）那你爬树行吗？来，咱们比比看。

小白兔：（叉腰对着猴子）你们就是不敢和我比赛跑。

猴子2、3：（围着小白兔上下打量，嘲笑）小兔子，别逞强。前脚短，后脚长，尾巴小得一点点，（食指在面前摆来摆去）难看难看真难看！

小白兔：（生气）那你们的耳朵可比我短。我的耳朵长，竖得高，听得远。哼！（重重地跺脚，下场）

〔三只猴子下场。〕

第　二　幕

场景：小白兔的家，去小白兔家的路旁有一片草丛

角色：小白兔、狐狸

道具：桌子、椅子、长气球尾巴、镜子、兔子的短尾巴

〔幕启。小白兔垂头丧气、慢慢地走在小道上，狐狸偷偷地跟在后面。〕

小白兔：（低着头、愁着脸，自言自语）我们兔子为什么和别的动物长得不一样呢？都怪妈妈，把我生成这样！如果我长个长尾巴，该多好呀！这么长的耳朵，这么短的尾巴，这么长的脚，妈妈还说这是兔子的优点，真是瞎说。（一脸的不高兴）

狐狸：（得意地偷笑，伸出舌头吞口水）白白嫩嫩的兔子，兔子肉一定很好吃，正好给我当点心。（蹑手蹑脚地跟着小白兔）

〔小白兔回头一瞅发现了狐狸，快速跑掉，回到家里。〕

狐狸：（生气地龇牙咧嘴，叉腰）可恶的兔子，让他跑掉了。（下场）

小白兔：（闷闷不乐坐在椅子上，双手靠着桌子托着脑袋）对了，我可以吹出一个长气球，再把它塞到裤子里当成尾巴，这样尾巴不就长了。

小白兔：（边塞“假尾巴”，满意地照着镜子）这样的尾巴，可比猴子、松鼠他们的尾巴好看多了。我得让他们瞧瞧我的长尾巴！哦，我找小动物们去。（蹦跳着出门，下场）

第　三　幕

场景：森林（一片草丛、一棵大树）

角色：小白兔、狐狸、松鼠、三只猴子

道具：长气球尾巴

〔幕启。小白兔上场，在舞台中间边走边唱歌；三只猴子和松鼠上场，走到大树下，手拉手玩游戏。〕

小白兔：（开心、蹦蹦跳跳地唱着歌）我是一只快乐的小白兔，长尾巴长得没人比。

〔小白兔停在舞台中间，神气地唱歌跳舞。〕

猴子、松鼠：（惊讶）快看，小白兔的尾巴！

狐狸：（从草丛后面露出脑袋，小声自言自语）哈哈，这次你可跑不了。这可是你自己送上门来的，别怪我不客气！正好给我当点心。（蹑手蹑脚地跟在小白兔后面）

小白兔：（开心地跳蹦）我是长尾巴的小白兔，啦啦啦——

松鼠：（着急挥手）哎，小白兔，狐狸来了！快跑！

〔小白兔吓得撒腿就跑，长尾巴跟着摇来摇去，狐狸穷追不舍。〕

猴子：（着急大喊）快丢掉你的长尾巴，躲到树林里去。

〔小白兔赶紧扯下长尾巴，躲到树后面，狐狸碰到长尾巴重重摔了一跤，下场。〕

第四幕

场景：森林（一片草丛、一棵大树）

角色：小白兔、松鼠、小猴子、兔妈妈

道具：篮子、萝卜

〔幕启。三只猴子、松鼠四处寻找小白兔。〕

猴子、松鼠：（边喊边寻找）小白兔、小白兔……

小白兔：（害怕，声音有点发抖）我在这儿呢。（缩成一团，躲在草丛后面）

猴子、松鼠：（欢呼）找到了！找到了！（把小白兔拉出来，走到舞台中间）

猴子、松鼠：（关心）今天真的是太危险啦！吓着了吧，受伤了吗？这个尾巴还要吗？

小白兔：（低着头，小声）不要了，还是原来的好。

猴子：（忙点头）对啊，腿长跑得快。（做原地小跑的动作）

松鼠：（高兴）短尾巴，谁也抓不住！（双手放胸前交叉）

小白兔：（不好意思地低着头）我不该羡慕别人的长尾巴。

〔兔妈妈提着满满一篮的萝卜上场。〕

小白兔：（高兴地跑到兔妈妈面前，抱住兔妈妈）妈妈——妈妈！我再也不想要长尾巴了，还是短尾巴好！

兔妈妈：（亲切、温和）哎，我的兔乖乖！（摸摸小兔的头）

〔剧终〕

故事来源：动画片《长大尾巴的兔子》，上海美术电影制片厂摄制，1987年发行。

月亮的味道

柯雅俐

第　一　幕

场景：森林（草地、山坡、圆月背景）

角色：乌龟、兔子、老鼠、长颈鹿、袋鼠、狐狸、大象、月亮

道具：七级台阶、树墩

旁白：美丽的大森林是动物们的家。夏天的夜晚，忙碌了一天的动物们喜欢到空旷的草坪上聚会。这是他们每天最快乐的时光。

长颈鹿：（伸手招呼）伙伴们，舞会开始啦，让我们一起跳个舞吧！

动物们：（找舞伴整队形，齐声）来啦来啦。

〔音乐《动物体操》响起，全场舞蹈。舞蹈结束后，动物们趴下休息。背景音乐催眠曲响起。〕

旁白：这草地柔软得像一张大床，动物们已经进入甜美的梦乡，（呼噜声音效响起）只有小乌龟趴在草地上，伸长脖子，仰望天空，神情专注。

乌龟：（伸长脖子仰望天空，陶醉）哇，今天的月色真美啊，不知道月亮会是什么味道呢？真想尝一口啊！

旁白：小乌龟非常想尝尝月亮的味道，决定爬上山坡去试一试。

月亮：（站在台阶最高处，感兴趣）人家都休息了，这个小不点居然想尝尝月亮！呵呵！

乌龟：（慢慢往前卖力爬，边爬边擦汗）我“啪嗒啪嗒”地爬，我“啪嗒啪嗒”地爬，我“啪嗒啪嗒”地要去尝月亮。

〔乌龟上山坡，滚下来，“咣当”的音效响起。动物们翻身。〕

旁白：乌龟动静太大，吵到了梦乡里的动物们。

动物们：（揉揉眼睛，齐声）小乌龟，你怎么了？

乌龟：（低下头，内疚）对不起，对不起，我吵醒你们了！

动物们：没关系，小乌龟，你在做什么呀，怎么摔跤了？

乌龟：（伸长脖子仰望天空，非常向往）月亮那么美，我想尝尝月亮的味道，哪怕就一小口！

兔子：（好奇）月亮？月亮会是什么味道呢？

老鼠：（望着月亮）月亮真像妈妈烙的白面饼，吃起来一定又软又香。

长颈鹿：（渴望）月亮？它一定比树叶的味道更好，咬上一口，甜蜜蜜的，一下就化了。

兔子：（欢快）它要是颗薄荷味的糖那该多好呀，又清凉又爽口，那是我的最爱！

袋鼠：（双手握拳放在胸前，舔了舔嘴唇）我觉得月亮就像蛋糕上面的奶油那么美味。可是妈妈说了，吃多了奶油容易长蛀牙。（由期盼转为失落）

〔袋鼠失落地下场。〕

狐狸：（双手叉腰，摇头晃脑）一定就像奶油的味道，嗯，太好吃了！

大象：（托着下巴想了想）我希望它的味道像香蕉那么好！

乌龟：（抬头望着月亮，期待）月亮的味道一定比这些东西的味道还要好，要是我们能够尝尝该多好呀！

老鼠：（看着天上的月亮）可是，月亮在那么远的地方，我们哪里够得着呢？

大象：（甩动着鼻子，激动）我的鼻子长，让我来试试。

〔大象努力向月亮的方向伸长鼻子，其他动物也一起望向月亮的方向。〕

大象：（叹了口气，懊恼地坐在地上）小乌龟呀，这可是太难了！

〔大象摇摇头下场。〕

月亮：（捂嘴偷笑）我在高高的天上，他们哪能够得着呀！

长颈鹿：（兴奋，伸长脖子）要不让我来试试，我的脖子长，说不定能成功。（失望）唉！不行，脖子都快断了，还差得远呢！

动物们：（齐声，失望）还差得远呢！唉，看来这月亮的味道是尝不到了！

〔动物们垂头丧气地下场。〕

乌龟：（看着月亮，握紧拳头，大声喊）我一定会想到办法的！

第　二　幕

场景：森林（草地、山坡、树丛、圆月背景）

角色：乌龟、小老鼠、袋鼠、狐狸、兔子、大象、长颈鹿、月亮

道具：七级台阶、足球

旁白：第二天傍晚，动物们又来到草地上聚会。看，大象、长颈鹿在踢球，袋鼠、狐狸在跳拉手舞蹈，兔子、老鼠坐在草地上玩拍手游戏。他们开心极了！

乌龟：（边唱歌边上场，激动）啦啦啦，月亮的味道顶呱呱。啦啦啦，今天就能尝到它。（打招呼）朋友们，朋友们，我有好主意了。（招呼动物们围过来）

动物们：（围着乌龟，兴奋）快说说，什么好主意？

乌龟：（指着不远处的山坡，自信）月亮就在山顶上，我碰不到月亮，大象碰不到月亮，长颈鹿碰不到月亮，那让大象站到我背上来，说不定我们能够得到呢！

动物们：（齐声）小乌龟，你一定行，加油，加油！

旁白：动物们来到山坡上，想到马上就可以尝到月亮的味道，他们可真是高兴啊！

〔动物们跟着乌龟来到山坡上。小老鼠钻到树丛里，下场。〕

乌龟：（朝着月亮手一抓，满怀信心）看啊，月亮离我们近多了，我去试试，肯定伸手就可以摸到它。

〔月亮站在第二层台阶上；乌龟站在地上，朝着月亮的方向使劲伸长脖子，两腿向后蹬。〕

乌龟：（吃力）还差一点，大象，你快到我身上来，说不定我们就够得着了。

〔大象站在第一层台阶上，朝月亮的方向使劲伸长鼻子。〕

旁白：（轻快）月亮可有些调皮哦！它想逗逗这些想来抓住它的小家伙们！

月亮：（微笑）这是在和我玩游戏吧！真好玩！

〔月亮轻轻往上一跳。〕

大象：（喘气）长颈鹿，你站到我背上来，说不定我们一下就够到了！

〔长颈鹿站到第二层台阶上，朝月亮的方向使劲伸长脖子。〕

月亮：（俏皮）我跳，我向上跳，看你们还够得着吗！

〔月亮轻轻往上一跳。〕

长颈鹿：（着急）袋鼠，你跳到我背上，这样就会更近了！

〔袋鼠站到第三层台阶上，朝月亮的方向使劲伸长手臂。〕

月亮：（得意）我跳，我再向上跳，看你们还够得着吗！

〔月亮又轻巧地往高处移动了一点。〕

袋鼠：（着急）狐狸，快到我的背上来，这样就会更近了！

狐狸：（面对观众，信心满满）来了来了，终于轮到我大显身手了，大家为我加油吧！（手指月亮）月亮，我一定能摸到你！

月亮：（不屑）小样儿，就凭你，不可能！

〔狐狸站到第四层台阶上，朝月亮的方向使劲伸长手臂。月亮又轻轻地往上一跳。〕

狐狸：（急切）兔子，你到我背上，肯定能成功！

〔兔子站到第五层台阶上，朝月亮的方向使劲伸长耳朵。〕

月亮：（不屑）我跳，我再向上跳，看你们还够得着吗！

〔月亮又轻轻地跳高了一点。〕

兔子：（高兴）我快闻到月亮的味道了！小老鼠，你到我背上来，这回我们肯定可以够到了！（转头看看四周，大声喊）小老鼠，小老鼠，听到了吗？你到我背上来，这回我们肯定可以够得着！

动物们：（齐声）小老鼠，小老鼠，快来啊，快点来啊！

旁白：咦，小老鼠到哪儿去了，他怎么没听见呢？

第 三 幕

场景：森林（山坡、圆月背景）

角色：乌龟、小老鼠、袋鼠、狐狸、兔子、大象、长颈鹿、月亮

道具：七级台阶、细树枝、圆形泡沫板

旁白：在动物们等得很着急的时候，小老鼠跑来了。

〔小老鼠拿着一根细树枝，急急忙忙地跑上场。〕

小老鼠：来了，来了，让你们久等了。我找到了一根细树枝来帮忙。

动物们：（齐声）小老鼠，小老鼠，快点爬上来！快点！

小老鼠：（把树枝往背后一插，兴奋，大声）好嘞，看我的。

〔小老鼠先爬到乌龟的身上，然后爬到大象的身上、长颈鹿的身上、袋鼠的身上、狐狸的身上、兔子的身上，站到第六层台阶，静静地看着月亮。〕

月亮：（不以为然）这么个小不点儿，肯定够不着我的。

〔小老鼠和月亮对视，小老鼠伸手一抓，还差一点，够不着。〕

小老鼠：（焦急）还差一点，我够不着。

动物们：（齐声）小老鼠，你站直身子，用上你的树枝试试！

月亮：（开心）你肯定够不着我的，哈哈哈！

小老鼠：（迅速扬起树枝）我摸到你了。

〔小老鼠很快地一手扬起树枝将月亮身上的泡沫板拨了过来，一手抓住，张开大口，"咔嚓"一声咬下一片。〕

小老鼠：（捧着"月亮"，欣喜若狂）我们成功啦，我咬到月亮了，我们可以尝尝月亮的味道啦！

〔动物们依次从山坡上下来，围着小老鼠，高兴地拍手叫好。音乐《Best Years of Our Lives》响起。〕

旁白：老鼠将月亮一口口分给每个朋友，每只动物都小心而珍惜地品尝。

小老鼠：（满足）这比妈妈烙的白面饼还香还软！

长颈鹿：（开心）树叶都没有月亮好吃！

兔子：（兴奋）真是又清凉又爽口，要是每天都能尝尝该多好呀！

袋鼠：（满足）嗯，比蛋糕上的奶油还要诱人。

狐狸：（高兴）甜蜜蜜的，但是吃了应该不会蛀牙！嘿嘿！

大象：（激动）它的味道比香蕉更好，好得不得了。

乌龟：（激动）我在月亮里品尝出了你们说的各种好味道，真是太棒了，真是个开心的晚上。

动物们：（齐声）我们一起努力，愿望就能实现。

旁白：大家经过努力，终于尝到了月亮，森林里一片沸腾，动物们手拉手跳起了快乐的舞蹈。

〔音乐《集体狂想曲》响起，动物们手拉手跳起快乐的舞蹈。〕

〔剧终〕

故事来源：《月亮的味道》（著：〔波兰〕麦克·格雷涅茨；译：漪然、彭懿），二十一世纪出版社 2017 年版。

我永远永远爱你

谢莹莹

第　一　幕

场景：红果子树林、慈母龙的家

角色：慈母龙、良太

道具：霸王龙蛋

〔幕启。慈母龙上场。〕

慈母龙：（开心）天气真好！（边说边走）暴风雨终于停了。咦，（手指着蛋）这是谁的蛋呀？谁家的蛋宝宝丢啦？如果让霸王龙看到，肯定会被吃掉的。不行不行，我得把他带回家。

〔慈母龙抱着蛋，走向家。〕

慈母龙：（抱住并抚摸）我的蛋宝宝呀，你一定要早早地、健康地出生呀！

〔良太从蛋后探出脑袋。〕

良太：（好奇）巴甲巴甲巴甲巴。（爬出来，然后睡着了）

慈母龙：（惊讶地看着良太）天哪，我捡到的是霸王龙宝宝！如果这个孩子长大以后知道自己是霸王龙的宝宝，那该怎么办呀？（抱起良太走向舞台中间森林深处）再见了，我的孩子。（放下良太，转身离开）

良太：（睁眼，四处张望，害怕大哭）哇！哇！哇！

慈母龙：（转身，心疼）对不起，对不起，妈妈再也不离开你了。

良太：（抱着慈母龙，舒服）妈妈。

第二幕

场景：红果子树林

角色：良太、慈母龙、霸王龙

道具：手提篮

〔幕启。良太手提篮子上场。〕

良太：（开心，跑跳步）今天我要多摘一些红果子给妈妈吃，让妈妈高兴高兴。（边说边将红果子从树上摘下来放在手提篮里）

〔霸王龙上场。〕

霸王龙：嗷——

〔良太受到了惊吓，手提篮掉了，红果子撒了一地。〕

霸王龙：（凑近看着良太，嗅嗅他的身体）咦，你怎么和我一样是霸王龙啊，刚刚明明闻到好吃的慈母龙的味道。

良太：（自言自语）锋利的爪子，尖尖的牙齿，疙疙瘩瘩的皮肤，他会不会是可怕的霸王龙呢？（害怕地蜷缩成一团）

良太：（小心翼翼）叔叔，你是谁呀？

霸王龙：（大笑）哈哈哈，我是谁？你看看你自己，你和我长得一模一样，我们都是霸王龙。

良太：（震惊）怎么会？

霸王龙：（做回忆状，伤感）很久以前，一场暴风雨后，我在这里丢了我的蛋宝宝，你不会就是我丢失的孩子吧？

良太：（跺脚，生气）胡说，你胡说，（指着自己的胸膛）我是慈母龙，才不是什么霸王龙，绝对不是！

〔慈母龙上场。〕

良太：（扑向慈母龙，委屈）妈妈，我是霸王龙吗？

慈母龙：（抱着良太，温柔）怎么会呢？你是我的宝贝良太呀。

〔霸王龙一脸凶相地冲向慈母龙，良太挡在慈母龙前面。〕

良太：（着急地大声喊）妈妈，我来保护你！（吼叫着朝霸王龙冲去）啊——（一下咬住霸王龙的手臂）

霸王龙：（喘着粗气，气愤）为什么？我们都是霸王龙呀！

良太：（哭）我是良太，慈母龙良太！

霸王龙：孩子，你再仔细看看，你和我一样，我们都是霸王龙。

〔良太瞥了一眼霸王龙，不由得松开了嘴。霸王龙失落地下场。〕

第　三　幕

场景：红果子树林

角色：良太、慈母龙

道具：手提篮

旁白：从此，良太好像知道了什么，他离开了妈妈。

〔良太在森林里摘红果子，走到大树后面。慈母龙从舞台一侧上场。〕

慈母龙：（伤心，捂着胸口）我再也见不到你了吧，良太，但是无论你在哪里，我都永远永远爱你。

良太：（小心翼翼）妈妈……

慈母龙：（惊讶，回过头寻找，张望）孩子？良太，是你吗？是你吗？

〔良太从树后走出，看着妈妈，沉默着。〕

慈母龙：（含泪）你已经找到自己的爸爸了，我的孩子，去吧。

〔良太慢慢走近，抱住慈母龙。〕

良太：（含泪，用力拥抱慈母龙）妈妈，无论你在哪里，我都永远永远爱你，爱你。

〔剧终〕

故事来源：《永远永远爱你》（文、图：〔日〕宫西达也；译：蒲蒲兰），二十一世纪出版社 2008 年版。

我是彩虹鱼

周丽丽

第　一　幕

场景：大海

角色：彩虹鱼、小蓝鱼、小黄鱼、小红鱼

道具：各角色服饰

〔幕启。钢琴曲《清晨》响起。〕

旁白：在遥远的蓝色大海深处，住着一条鱼。这可不是一条普通的鱼，就是找遍整个大海，也再找不到这么美丽的鱼了。他那五颜六色的鳞片，就像彩虹一样，闪闪发光。别的鱼羡慕地叫他彩虹鱼。

〔音乐停，彩虹鱼骄傲地游上场，一边游一边打量着自己闪闪发光的鳞片。〕

彩虹鱼：（骄傲）我就是彩虹鱼，是大海里最最漂亮的鱼。（神气地仰起头）瞧瞧我身上五颜六色、闪闪发光的鳞片，就知道我有多美丽了！

〔音乐《鱼儿鱼儿水中游》响起。众鱼儿上场，快乐地游来游去，时而从彩虹鱼身边穿过。〕

小蓝鱼：（热情）你好，彩虹鱼！快来和我们一起玩吧！

小黄鱼、小红鱼：（齐声招呼）来呀，彩虹鱼，来和我们一块玩吧！

〔彩虹鱼看都不看他们一眼，就“嗖”的游了过去，还骄傲地闪了闪鳞片。〕

众鱼：（羡慕）彩虹鱼的鳞片真的太美了！

小蓝鱼：（幻想）要是我能有一片闪闪发光的蓝色鳞片，那该多好啊！

〔众鱼跟在彩虹鱼后面游着。〕

小蓝鱼：（追上彩虹鱼，诚恳）彩虹鱼，等等我！求求你了，把你的闪光鳞片送给我一片好吗？就一片！实在是太漂亮了！再说，你有那么多。

小黄鱼、小红鱼：（充满期待）彩虹鱼，我们也想要一片闪光的鳞片，可以送给我们吗？实在是太美丽了！再说，你还有那么多。

彩虹鱼：（傲慢、生气）你们说什么？把我这与众不同的闪光鳞片送你们一片，别开玩笑了！（大叫）快给我闪一边去！闪开！

小蓝鱼：（害怕，小声）我们只是想要一片鳞片而已，为什么这么生气？

小黄鱼：（失望）是啊！

小红鱼：（伤心）要不我们把这件事告诉朋友们吧，让大家不要去招惹彩虹鱼。

旁白：从那以后，再也没有一条鱼搭理彩虹鱼了。彩虹鱼即使有一身让人眼花缭乱的闪光鳞片，也没有人赞美，变成大海里最孤独的一条鱼了。

〔众鱼在大海里快乐地游着。彩虹鱼落寞地看着大家。众鱼下场。〕

第　二　幕

场景：大海（一个洞穴）

角色：彩虹鱼、海星、章鱼奶奶

道具：各角色服饰

〔幕启。忧伤的音乐响起，彩虹鱼愁容满面、无精打采地游着。海星慢慢地上场。〕

彩虹鱼：（伤心）我这么漂亮，为什么谁也不喜欢我呢？

海星：（温和地摇摇头）这我怎么知道？（友善）不过，你要是越过珊瑚礁，游进一个深深的洞穴里，就能见到无所不知的章鱼奶奶了，她也许能帮助你。

彩虹鱼：（高兴）谢谢你！海星先生。（向海星鞠了一个躬后，继续向前游去）

〔彩虹鱼游到洞穴前转了一圈，往里探头。〕

彩虹鱼：（疑惑）章鱼奶奶真的住在这里吗？里面怎么黑乎乎的，什么也看不见呀？（音效“叮咚”响起，彩虹鱼拍拍胸口，害怕）好像有两只眼睛在盯着我。（从洞口向后退）

〔章鱼奶奶从洞穴游了出来。〕

章鱼奶奶：（低沉）我正在等你呢，彩虹鱼。海浪把你的事情告诉我了。我建议你把你的闪光鳞片分给每条鱼一片，这样一来，你虽然不是一条最美丽的鱼了，但你能体会到什么才是幸福、如何获得幸福。

彩虹鱼：（着急）可是……

〔章鱼奶奶下场。彩虹鱼停住话语，揉了揉眼睛，左看看右看看。〕

彩虹鱼：（自言自语）把我的鳞片分给他们？把这一身闪光鳞片分给他们？开什么玩笑！没有了闪光鳞片，还怎么能获得幸福呢？（一脸疑惑和不解，下场）

第 三 幕

场景：大海

角色：彩虹鱼、小蓝鱼、小黄鱼、小红鱼、小绿鱼、小紫鱼等

道具：各角色服饰

〔幕启。彩虹鱼若有所思地游来游去。小蓝鱼从彩虹鱼身边游过，轻轻碰了一下彩虹鱼。〕

小蓝鱼：（礼貌）对不起，彩虹鱼，我不小心碰到你了。

〔彩虹鱼看了小蓝鱼一眼，想说点什么又不好意思开口。〕

小蓝鱼：（弱弱地请求）彩虹鱼，你好！我还是想求你送给我一片蓝色的闪光鳞片，最最小的一片就行了，可以吗？

彩虹鱼：（犹豫，自言自语）不就是一片最最小、最最小的闪光鳞片吗？好吧，反正只送一片，也没有什么舍不得的。

彩虹鱼：（爽快）好吧！不就是一片最最小、最最小的闪光鳞片吗？我送给你吧！（小心翼翼地把一片蓝色鳞片送给了小蓝鱼。）

小蓝鱼：（高兴地蹦了起来）太好了！谢谢你，彩虹鱼，我终于实现了愿望！（把闪光鳞片贴到了自己那蓝色的鳞片当中，兴奋地游来游去）

〔彩虹鱼久久地凝望着小蓝鱼闪动着的新的鳞片，脸上露出开心的笑容。〕

彩虹鱼：（满足）原来章鱼奶奶说的是真的，帮助别人能使自己感到快乐！（开心地转圈）

〔小黄鱼、小红鱼、小绿鱼、小紫鱼上场，羡慕地围着小蓝鱼看。〕

小黄鱼、小红鱼：（齐声）我们也好想有片闪光的鳞片啊！

众鱼：我们也去找彩虹鱼要一片闪光的鳞片吧。

小黄鱼：（诚恳）彩虹鱼，你好！我想求你送给我一片黄色的闪光鳞片，

只要一片就行了，可以吗？

彩虹鱼：（爽快）好吧！不就是一片闪光鳞片吗？我送给你吧！（说完拔下一片黄色的鳞片，送给了小黄鱼。）

小黄鱼：（高兴）谢谢你，彩虹鱼！（把闪光鳞片贴到了自己那黄色的鳞片当中）

彩虹鱼：（热情）还有谁也想要闪光鳞片呢？我可以送给你们哦！

〔众鱼围着彩虹鱼，彩虹鱼一一把闪光鳞片送给了小红鱼、小绿鱼、小紫鱼……直到剩下最后一片闪光鳞片。〕

众鱼：（开心，齐声）谢谢彩虹鱼，你的闪光鳞片让我们变得更加美丽！

彩虹鱼：（高兴）看到你们这么美丽和开心，我也非常快乐！

众鱼：（开心地齐声招呼）来呀，彩虹鱼，快来和我们一起玩吧！

彩虹鱼：（高兴）来啦——（欢快地朝众鱼游去）

〔音乐《你笑起来真好看》响起，众鱼围着彩虹鱼，开心地跳起舞蹈。〕

旁白：彩虹鱼把自己最宝贵的东西分给了大家，可他觉得非常幸福。

故事来源：《我是彩虹鱼》（著：〔瑞士〕马克斯·菲斯特；译：彭懿），接力出版社 2013 年版。

不莱梅的音乐家

张珊珊

第　一　幕

场景：森林（大门、石头、篱笆）

角色：老驴、猎狗、黑猫、公鸡

〔幕启。老驴上场，站在森林大门前面。猎狗躺在大门的后面。〕

老驴：（哀伤）我，是可怜的老驴，为主人辛辛苦苦地干活，搬运一袋又一袋的面粉。现在我老了，没力气了。（向前大跨一步）昨天，我听到主人在对邻居说，要把我处理掉。我又伤心又难过，急忙逃出来。可是，我现在老了，还有谁会要我呢？

老驴：（充满希望）听说，不莱梅镇是一个音乐天堂，我准备逃去那里，说不定，我能够成为一名音乐家呢！

〔老驴发出响亮的叫声，从森林大门进入，往猎狗的方向走去。猎狗躺在地上，一边喘气一边哭泣。〕

老驴：（蹲下来，关心）猎狗弟弟，你为什么躺在这里哭呢？

猎狗：（抹眼泪）唉，说起来就伤心。我的主人嫌弃我老了、没力气打猎，不想养我，想把我打死，我只好逃出来了。

老驴：（伸手帮猎狗擦眼泪）猎狗弟弟，你不要伤心了，我也是逃出来的。现在我想去不莱梅镇当个音乐家，你要和我一起去吗？我弹琴，你打鼓。

猎狗：（开心地拍手）好啊，好啊！我要和你一起去不莱梅镇当个音乐家，我打鼓，你弹琴。谢谢你，驴哥哥。

老驴：（摆手）不用客气，猎狗弟弟，我们一路相互做伴。

〔老驴走在前面，猎狗跟在后面，往黑猫的方向走去。黑猫趴在石头上，满面愁容。〕

老驴：（蹲下来，关心）黑猫姐姐，你为什么躺在这里叹气呢？

黑猫：（打了个哈欠，伤心）唉，我年纪大了，牙齿也不行了，只想睡觉，不想去捉老鼠。我的女主人不想要我，所以我就逃出来啦，可我不知道该往哪儿去！

老驴：（抚摸黑猫的头）你跟我们一样，都是被主人抛弃的可怜虫。

猎狗：（关心）干脆你跟我们一道去不莱梅吧，老驴弹琴，我打鼓，你跳舞。

黑猫：（开心）好啊，好啊，我要和你们一起去不莱梅当音乐家！

〔老驴、猎狗、黑猫继续走，来到篱笆外。公鸡在篱笆里面大声地啼叫。〕

老驴：（惊吓）公鸡弟弟，你为什么叫得这么吓人？

公鸡：（生气）明天主人家要来客人，主人要把我炖汤招待客人，太可恶了！于是我就逃出来啦。

老驴：（安慰）公鸡弟弟，我们也都是逃出来的，不如你跟我们一起走吧！

黑猫：（鼓掌）对呀对呀，公鸡你声音这么好，你跟我们一道去不莱梅当音乐家吧，老驴弹琴，猎狗打鼓，我跳舞，你唱歌。

公鸡：（兴奋）好呀，好呀！这样我们就有伴啦。

老驴、猎狗、黑猫、公鸡：（高声齐说）让我们一起前往梦中的不莱梅，让我们成为优秀的音乐家。不莱梅，不莱梅，我们心中的音乐天堂！（下场）

第　二　幕

场景：强盗的家（干草堆、壁炉、桌子、床）

角色：老驴、猎狗、黑猫、公鸡、四个强盗

道具：食物、碗筷、三级台阶

〔老驴、公鸡、猎狗、黑猫上场。〕

公鸡、猎狗、黑猫：（摸着肚子，叹气）走了一天的路，没吃东西，肚子好饿。驴哥哥，我们没被主人打死，却要饿死了。

老驴：（张望）大家不要着急，前面有一座亮堂堂的大房子，我们去看看吧，说不定能讨口饭吃。

〔四个强盗坐在桌子前方大吃大喝。老驴趴在窗户上做探望状。〕

公鸡：（轻声）老驴，你看到了什么？

老驴：（一边看一边转头）里面好多好吃的东西。一、二、三、四，有四个人围在一起大吃大喝。

猎狗：（咽口水）要是我们能吃上一点点，该多好啊！

黑猫：（做嘘声状）你们小声一点，我听听他们在说什么。

〔老驴、猎狗、公鸡一动不动。〕

黑猫：（惊吓）原来他们是强盗呀！我听到他们说，要趁着天黑大家都在睡觉，去抢劫不莱梅镇上的居民。

猎狗：（气愤）太可恶了，这些大坏蛋！

公鸡：（小声地哭泣）呜呜……我们真是可怜虫，被主人抛弃，又遇到坏强盗。这下，说不定要被强盗抓走了。

老驴：（低声）公鸡弟弟，你不要难过，干脆我们想个办法把他们赶走吧，免得他们去做坏事。

公鸡：（神情难过）可是我们四个兄弟姐妹又老又弱，怎么打得过四个强壮的强盗呢？

老驴：（招手）我想到一个好办法，你们都过来。

〔四个小伙伴头碰头、弯腰聚在一起，做商量状。老驴把前蹄放在窗台上，猎狗跳到老驴背上（站在第一层台阶），黑猫爬到猎狗背上（站在第二层台阶），公鸡跳到黑猫的头上（站在第三层台阶），开始一起奏乐。〕

老驴：（连声大吼）嗯昂、嗯昂、嗯昂……

猎狗：（大声）汪、汪、汪！汪、汪、汪！

公鸡：（抬头仰天）喔喔喔——喔喔喔——

黑猫：（拱起腰，瞪大眼睛）喵呜——喵呜——喵呜——

〔四个强盗做惊吓状，从椅子上摔下来，一脸惊慌跑下场。〕

老驴、猎狗、黑猫、公鸡：（欢呼雀跃）我们是了不起的音乐家，强盗被我们吓跑喽！

〔老驴、猎狗、黑猫、公鸡高高兴兴地大吃大喝，吃饱喝足了，他们就躺下睡着了。〕

第　三　幕

场景：小镇的大门

角色：老驴、猎狗、黑猫、公鸡、小镇居民若干

道具：乐器小鼓、玩具钢琴、话筒

旁白：第二天一大早，老驴、猎狗、黑猫和公鸡便出发前往不莱梅小镇。

老驴：（兴奋）伙伴们，你们看，前面就是不莱梅镇。

猎狗、黑猫：（拍手欢呼）太好了，不莱梅镇可真美呀！

公鸡：（兴高采烈）我可喜欢这个地方了，遇到你们真幸运！

老驴：（召唤大家）伙伴们，展示你们本领的时候到了，拿起乐器，我们一起表演吧！

〔音乐《幸福拍手歌》起，老驴弹琴，黑猫跳舞，猎狗打鼓，公鸡唱歌。围观的人越来越多，大家鼓掌欢呼，四个小伙伴成为了真正的音乐家。〕

〔剧终〕

故事来源：《不莱梅的音乐家》（文：〔德〕格林兄弟；图：〔英〕贝妮黛·华兹；译：陈继华），湖北少年儿童出版社 2009 年版。

白羊村的美容院

何秀凤

第　一　幕

场景：草原

角色：美容师、众白羊

道具：小皮箱

〔幕启。音乐《别看我只是一只羊》响起，众白羊上场。〕

旁白：在一片绿油油的草原上生活着一群白羊。白天，他们常常在草场上晒晒太阳、吃吃青草，聊聊羊村发生的新鲜事，生活过得有滋有味。可是，这种宁静很快就被打破了，这得从来了一位美容师讲起。

〔音乐《看我七十二变》响起，美容师提着小皮箱上场。〕

美容师：（自信）我，就是刚刚从国外留学回来的顶级美容师，我将在这里开一家最时尚、最高端的美容院。

众白羊：（疑惑地相互看看）咦，美容院，那是什么地方呀？

美容师：（围着白羊们打量，摇摇头，不屑）啧啧啧！这个发型太难看了。啧啧啧！这身白色的毛太土了。这美容院嘛，就是能把你们变漂亮的地方。我要把你们变成最时尚的羊，把你们的白羊村变成最最时尚的潮流村。

白羊 1：（挠头，不理解）时尚？

白羊 2：（摸摸下巴，质疑）潮流？

白羊 3：（双手放下巴，期待）变漂亮？

美容师：（嫌弃）瞧瞧，你们身上白色的羊毛太普通了，走在草场上和大家都一样，没有什么特别的。只有一身经过精心设计的花色羊毛，才是最时尚的。

白羊 1：（点头）说的好像有点道理。

美容师：（仰起头，神气）好了，我得去筹备我的美容院了，到时候欢迎大家的光临！

众白羊：（好奇）走，走，瞧瞧去！

〔美容师、众白羊下场。〕

第二幕

场景：美容院

角色：美容师、众白羊

道具：屏风、大剪刀、墨镜、假发套若干

〔众白羊上场。〕

众白羊：（新奇）这就是美容院呀？

众白羊：（相互推搡）你去试试，你去试试！

白羊1：（向前走一步）别吵了，我先去试试。

〔白羊1走进美容院。〕

美容师：（热情）欢迎光临！

白羊1：（犹豫）我……我想试试你说的那个最时尚、最潮流的发型。

美容师：（微笑着）好，里面请，包您满意！

〔白羊1和美容师走到屏风后，然后白羊1戴上黄色假发走到台前。〕

白羊1：（得意）怎么样，你们觉得我美吗？（双手托一下两边的头发）

〔众白羊围着白羊1仔细打量，有的白羊惊喜，有的白羊好奇，有的白羊目瞪口呆。〕

白羊2：（皱眉）我怎么觉得有点怪，跟我们纯白色的毛相差太大了。

白羊3：（边说边点头）我觉得挺好看的，金黄色的毛发金光闪闪。

众白羊：（拍手）嗯，嗯，挺好看的，金黄色的毛发金光闪闪。

白羊3：（转向白羊2）要不我们也去试试？走喽——

〔众白羊朝美容院走去。〕

美容师：（满脸笑容，无比热情）欢迎光临，欢迎光临！里面请，里面请。

〔众白羊走到屏风后，换上各种颜色的假发，戴上墨镜，美容师拿着大剪刀。音乐《塞维利亚的理发师》响起，众白羊和美容师一起走到台前跳舞。音乐停，美容师和众白羊摆出各种夸张造型。〕

白羊1：我是前卷后直的时尚发型！

白羊 2：我是后秃前长的庞克花式！

白羊 3：我更潮，彩色卷毛、大爆炸头！耶！

〔众白羊和美容师下场。〕

第　三　幕

场景：美容院

角色：美容师、蓝色羊群、绿色羊群、彩色羊群、戴眼镜的羊

道具：色卡、眼镜

旁白：白羊村的白羊们看见染色的羊越来越多，大家开始相信自己身上的白毛真的很难看。美容师不断地给大家最新的流行信息，现在白羊村的白羊们觉得自己可时尚了。

〔美容师上场。〕

美容师：（激情澎湃，拿着大张色卡）接下来，我给大家普及最新的流行信息。蓝色代表大海和天空，它是世界上最温柔的颜色，当然，现在这种颜色，我们也能拥有。（手一指）

〔音乐《Five Hours》响起，蓝色羊群上场表演。音乐渐弱，蓝色羊群下场。〕

美容师：（指着绿色）绿色，是大自然的颜色，时时刻刻包围着我们。

〔音乐《Five Hours》响起，绿色羊群上场表演。音乐渐弱，绿色羊群下场。〕

美容师：（指着彩色）花色，春天般的感觉。如果爱有颜色的话，那一定就是花色的。

〔音乐《Five Hours》响起，花色羊群上场表演。〕

旁白：白羊们的毛变得五彩缤纷，看得人眼花缭乱，唉，这让很多羊都戴上了近视眼镜。

〔几只戴眼镜的羊，摇摇晃晃从花羊旁经过。〕

眼镜羊 1：（拿下眼镜，揉揉眼睛）五颜六色、花里胡哨、眼花缭乱啊！

眼镜羊 2：（扶了扶眼镜）五彩缤纷、争奇斗艳、目不暇接啊！

〔音乐停，众羊下场。〕

第 四 幕

场景：美容院

角色：美容师、花色羊群、白色羊群

道具：小皮箱

旁白：就这样过了好久，白羊们不停地染色，大家快要忘记白色是什么颜色了。直到有一天……

〔美容师上场。〕

美容师：（大声）白羊们请注意了，今天要进行选美大会，大家快来参加吧！

〔背景音乐响起，众花羊上场走秀。音乐停，众花羊摆造型。〕

美容师：（左看右看）嗯……你漂亮，你也漂亮……（为难）这要怎么评呢？

众花羊：（吵成一团）选我。选我。我才是最漂亮的……

旁白：大家争吵不休，都认为自己才是最漂亮的。正在这时，他们看到了隔壁村的一大群白羊。白羊们一只接着一只，像一朵朵白云一样走过。

〔白羊村的众花羊停下争吵，呆住了。舒缓的大自然的声音背景音乐起，众白羊上场，舞蹈。〕

花羊 1：（羡慕）看，隔壁村的白羊，纯洁高雅，多美呀！

花羊 2：（坚定）是啊，像一朵朵的白云飘过，美极了！白色才是白羊最好看的颜色。

花羊 3：（低头看自己，自我嘲讽）看看我们真是太滑稽、太好笑了。

众花羊：（你看看我，我看看你）我们五颜六色、花里胡哨、土里土气，哈哈哈哈哈……

花羊 1：其实，白色才是最适合我们的。

众花羊：（大声）对，白色，纯洁高雅。我们以后再也不染毛了，白色才是最美丽的颜色！

旁白：从此，美容院再也没有客人了，美容师也离开了白羊村，因为大家认为白羊村永远流行白色。

〔美容师提着小皮箱低头缓步下场。音乐《我们多快乐》响起，所有的羊舞蹈。〕

〔剧终〕

故事来源：《白羊村的美容院》（文：李紫蓉；图：严凯信），南京师范大学出版社 2016 年版。

爷爷的鞋匠铺

陈雅萍

第 一 幕

场景：鞋匠铺

角色：老爷爷、水晶鞋、钉钉鞋、小红鞋

道具：老花镜、黑色皮鞋、白布、手表

〔幕启。水晶鞋、钉钉鞋、小红鞋安静地站在舞台上。〕

旁白：在城市的一条小巷里，有一家鞋匠铺，里面住着老爷爷和他做的鞋子。老爷爷的手艺很好，人也很善良，所以人们喜欢到他这里来做鞋子。

〔老爷爷上场，摸着白胡子，时不时提一提老花镜，手里拿着白布，边走边擦着手里的一双黑皮鞋。〕

老爷爷：（捋了捋胡子，神气）我是一个老鞋匠，做了一辈子的鞋子。瞧，这鞋柜里的鞋子都是我亲手做的。这些鞋子可都是我的宝贝呀！

〔老爷爷走到鞋子们面前。〕

老爷爷：（手指水晶鞋）瞧，这是我的水晶鞋。

水晶鞋：（转了转圈，骄傲）我是一双亮闪闪的水晶鞋，我要穿在一位美丽可爱的小公主的脚上，她也许会去参加舞会。

〔纯音乐《田纳西华尔兹》响起，老爷爷兴奋地跳起华尔兹。〕

老爷爷：（手指钉钉鞋）这是我的小钉钉鞋。

钉钉鞋：（转了转圈，双手叉腰，甩了甩头发）我是一双酷酷的钉钉鞋，我要穿在一个活泼的小孩的脚上，他也许会去跳房子。

〔老爷爷边跳边吹口哨。〕

老爷爷：（手指小红鞋）这是我刚刚做好的小红鞋。

小红鞋：（踮起脚尖，转了转圈，鞠躬笑着）我是一双漂亮的小红鞋，我要穿在一位漂亮的小女孩的脚上，她也许会背着小书包去上学。

〔老爷爷做背书包状。〕

老爷爷：（张开双臂，原地绕着鞋子们走了一圈，慈爱）你们好呀，我的宝贝们。

鞋子们：（围绕在老爷爷身边，齐声）你好呀，老爷爷！谢谢你把我们打扮得这么漂亮。我们都爱你哟！

〔时钟“叮咚、叮咚”响的音效响起，老爷爷掏出表。〕

老爷爷：（盯着表，睁大眼睛，吃惊）啊，十二点了，我该去休息了。

〔老爷爷下场。〕

旁白：爷爷的鞋匠铺有个神奇的秘密，那就是，每到午夜十二点的时候，鞋匠铺里的鞋子都会活动起来。

水晶鞋：（兴奋）老爷爷走啦，大家一起来跳个舞吧。

钉钉鞋、小红鞋：（高兴，齐声）好呀，好呀！一起来跳舞吧。大家快点动起来吧！

〔华尔兹舞曲音乐响起，鞋子们开心地跳起了舞蹈；下场。〕

第　二　幕

场景：鞋匠铺

角色：老爷爷、阿利、水晶鞋、钉钉鞋、小红鞋、三角刀、剪刀、锤子

道具：硬币、桌子、椅子、工具箱、新鞋子

〔阿利光着脚垂头丧气地上场。〕

阿利：（失落）我叫小阿利，因为家里穷，买不起鞋子，大家都叫我光脚阿利。虽然我光着脚，但我一样走得好。

水晶鞋：（双手捂住嘴巴，睁大眼睛）看，那就是光脚的阿利，听说他光

着脚一样走得好。

钉钉鞋：（探着头看着阿利的脚）我们一起来学一学他走路的样子吧。

小红鞋：（轻手轻脚地跟在阿利后面）嘘！小心一点，千万别被他发现。

〔轻快的音乐响起，鞋子们蹑手蹑脚地学着阿利光脚走路的样子。〕

阿利：（自言自语）运动会快到了，可是我没有跑步比赛用的鞋子。虽然我没有鞋子也能走得好，但是我需要一双鞋子，这样可以跑得快一些。我不知道这点钱够不够，还是找爷爷想点办法吧。（大声喊）爷爷！

〔老爷爷上场。〕

老爷爷：来啦。小阿利找我有事吗？

阿利：（小声，吞吞吐吐）爷爷能为我做一双新鞋子吗？

老爷爷：（摸了摸阿利的头）当然，我有为活泼的小男孩准备的酷酷的钉钉鞋。

阿利：不是的，我想要一双参加跑步比赛的鞋子，（掏出几枚硬币，低着头）就是不知道钱够不够。

老爷爷：（爽快）够啦，够啦。我一定为你做一双可以跑得快的漂亮鞋子。

阿利：（拉着老爷爷的手，激动）谢谢你，爷爷。

〔阿利边跳边拍手下场。〕

鞋子们：（有的双手抱胸，有的双手叉腰，有的单手叉腰，齐声，不屑）这么少的钱，连买个鞋底都不够。

老爷爷：（和气）别急，别急，让我想想办法。哦，让我的工具们来一起想想办法。工具们，一起来帮忙吧。

〔工具们随音乐《奋斗》跳舞上场。〕

工具们：来啦，来啦，我们来啦。

三角刀：（开心，做三角刀造型）我是一把三角刀。

锤子：（高兴，做锤东西的动作）我是一把小锤子。

剪刀：（兴奋，做“咔嚓咔嚓”剪东西的动作）我是一把剪刀。

工具们：（齐声）有了我们的帮助，小阿利的新鞋子一定能做好。

〔音乐《奋斗》响起，工具们随乐做踏步、捶东西、剪东西、手拉手围圈的动作。〕

三角刀：（做裁剪的动作）我能把做鞋的材料裁好。有了我的帮助，小阿利的鞋一定特别合脚。

锤子：（做锤的动作）我能把钉子都钉牢。有了我的帮忙，小阿利的鞋子一定特别结实。

剪刀：（做剪的动作）要做一双鞋子到处都需要我帮忙，现在，等我来把多余的线头都剪掉，小阿利的鞋子就做好啦。

老爷爷：（托着鞋子，慢悠悠地转了一圈，开心）小阿利的鞋子终于做好啦。

众：（齐声夸赞）哇，又漂亮又结实，真是太好啦！

第　三　幕

场景：鞋匠铺

角色：老爷爷、阿利、水晶鞋、钉钉鞋、小红鞋、三角刀、剪刀、锤子

道具：桌子、椅子、新鞋子

阿利：（上场，低着头，不好意思）爷爷，我想来看看我的新鞋子做好了没有。

老爷爷：（摸了摸阿利的头）小阿利，新鞋子做好啦，送给你。（递鞋子）

阿利：（双手接过鞋子，抱着鞋子转了一圈，跳了起来，兴奋）哇，这是给我的吗？太好啦，谢谢你，爷爷。我再也不是光脚的阿利啦。

众：（高兴）阿利，阿利，你再也不是光脚的阿利啦，穿上爷爷做的鞋子，你一定是跑得最快的阿利。

阿利：（高兴）谢谢大家，我一定会跑得最快的！

〔大家一起随乐跳《鞋匠之舞》，下场。〕

〔剧终〕

故事来源：《米格爷爷的鞋匠铺》（文：寒露；图：穆涵），南京大学出版社 2009 年版。

小 红 帽

陈清眉

第 一 幕

场景：小红帽家

角色：小红帽、妈妈

道具：蛋糕、篮子

〔欢快的音乐响起，小红帽和妈妈随乐手拉着手，跳着舞上场。〕

小红帽：（高兴）大家好！我是小红帽，这位是我的妈妈，她会做好多好多美味的食物。

妈妈：（摸摸小红帽的头，温和）好孩子！听说外婆生病了，我做了好吃的蛋糕，你帮妈妈送到外婆家，好吗？

小红帽：（拉着妈妈的手）好啊！好啊！外婆看到蛋糕一定很高兴，吃了蛋糕，病一定会好得更快些。

〔小红帽和妈妈一起准备蛋糕。〕

妈妈：（弯腰将篮子递给小红帽，严肃叮嘱）小红帽，外婆住在村子外面的森林里，房子在三棵大橡树下，低处围着核桃树篱笆。路途比较远，在路上你记得一定要沿着大路走，别迷路了。

小红帽：（接过篮子，轻松）哎呀！妈妈，外婆家我都去过好几次了，不用担心，我一定会把蛋糕送到外婆的手上。（提着蛋糕，高兴地下场）

妈妈：（叮嘱）路上小心哦！（下场）

第 二 幕

场景：森林（分岔路口、大树、花草丛）

角色：小红帽、大灰狼、兔姐姐

道具：蛋糕、篮子、头巾、鲜花、花篮、白色手套

〔小红帽伴随着欢快的音乐上场，提着篮子翩翩起舞，来到了森林的分岔路口。〕

小红帽：（一手托住下巴，一手托住手肘，噘嘴、皱眉）妈妈说要走大路，但是小路应该有更好玩的地方，今天就走小路吧！（一边哼着“我独自走在乡间的小路上”，一边蹦蹦跳跳地走着）

〔大灰狼上场，轻手轻脚地跟在小红帽的后面，时而紧跟着，时而跑到旁边躲起来，探出头来，观察小红帽的一举一动。〕

大灰狼：（摸摸肚皮）嘿嘿，刚好我肚子饿了，没想到这么快就有美味的食物送上门来了，（咽口水）这小红帽一定很好吃。（食指放在嘴前）嘘，我要小声点，躲起来，不然她会发现的。

小红帽：（左右看，疑惑地皱眉、跺脚）哎呀！外婆的家到底在哪里呢？

〔兔姐姐从花草丛中跳出来。〕

兔姐姐：（跳到小红帽身旁）一只小兔跳跳跳，寻找食物来填饱！

小红帽：（惊吓）哎呀！

兔姐姐：（往前跳了一步）小姑娘，你是不是迷路了？

小红帽：（点点头，捏着裙摆，难过地噘着嘴）是呀！兔姐姐，妈妈让我给外婆送蛋糕，我走小路迷路了，找不到去外婆家的路了。

兔姐姐：（骄傲地抬起头，拍拍胸脯）我可是这片森林的小导游，没有我找不到的地方。来，说说你外婆家是什么样子的。

小红帽：（挠挠头，看着兔姐姐）外婆住在村子外面的森林里，房子在三棵大橡树下。

兔姐姐：原来呀！前面不远的地方，绕过一条小河就有三棵大橡树，那一定是你外婆的家。

小红帽：（高兴地拍拍手，拉住兔姐姐的手臂）太好了！谢谢你！兔姐姐。为了感谢你替我找到了外婆家的路，我请你吃我妈妈做的蛋糕。（从篮子里拿出蛋糕，递给兔姐姐）

兔姐姐：（笑着接过蛋糕）谢谢你呀！以后记得走大路，这条小路容易迷路，而且不安全。天快黑了，赶紧往前去找外婆的家吧。路上小心！

小红帽：（高兴地笑了笑）好的，谢谢你！再见，兔姐姐！

〔小红帽挥挥手向兔姐姐告别。兔姐姐看着小红帽离去以后，下场。〕

大灰狼：（龇牙咧嘴）哎呀呀，这该死的小兔子，坏了我的好事。不行，我得赶紧想个办法。(伸出食指在脑门上点一点)有了。

旁白：躲在大树后面的大灰狼听到了小红帽和兔子的对话，瞬间有了主意。大灰狼把自己装扮成卖花的可爱小姑娘。

大灰狼：(戴着头巾，头上插着鲜花，提着花篮，戴着白色手套，扭着身体走过来，细声细语)你好！小姑娘！想要花吗？这些都是我从前面野花地里采来的，特别适合送给外婆。

小红帽：(凑上前闻了闻花，高兴地张大了嘴)哇！真的好香！好漂亮呀！如果我摘来送给外婆，她一定很高兴。

大灰狼：(指着花草丛，坏笑)嘿嘿嘿！你看，那边有好多呢。去摘一些来送给外婆吧！

小红帽：(拍手)谢谢你，这真是个好主意，我想外婆一定会很高兴的。(跑到花草丛中，弯腰摘起了野花)

大灰狼：(叉腰)嘿嘿，小红帽真是个小傻帽，这么快就中计了，我真是个天才！我得赶紧跑到她外婆家里去。

旁白：就这样，可恶的大灰狼将小红帽支开后，提前跑到外婆家。

〔大灰狼下场后，小红帽下场。〕

第　三　幕

场景：外婆家

角色：小红帽、大灰狼、外婆、猎人

道具：可打开的门、床、鲜花、篮子、被子、帽子、玩具枪、牙签、大剪刀

旁白：大灰狼把自己装扮成了小红帽，来到了外婆家门前。

大灰狼：小傻帽的声音细细的，我的声音太粗了，不行不行，我得先练习几遍。(声音粗)外婆开门呀，咳咳，(变小声)外婆请开门，(捏着鼻子)外婆，我是小红帽。呵，就是这个声音了，我真是个天才！

〔大灰狼敲了敲门。〕

外婆：(躺在床上，有气无力)是谁呀？

大灰狼：(清了清嗓子，捏着鼻子细声细语)咳咳，是我，小红帽！我给您送蛋糕来了，快开门呀。

外婆：（慢条斯理）小红帽，你把门锁打开，进来吧，我没有力气！

旁白：门一开，大灰狼就冲到外婆的床前。

大灰狼：（凶狠地张开手臂，大声）看看我是谁。哈哈哈，我是大灰狼！

外婆：（蜷缩在床边，抱紧膝盖做惊吓状）救命呀！救命呀！

大灰狼：（双手交叉放胸前）没有人会来救你的，小红帽已经被我支开了，我现在要吃掉你！

〔大灰狼张开手臂和嘴，做吞的动作，外婆退到床的背景板后面。〕

大灰狼：（拿起牙签剔牙）这老太婆太难吃了。我要装扮成外婆，等小红帽进来再吃掉她。哈哈哈，我真是个天才！

旁白：大灰狼穿上外婆的衣服，戴上帽子，躺在床上，还拉上了帘子，静静等待小红帽的到来。

〔小红帽上场，拿着一束野花，提着篮子，高兴地来到了外婆家门口。〕

小红帽：（边走边高兴地喊）外婆！外婆！我来看您啦！给您带来了好吃的蛋糕和漂亮的野花！（推开了门）

旁白：装扮成外婆的大灰狼用被子盖住了自己的身体，把帽子拉得低低的。

小红帽：（走到床前，看了看床上的外婆，疑惑）哎，外婆，您的耳朵怎么这样大呀？

大灰狼：（捏着鼻子）为了更好地听你说话呀，乖乖。

小红帽：（指着大灰狼的眼睛，疑惑）可是外婆，您的眼睛怎么这么大呀？

大灰狼：（捏着鼻子）为了更清楚地看你呀，乖乖。

小红帽：（指着大灰狼的手，疑惑）外婆，您的手怎么这样大呀？

大灰狼：（捏着鼻子）嘿嘿嘿！可以更好地抱着你呀。

小红帽：（后退了几步，害怕地指着大灰狼的嘴巴）外婆，您的嘴巴怎么大得很吓人呀。

大灰狼：（扯掉了身上的帽子和衣服，从床上跳起，恶狠狠）那样，就可以一口把你吃掉！嗷——（扑向了小红帽，做出吞掉小红帽的动作）

〔小红帽退到床的背景板后面。〕

大灰狼：（摸摸肚皮）嗝，吃得真饱，太舒服了，要是能再睡一觉就更好了。

旁白：吃掉了外婆和小红帽的大灰狼挺着大得快要撑破的肚子，躺在床上睡着了。那呼噜声又大声又可怕！

〔呼噜声的音效响起。猎人扛着猎枪上场，经过了外婆家门前。〕

猎人：（停下脚步，手放耳朵旁做倾听状）这呼噜声怎么那么像大灰狼的？看来这坏东西又来害人了。

猎人：（推门，轻轻走近大灰狼，探头一看，举起枪准备开枪）你这坏东西，看我不开枪打死你！（停下开枪的动作，想了想）不行，看这大肚子，一定是吃了这房屋的主人了。（转身找到了大剪刀）看我怎么收拾你！

〔猎人拿了一把剪刀，慢慢剪开大灰狼的肚皮。〕

猎人：（边说边剪）里面的人，我来救你了，不要害怕。

〔外婆和小红帽的头从床的背景板后露了出来。〕

小红帽：终于出来了，闷死我了。

外婆：（摸摸胸口）小红帽，我的乖孙女，你怎么会在这里？告诉我，发生了什么事？

小红帽：（拉着外婆的手）外婆，我们被那可恶的大灰狼吃进肚子里了。您没事吧，外婆？

外婆：我没事，可真是把我给吓死了呀。我的小红帽呀，外婆抱一抱。

〔小红帽和外婆激动地抱在了一起，猎人在旁边开心地笑。〕

小红帽：（看着狼敞开的肚皮）猎人叔叔，是你救了我们吗？

猎人：是的，小红帽。

小红帽：勇敢的猎人，谢谢你救了我和外婆，谢谢！

外婆：（握住猎人的手）你真是个好人，好人啊！

猎人：（摆摆手）不用客气，看到你们没事我真的太开心了，只是……这该死的大灰狼要怎么处置呢？

〔三个人对视了一下。〕

猎人：（双手交叉放在胸前）有了，为了让大灰狼不再害人，我们往他肚子里填石头，缝起来，把他抬出去扔在臭水沟里，看他还怎么吃人！

外婆：（用食指指着大灰狼）这该死的大灰狼，吞吃我和小红帽，真是太可恶了！（走过去打大灰狼的头）

小红帽：好了，赶紧开始吧，不然大灰狼会醒来的。

旁白：于是，三人一起往大灰狼的肚子里填了石头，然后将肚皮缝了起来，抬到了臭水沟里。

〔小红帽抬着头，猎人抬着腿，外婆跟在后面。〕

猎人：一、二、三，扔！

小红帽：（擦擦额头上的汗水）这大灰狼的肚子装上石头后也太沉了。

外婆：我们回家休息一下吧，哎哟，折腾得我这老腰都受不了了！

小红帽：外婆，我扶您。

外婆：小乖乖，有你真好。

〔三人返回外婆家。〕

小红帽：你真是位勇敢的猎人，我要请你吃好吃的蛋糕。

外婆：（拍拍猎人的手臂）是啊是啊，我女儿做的蛋糕可香了。

猎人：（摸了摸小红帽的头，笑着）小姑娘，谢谢你的热情款待，以后一定要听妈妈的话，别再迷路啦！

小红帽：（不好意思地低下了头）知道了，猎人叔叔，以后我一定会听妈妈的话！

外婆：（笑呵呵）不仅要谢谢猎人救了我们，也要谢谢我亲爱的小红帽给我送来了美味的食物！哈哈哈！

〔三人开心地吃了起来。〕

〔剧终〕

故事来源：《格林童话精选·小红帽》（著：〔德〕格林兄弟；译：司马仝），人民文学出版社 2018 年版。

小猪变形记

施珊珊

第　一　幕

场景：草地

角色：小猪、长颈鹿、斑马

道具：大树、儿童高跷、地垫

〔幕启。音乐《猪之歌》响起，小猪跳着舞上场。〕

小猪：没错，我就是快乐的小猪，可是最近好无聊，哎！烦、烦、烦、烦、烦！总该有点儿好玩的事吧，我去找找看！

〔长颈鹿上场，走到大树下，伸长脖子吃叶子。〕

小猪：（瞪大眼睛，羡慕）长颈鹿，你可真高呀！

长颈鹿：（自豪）对啊，这样不仅能看得很远，也方便吃树叶。

小猪：（拍拍脑袋）有了，我敢说，做长颈鹿一定很刺激，我有一个绝妙的好主意。

〔长颈鹿慢慢走下场。小猪走到大树后面，踩上高跷走了出来。〕

小猪：（得意扬扬）大家瞧，现在我变成长颈鹿了，我是不是非常聪明啊？

〔小猪踩着高跷走来走去。斑马上场，朝小猪走来。〕

小猪：（得意扬扬）嗨，下面的那位！我是一只了不起的长颈鹿，我可以看到好几里远的地方。

斑马：（大笑）哈哈哈！哈哈哈！你不是长颈鹿！你是一只踩着高跷、摇摇晃晃的胖小猪，你最好小心点儿。

〔斑马边笑边下场。小猪气呼呼地走来走去，突然做摔倒状。〕

小猪：（惊慌）哎——哟——天哪！疼死我了！

小猪：（叹气）唉！看来长颈鹿的生活不适合我。我要去寻找更刺激的探险！

小猪：（拍一下脑门）有了！当斑马一定很有趣！

〔小猪下场。〕

第　二　幕

场景：草地

角色：小猪、大象、袋鼠

道具：大树、刷子、油桶、水管、大树叶

〔小猪穿着斑马条纹衣服，一手拿油桶，一手拿刷子。〕

小猪：（边走边唱）我是一个粉刷匠，粉刷本领强，我要把我自己，变呀变个样。

小猪：（得意扬扬）你们瞧瞧！我是谁呀？（转一圈）是不是和斑马一模一样？（把刷子和油桶放边上）

〔大象上场。〕

小猪：（神气）嗨！大象！我是一只了不起的斑马！你看，我身上有斑马纹。

大象：（爽朗大笑）哈哈哈！你不是斑马！你是一只身上画着斑马纹的胖小猪，你马上就……阿——嚏——（做打喷嚏状）

〔小猪跌坐在地上。〕

大象：（抱歉）对不起，（忍不住）哈哈哈哈，实在是对不起！

〔大象下场。〕

小猪：（擦脸、擦衣服）讨厌！喷了我一身水！当斑马还不如当小猪呢！我敢说，做大象一定更有趣。（转了转眼珠）有了！

〔小猪走到大树后，把水管套在鼻子上，把树叶挂在耳朵上，走出来。〕

小猪：（调皮，左右摇晃长鼻子）噔噔噔噔！再看看现在我是谁？没错，我就是大象！

〔袋鼠一蹦一跳上场。〕

小猪：（神气）嗨！袋鼠！我是一只了不起的大象！我能用鼻子喷水。

袋鼠：（捂嘴笑）你不是大象！你是一只鼻子上绑了水管的胖小猪。

〔小猪做打喷嚏状，水管掉了下来。袋鼠边笑边下场。〕

小猪：（把耳朵上的树叶扯下来）哼，当大象一点儿都不好玩！不过，当袋鼠一定很有趣。（拍一下脑袋）咦，我有办法了！

〔小猪跑下场。〕

第　三　幕

场景：草地

角色：小猪、鹦鹉

道具：大树、儿童弹跳球、地垫

〔小猪踩着儿童弹跳球上场。〕

小猪：（自信）朋友们，你们瞧瞧！现在我可是袋鼠哦！一只了不起的袋鼠！我能跳得跟房子一样高。

〔鹦鹉从大树后面走出来。〕

鹦鹉：（嘲笑）你不是袋鼠！你是一只踩着弹簧的小笨猪，再说你跳得也不高。

小猪：（不服气）谁说我跳不高。

〔小猪越跳越高。〕

小猪：（惨叫）哎——哟——（跌倒在地垫上）

鹦鹉：（指着小猪）哈哈哈！哈哈哈！

〔鹦鹉边笑边下场。〕

小猪：（失落）唉！要是我会飞该多好啊。

第 四 幕

场景：泥潭

角色：小猪、小猴、泥潭猪

道具：大树、鸟嘴、翅膀、可粘贴的泥巴

〔小猪戴着鸟嘴和翅膀上场，绕舞台中间跑一圈。小猴上场。〕

小猪：（得意扬扬）嗨！小猴！我是一只了不起的鹦鹉！你的眼睛能看多远，我就能飞多远。

小猴：（上下打量，哈哈大笑）真是太滑稽了，你不是鹦鹉，你是一只披着羽毛的胖小猪，猪不会飞！

小猪：（不服气）我就会飞，不信你看。

〔小猪扇动双臂，做飞翔姿势，绕到树下，跌进泥潭里。〕

小猴：（捧腹大笑）哈哈哈，哈哈哈，真是太滑稽了！

〔小猴边笑边下场。〕

小猪：（坐在泥潭里，失望）真倒霉！当鹦鹉一点乐趣都没有！当小猪也没什么乐趣！

〔身上都是泥的泥潭猪从地上坐起来。〕

泥潭猪：（吃惊）你说什么，当猪怎么没有乐趣了？

小猪：（惊讶地望着泥潭猪）你是谁？

泥潭猪：（开心）我就是猪呀，我在泥潭里面打滚，觉得很好玩啊。你快试试吧！像这样！（在泥潭里滚动）

〔小猪看了看，也跟着在泥潭里滚起来。两只小猪站起来，你看看我，我看看你，指着对方，哈哈大笑。〕

小猪：（高兴大叫）太棒啦！原来当小猪是最开心的事情呀！做自己，最幸福！

〔音乐《快乐小猪》响起，两只小猪跳舞。〕

〔剧终〕

故事来源：《小猪变形记》（文、图：〔英〕本·科特；审译：金波），外语教学与研究出版社 2017 年版。

胆小先生

王明榕

第　一　幕

场景：迈克先生家门口（花丛、草地）

角色：迈克先生、小蝴蝶、小花狗、鼠老大

〔幕启。迈克先生打开门，正准备出门，小蝴蝶从他跟前经过。〕

迈克先生：（拍拍胸口，大叫）吓死我了，吓死我了！

小蝴蝶：（扇着翅膀，温和）迈克先生，我是小蝴蝶，吓到你啦，真是对不起！

迈克先生：哦，原来是小蝴蝶呀，是我太胆小啦。（继续往前走）

〔小花狗上场，“汪汪”叫冲到迈克先生面前。〕

迈克先生：（往后退一步，大叫）这谁呀？吓死我了，吓死我了！

小花狗：（温和）迈克先生，我是小花狗，吓到你啦，真是对不起！

迈克先生：（不好意思）哦，原来是小花狗呀，是我太胆小啦。（边拍着胸脯边下场）

〔鼠老大上场，躲在花丛中。小蝴蝶飞到小花狗身边，指着迈克先生的方向。〕

小蝴蝶、小花狗：（齐声）迈克先生真是太胆小了，看来我们应该叫他胆小先生。（下场）

鼠老大：（眼珠一转，自言自语）我是一只无家可归的鼠老大。原来他是胆小先生啊！嘿嘿！我有办法了！（捂着嘴巴贼笑）

第　二　幕

场景：迈克先生的家（沙发、桌椅）

角色：迈克先生、鼠老大

道具：扫把、书、食物

〔幕启。迈克先生坐在沙发上，一边看书一边吃着食物。鼠老大蹑手蹑脚地上场，一边走一边偷看迈克先生，不小心碰倒了椅子，发出“嘭”的声音。〕

迈克先生：（回头一看，害怕地抓起扫把）是谁？（看见鼠老大，举着扫把，追着鼠老大跑）

迈克先生：（气喘吁吁）该死的老鼠，看你往哪里跑？

鼠老大：（一回头，叉着腰，恶狠狠）快放了我，要不我一跺脚就把你的房子弄塌。

迈克先生：（愣住，小声哀求）我放了你，你千万不要把我的房子弄塌了。（害怕地慢慢放下扫把）

鼠老大：（叉着腰）我不走了，你的房子这么大，我要住在这里。

迈克先生：（直摇手，声音由大变小）不行，这是我的家。

鼠老大：（神气地跺了一下脚）你不答应，我就把你的房子弄塌！

迈克先生：（无奈、委屈）好吧，你就住在地下室吧。（下场）

鼠老大：（双手叉腰，哈哈大笑）我终于有家啦！

第　三　幕

场景：迈克先生家门口、地下室（桌椅、电话、食物等）

角色：鼠老大、鼠小妹、鼠小弟、迈克先生

道具：滑板车

旁白：鼠老大在地下室住了一些日子，想他的兄弟姐妹们，于是打电话邀请他们来一起住。

鼠老大：（坐在椅子上跷着二郎腿）喂！鼠小妹，鼠小弟，我想死你们了，你们愿意搬来和我一起住吗？

鼠小妹、鼠小弟：（幕外音，异口同声）鼠老大，太好了，我们正愁没地方住呢！我们马上就到。

〔鼠小妹蹦蹦跳跳地上场，敲响了迈克先生家的门。〕

迈克先生：（打开门看见是老鼠，马上要关门，自言自语）怎么又是臭老鼠！

鼠老大：（推开迈克先生，抢着开门，大声）这是我的鼠小妹，我们要住在一起。

迈克先生：（直摇手，声音由大变小）不行，这是我的家。

鼠老大：（跺了一下脚）你不答应，我就把你的房子弄塌！

迈克先生：好吧，你们就住在地下室吧。（走回房间）

〔鼠老大拉着鼠小妹的手正要进屋，鼠小弟踩着滑板车上场。〕

鼠小弟：（大声）鼠老大，我来了！

迈克先生：（听到声音回过头，小声）他也要住在这里？

鼠老大：（叉腰挺胸，神气活现）怎么？你不答应？（脚假装一抬）那我就把你的房子弄塌！

迈克先生：（声音由大变小）好吧，你们就住在地下室吧。

鼠老大：（得意）我们这么多老鼠，住在地下室，你一人住这么大的房子，不公平。

鼠小妹、鼠小弟：对！不公平，你应该住到地下室，我们住楼上。

迈克先生：（小声辩解）不行，这是我的房子。

鼠老大：（大声）你敢不答应，我们就一起跺脚把你的房子弄塌了。

迈克先生：（害怕）别别，我住地下室，你们住楼上。（下场）

〔音乐《老鼠爱大米》响起，鼠老大、鼠小弟、鼠小妹拉着手开心地唱起了歌。〕

第 四 幕

场景：迈克先生的家（一边楼上、一边地下室）

角色：鼠老大、鼠小妹、鼠小弟、迈克先生

道具：房子、桌子两张、椅子四把、扫把

旁白：过了一段时间，老鼠们觉得房子太挤了。他们又有了一个坏主意。

鼠小妹、鼠小弟：（笑嘻嘻跑到鼠老大跟前，拉着他的手）鼠老大，这房子太小了，我们要让胆小先生搬出地下室。

鼠老大：你们真的要让胆小先生搬出去吗？

鼠小妹、鼠小弟：（齐声）对，搬出去，搬出去。

〔鼠老大、鼠小妹、鼠小弟耀武扬威地走到地下室。〕

鼠老大：（用手指着胆小先生，盛气凌人）胆小先生，我们的房子不够住了，你今天之内搬出地下室。

迈克先生：（吃惊）你们要让我搬……出……去？（边说边后退）

鼠老大：（仰着头）对，你马上收拾一下，搬出去！

迈克先生：（害怕转为愤怒，握紧了拳头，跺了一下脚，声音由小变大）你再说一遍？你再说一遍？（声音响亮）我跺起脚来，地板咚咚响。我原来是有力气的。你们欺人太甚了。

〔迈克先生随手抓起扫把朝老鼠们砸去。老鼠们吓得纷纷抱头四处逃窜。〕

迈克先生：（愤怒）你们这群坏东西，占了我的地下室又来占我的家，还想让我搬出去，简直让我忍无可忍了！欺人太甚！赶快给我滚出去！滚！

〔迈克先生继续追着老鼠们打，老鼠们灰溜溜地逃跑了。〕

迈克先生：（开心）哈哈，原来老鼠一点都不可怕。我是勇敢先生，再也不是胆小先生了。

〔剧终〕

故事来源：故事《胆小先生》，“福建省幼儿园教师教育用书”《领域活动指导》（中班上册），福建人民出版社2005年版。

小青虫的梦

钟明真

第 一 幕

场景：丛林里

角色：蟋蟀先生、蜜蜂、蜘蛛、瓢虫、小青虫

旁白：夏天的夜晚，森林里草儿轻轻摇，音乐响起来了，它和月光一样，仿佛会流淌似的。那是在开森林音乐会呢！

〔音乐《森林音乐家》响起，蟋蟀先生唱着“吉铃铃……”上场，走到舞台中间尽情地唱着。小昆虫们聚拢过来。〕

蜜蜂：（双手抱拳，崇拜）真是太好听了！

蜘蛛：（拍手）真是太美妙了！

瓢虫：（竖起大拇指，感叹）蟋蟀先生，您真是伟大的森林音乐家！

蟋蟀先生：（鞠躬，谦虚）谢谢大家，只要努力，你们也可以的。我带你们一起唱我们幼儿园好听的园歌。

〔众昆虫齐唱园歌。〕

小青虫：（陶醉地自言自语）真是太美了，要是我也可以站在舞台上，那该多好。（渐渐进入梦乡）

〔众昆虫下场。〕

第　二　幕

场景：丛林

角色：蜗牛记者、蜘蛛、蜜蜂、瓢虫、小青虫、蟋蟀先生、蜻蜓小姐

道具：摄像机、话筒、报名表、《丛林时报》记者挂牌

〔蜗牛记者一手扛着摄像机，一手拿着话筒，走到舞台中间。〕

蜗牛记者：大家好！我是《丛林时报》的蜗牛记者。丛林剧场要举行一场音乐大赛，选出丛林地区最棒的“才艺之王”，大家快跟我去看看吧。

〔蜘蛛、瓢虫 、蜜蜂、小青虫上场。〕

蜘蛛：（自信）这是个好机会，我一定会成功夺得第一名。

瓢虫：（得意）杰出的舞蹈家即将诞生，那就是我！

蜜蜂：（美滋滋）舞姿最美丽的当然是我。

蜘蛛、蜜蜂、瓢虫：（争吵）是我！是我！是我！

小青虫：（谦虚，温和）我最喜欢随着音乐跳舞，我想成为一名舞蹈家。

蜘蛛：（嘲笑地指着小青虫）你也爱跳舞？哈哈……笑死我了。瞧瞧你的身材！跳舞要有小细腰，你有吗？

小青虫：（生气）你！

瓢虫：（骄傲）你有漂亮的裙子吗？看你那鼓鼓囊囊的大围裙，丑死啦！

小青虫：（谦虚）音乐大赛比的是才艺，不是外表。

蜜蜂：（鄙视）练跳舞的腿要很修长！你有腿吗？哈哈哈……连腿都没有。

蜘蛛、蜜蜂、瓢虫：（齐声嘲笑）唉，还真没腿！还想成为舞蹈家，简直是做梦！

小青虫：（坚定）可是，成为舞蹈家是我的梦想。

蜘蛛、蜜蜂、瓢虫：（大笑）哈哈哈……你这是白日做梦，哈哈哈……

小青虫：（伤心）你们欺负人！

蜗牛记者：评委会主席蟋蟀先生和蜻蜓小姐来了，大家欢迎！

〔蟋蟀先生、蜻蜓小姐上场。〕

蜘蛛、蜜蜂、瓢虫：（齐声）蟋蟀先生，您好！

小青虫：（礼貌）蟋蟀先生，您好！

蟋蟀先生：你们在吵什么呢？

蜗牛记者：蟋蟀先生，您觉得什么样的人才有资格参加比赛呢？

蟋蟀先生：我们音乐大赛选拔“才艺之王”的比赛是公平、公开的，只要你热爱丛林家园、热爱音乐、热爱表演，都可以参加。

蜗牛记者：（敬佩）您可真是值得尊敬的评委主席啊！

蜻蜓小姐：（分发报名表）各位请填好报名表，回家好好练习吧，二十天之后在音乐大赛上自然能比出谁是“才艺之王”。

〔小昆虫们拿着报名表下场。〕

第　三　幕

场景：丛林

道具：仙女棒、星星形状头饰

角色：小青虫、星星仙子、蜻蜓小姐

〔幕启。音乐《关于生活中的一切悲凉》响起。小青虫坐在草丛上，星星仙子在一旁。〕

小青虫：（伤心、失落地自言自语）我是个丑八怪，又不会跳舞，还想参加音乐大赛，我肯定没机会赢，呜呜……

星星仙子：（温柔）哦！我们未来的舞蹈家，你为什么哭得这么伤心呢？

小青虫：（委屈）为什么会这样，就算我很努力，也不能实现我的梦想？

星星仙子：谁说你的梦想一定不能实现？

小青虫：（奇怪）你是谁啊？是你在说话吗？哦！天呐！是星星！你怎么会说话？不可能，我肯定又在做梦了。

星星仙子：你没见过会说话的星星，对吗？在这个世界上没有什么不可能，只要你努力，不放弃。

小青虫：（兴奋）真的吗？你是说，只要我努力练习，就可以成为一名舞蹈家吗？

星星仙子：不要灰心，你的梦想一定会实现的。

小青虫：谢谢你，星星仙子！

星星仙子：不客气！再见！（下场）

小青虫：（高兴）对了，我去找蜻蜓姐姐，请她教我跳舞。

〔蜻蜓小姐从小青虫身边飞过。〕

小青虫：（大声）蜻蜓姐姐，蜻蜓姐姐，等等我。

蜻蜓小姐：你有事吗？

小青虫：（期待）蜻蜓姐姐，请您教我跳舞吧。

蜻蜓小姐：实在不好意思，我还有很多工作，没时间。

小青虫：（诚恳）蜻蜓姐姐，拜托您了，成为一名舞蹈家，是我从小的梦想，我希望您能帮帮我。

蜻蜓小姐：（为难）可是……可是我还有很多报名表要整理。

小青虫：让我来帮您整理，只要您能教我跳舞，让我做什么都行。

蜻蜓小姐：嗯，好吧，那你跟我来。

第 四 幕

场景：丛林

道具：话筒、茧、小提琴、吉他、评分牌

角色：蟋蟀先生、蜗牛记者、蝈蝈先生、蜘蛛、蜜蜂、瓢虫、螳螂、蝴蝶（小青虫）、蚂蚁先生、金龟子小姐、蜻蜓小姐

〔主持人蝈蝈先生上场。〕

蝈蝈先生：女士们，先生们，大家好！我们期待已久的音乐大赛的日子终于到了。现在我们有请今晚的评委蟋蟀先生、蜻蜓小姐、金龟子小姐、蚂蚁先生上场。

蝈蝈先生：（响亮）现在我们有请今天的参赛选手上场。

〔评委上场。选手们上场，站成一排。〕

蟋蟀先生：（奇怪）还有一个小青虫，她怎么还没有来？

蜗牛记者：来了来了。

选手们：（齐声）在哪呢，在哪呢……

蜗牛记者：（手指着茧）在这儿呢！

蜘蛛：（惊讶）什么？怎么变成了一个蛋呢？

蜜蜂：这样也来参加比赛！

瓢虫：应该取消她的资格。

蜗牛记者：别急！别急！这是小青虫的茧，等她破茧而出的时候就会变成美丽的蝴蝶。

选手们：开什么玩笑呢，简直就是天方夜谭。

蟋蟀先生：好了，好了，比赛要正式开始了，如果比赛结束之前，她还不出来，只能退出比赛。

蝈蝈先生：好！现在我宣布比赛正式开始，请选手们按顺序进行表演。

〔1 号选手蜜蜂小姐表演舞蹈，2 号选手蜘蛛小姐表演小提琴，3 号选手瓢虫小姐表演舞蹈，4 号选手螳螂先生表演吉他。〕

蜗牛记者：急死了，小青虫怎么还不出来呢？

蝈蝈先生：现在由评委亮分。

〔评委举牌亮分。〕

蟋蟀先生：1 号选手蜜蜂小姐 8 分。

蜻蜓小姐：2 号选手蜘蛛小姐 7 分。

蚂蚁先生：3 号选手瓢虫小姐 8 分。

金龟子小姐：4 号选手螳螂先生 7 分。

蝈蝈先生：如果没有别的选手参加，比赛就要结束了。

蜗牛记者：（惊喜）她出来了。她出来了。真是太漂亮了！

〔音乐《蝴蝶少女》响起，蝴蝶（小青虫）慢慢从茧里出来，做飞舞转圈

的动作。〕

选手们：（羡慕）真是太漂亮了！

蜗牛记者：（惊讶）哇，就像仙女一样！

蝈蝈先生：请评委为小青虫亮分。

〔评委们都亮出10分的牌子。〕

蝈蝈先生：哇！评委们竟然亮出了满分，看来今天的“才艺之王”已经产生了。请蟋蟀先生为她颁奖！

蟋蟀：（激动）祝贺你呀！小青虫，哦不，应该叫你美丽的蝴蝶小姐。

蝴蝶（小青虫）：（开心）谢谢，谢谢。我们都热爱这美丽的丛林家园，我们都热爱音乐，让我们大家一起来跳舞吧！

〔音乐《森林音乐家》响起，小昆虫们一起开心地跳起舞。〕

蜗牛记者：（兴奋）小青虫赢了，她变成了美丽的蝴蝶了。真是个激动人心的故事，一个平凡的小人物，经过艰苦努力终于获得了成功！为了我们美丽的家园，为了实现我们的梦想，加油！加油！

〔剧终〕

故事来源：《小青虫的梦》（文：冰波；图：周翔），湖南少年儿童出版社2016年版。

今天运气怎么这么好

苏珊珊

第　一　幕

场景：森林（挂着苹果的苹果树）

角色：大灰狼乌鲁、小猪们

〔音乐《快乐小猪》响起，小猪们跳着欢快的舞蹈上场，来到苹果树下。〕

小猪1：你们快看，这里有好多苹果树！哇，今天的运气怎么这么好！（摘下一个苹果，咬一口）这个苹果真好吃啊！

小猪 2：真甜！真好吃！啊呜啊呜！（塞了满口的苹果）

小猪 3：我也要吃，我也要吃。今天的运气真是太好了！

〔音乐《小苹果》响起，小猪们边吃着苹果边随音乐跳着舞。〕

小猪们：（摸了摸肚子）吃得太饱了，我们睡一会儿吧！

〔小猪们躺在苹果树下睡着了，呼噜声音效响起。大灰狼乌鲁上场，悄悄走向小猪们。〕

乌鲁：（吃惊又窃喜）哇，这么多小猪啊，今天运气怎么这么好！一只、两只、三只……（边走边数着，高兴）这么多，我一个人也吃不过来呀。对！我去找朋友一起来吃！（悄悄地下场）

第　二　幕

场景：大灰狼哇呜的家、大灰狼咕鲁鲁的家、大灰狼贝罗的家

角色：大灰狼哇呜、大灰狼乌鲁、大灰狼咕鲁鲁、大灰狼贝罗

道具：桌子、椅子、大盘子、大铲子、厨师帽、围裙、食物、袋子等

〔大灰狼哇呜家里。哇呜拿着大铲子，正做着香喷喷的咖喱蘑菇。音乐《大厨师》响起。〕

哇呜：（擦汗）我要煮一锅香喷喷的咖喱蘑菇，邀请我的好朋友来品尝，谁今天会这么幸运，能吃到我做的咖喱蘑菇呢？

〔一阵急促的敲门声响起。〕

乌鲁：（敲门，兴奋）哇呜，你在家吗？我到午睡林这么一看，你猜怎么着，黑压压的一片……

哇呜：（打开门）黑压压的一片蘑菇，是吧？我刚才还去午睡林采过蘑菇呢！你看我做了一锅香喷喷的咖喱蘑菇，乌鲁，咱们一起吃吧！（拉着乌鲁的手，走向桌子）

〔乌鲁和哇呜坐在桌子前，大口吃起了咖喱蘑菇。〕

乌鲁：（擦了擦嘴巴，竖起大拇指）哇呜，你做的咖喱蘑菇真是太好吃了！

哇呜：（提着咖喱蘑菇）好吃你再带点回去吧！（放到乌鲁手里）

乌鲁：（接过咖喱蘑菇，抱住哇呜，激动）谢谢你，你对我真好，再见！

〔乌鲁离开哇呜的家，哇呜关上门。〕

乌鲁：（满足，边走边说）我今天运气怎么这么好呢！（跺了下脚，懊恼）

哎呀，我忘记告诉哇呜小猪的事儿了！算了，去咕鲁鲁家吧。

〔乌鲁开心地朝咕鲁鲁家走去。大灰狼咕鲁鲁家中，咕鲁鲁正揉着面团，做着苹果派。音乐《小老鼠和胖厨师》响起，咕鲁鲁看着苹果派，舔了舔嘴唇，擦了擦流出来的口水。〕

咕鲁鲁：哈哈，太香了，谁今天会这么幸运，能吃到我做的苹果派呢？

乌鲁：（敲门）咕鲁鲁，你在家吗？我去午睡林的时候，发现了一个秘密。你猜……

咕鲁鲁：（打开门，拉着乌鲁的手）我也在午睡林里发现了一个秘密，那里结了好多苹果。

咕鲁鲁：（拿出一个苹果派）你看，我做了苹果派。（拉着乌鲁走到桌子前）快来，咱们一起吃刚烤好的苹果派吧！

乌鲁：（开心地拍手）苹果派？难怪这么香！

〔咕鲁鲁和乌鲁坐在了桌子前，大口吃苹果派。〕

乌鲁：咕鲁鲁，你做的苹果派真好吃！香香甜甜的！（朝咕鲁鲁竖起大拇指）

咕鲁鲁：（拿起苹果派）我做了好多，你带些回去吃吧！（将苹果派塞进乌鲁手里）

乌鲁：（接过苹果派）谢谢你！你对我真好。再见！

〔乌鲁离开咕鲁鲁家，咕鲁鲁关上门。〕

乌鲁：（边走边说着）我今天运气怎么这么好呢！（跺了下脚，懊恼）哎呀，我又忘了告诉咕鲁鲁小猪的事儿了！算了，去贝罗家吧。

〔乌鲁快速地朝贝罗家跑去。大灰狼贝罗正在家里做油炸饼，油锅翻炒的音效响起。〕

贝罗：油炸饼喷喷香，我最喜欢吃油炸饼，加一点葱！加一点油！哈哈哈哈，油炸饼做好啦！谁今天会这么幸运，能吃到我做的油炸饼呢？

〔音乐《快乐小厨师》响起，贝罗一边唱着歌扭起了屁股，一边开心地翻炒着油炸饼。〕

乌鲁：（按门铃）喂，贝罗，你在家吗？告诉你，午睡林里有好多……

贝罗：（打开门）我也在午睡林里挖了好多白薯。我用白薯做了香喷喷的油炸饼。来，乌鲁，咱们一起吃吧！

〔贝罗和乌鲁坐在了桌子前，大口吃油炸饼。〕

乌鲁：（竖起大拇指）贝罗，你做的油炸饼真好吃！香香脆脆的！

贝罗：好吃你就带些回去吃吧！（拿起油炸饼塞到乌鲁手里）

乌鲁：谢谢你！你对我真好！再见！（接过油炸饼，挥手）

乌鲁：我今天运气怎么这么好呢！晚餐是香喷喷的油炸饼，还有咖喱蘑菇，甜品是苹果派，嘿嘿嘿嘿……今天的运气怎么这么好呢！（停了一下，看着天空想了想）不过，我好像忘记了一件什么事……算啦，管他呢！（下场）

第　三　幕

场景：森林、大灰狼乌鲁家

角色：大灰狼乌鲁、小猪们

道具：三个大袋子（装着咖喱蘑菇、苹果派、油炸饼）

〔乌鲁一回到家，立马拿起带回来的咖喱蘑菇、苹果派、油炸饼大口大口地吃了起来，发出“吧唧吧唧”的声音。〕

乌鲁：（满足地擦嘴，摸着肚子）啊呜啊呜，真好吃！今天的运气怎么这么好呢！

〔午睡林里，睡了好大一觉的小猪们满足地打着哈欠，爬了起来。〕

小猪 1：（伸着懒腰）苹果真好吃，肚子饱饱的。

小猪 2：（开心）睡得好舒服啊！

小猪 3：（站了起来）吃了甜甜的苹果，睡了香香的午觉。好开心啊！

小猪们：（激动）今天的运气怎么这么好呢！天黑了，妈妈在等咱们呢，快回家吧！

〔小猪们开心、满足地下场。〕

旁白：这时乌鲁突然想起来了，原来他忘记午睡林有一群小猪的事啦！

乌鲁：（一拍脑袋一跺脚，懊恼）哎呀！我忘记小猪的事儿啦！

〔剧终〕

故事来源：《今天运气怎么这么好》（文、图：〔日〕宫西达也；译：彭懿），南海出版公司 2010 年版。

胖国王减肥记

蔡秉燕

第　一　幕

场景：宫殿餐厅（桌椅、餐具）

角色：国王、大臣、厨师、御医

道具：国王王冠，充气服装，鸡腿、蛋糕、冰淇淋、烤鸭等美食道具，医药箱

旁白：在很久很久以前，有一个国王只喜欢大吃大喝，又不喜欢运动，慢慢地，他就变成了胖国王。

〔音乐《美好欢快的早晨》响起，穿着充气服装的胖国王步履艰难地走上场。厨师和大臣在餐桌前等候。〕

国王：（大叫）哎呀，我的肚子好饿呀，快给我拿点吃的来。

厨师：（手指餐桌上的食物，温和）亲爱的国王陛下，请看我为您准备的早餐，有香喷喷的脆皮烤鸭、甜甜的草莓蛋糕、鲜美肥嫩的鸡腿、香脆的炸薯条，还有冰爽可口的冰激凌。

国王：（做流口水状咂巴着嘴巴）哈哈哈，都是我喜欢吃的，太好了。

厨师：（拉开椅子，弯腰）亲爱的国王陛下，请用餐。

国王：（一手鸡腿，一手蛋糕，坐下狼吞虎咽）味道好极了，真好吃，真是太好吃了。

大臣 1、大臣 2：（竖起大拇指，齐声）哇，国王陛下胃口好！

国王：（满足地打了个嗝）终于吃饱了！（要站起来，肚子太胖卡住了）哎哟，我起不来了，我好难受。

〔两大臣急忙上前要扶起胖国王，可是扶不起来。〕

大臣 1、大臣 2：（招手，着急）快叫御医来。

〔御医背着医药箱小跑上场。〕

御医：（拿出听诊器，关心）尊敬的国王陛下，您哪里不舒服？请您告

诉我。

国王：（有气无力）御医，我想要站起来，但是站不起来。哎哟，哎哟！

御医：（把听诊器放在国王胸口听了一会儿，严肃）尊敬的国王陛下，您的肉太多了，我听不到您的心跳。这是肥胖病，您得减肥啦！

大臣1、大臣2：（惊讶对看，着急）怎么办？怎么办？御医啊，请你快想想办法吧。

国王：（招手，焦虑）快点，快点，我们开个会讨论一下。

御医：尊敬的国王陛下，您这是太胖了，您需要减肥了。

厨师：尊敬的国王陛下，您以后要多吃菜，少吃垃圾食品。

国王：（打了个哈欠，伸懒腰）哦，是的。我知……道……

〔国王话讲到一半，慢慢闭上眼睛，瘫在椅子上睡着了。呼噜声音效响起。〕

大臣1、大臣2：（小声）嘘……我们的国王睡着了。

御医：（看了看胖国王，摇摇头）我们的国王太胖了。喔！不对！是太胖太胖了！

第　二　幕

场景：宫殿寝室（摆放着床、椅子、桌子）

角色：国王、王后、公主、御医、厨师、大臣

道具：国王王冠、充气服装、健康食谱、运动计划表、加油棒

〔国王睡醒了，坐在床上唉声叹气。王后、公主、两名大臣、厨师、御医陪在旁边。〕

王后：国王陛下，您这是怎么了？

国王：（垂头丧气）我很难受，走路走不动，说话没力气，每次都要吃好多食物才能吃饱，每天都感觉没有精神。

公主：父王，您别担心，我们一起想办法。

大臣、厨师：（齐声）对，想办法，想办法，我们一起想办法帮助国王瘦下来。

御医：国王三餐之间不要再吃零食了，而且要常常运动。

大臣1：（边做动作）跑步、游泳、打球、做体操都可以。

公主：（俏皮，扭胯）父王运动的时候可以一边玩呼啦圈，一边听音乐。

厨师：（打开食谱）请看，我为国王制定健康食谱。

御医：（展示表格）请看，我为国王制定运动计划表。

大臣 2：（拍打加油棒）我们会为国王喊加油的。

公主：我为父王准备了运动音乐。

王后：我会陪着国王减肥的。

国王：嗯嗯，我要减肥，我要按照大家说的做，健康饮食，坚持运动，加油！

众人：（拍手欢呼，齐声）亲爱的国王陛下，我们陪您一起减肥。

〔音乐《卡路里》响起，国王、王后、公主、御医、厨师、大臣拉着手围成一圈，开心地跳起舞蹈。〕

第 三 幕

场景：宫殿

角色：国王、王后、公主、御医、厨师、大臣

道具：加油棒、呼啦圈、跳绳、充气服装、体重秤、移动镜子、国王的礼服

〔音乐《健康歌》响起，国王、王后并排一起跳健身操。〕

王后：（拉着国王的手，开心）国王，左三圈，右三圈，脖子扭扭，屁股扭扭，早睡早起，我们来做运动。一二三四，二二三四，三二三四，四二三四，我们再来一次。

国王：我受不了了。（气喘吁吁，两手轮流擦汗）

厨师：（大声鼓励）忍耐一下，加油加油！我来说笑话给您听。小明养了一只猫，可是从来不给猫洗澡，请问一年后猫生不生跳蚤？答案当然是不生了，因为猫只生小猫咪，怎么生跳蚤呢？

〔国王听了哈哈笑，厨师把呼啦圈递给国王，国王拿起呼啦圈转起来。〕

国王：（气喘吁吁，生气）我实在受不了了！我要吃蛋糕，我要吃薯条，我要吃烤鸭！

大臣、御医：（拍打加油棒）再忍耐一下，加油！加油！我们唱歌给您听。

〔音乐《你笑起来真好看》响起，一位大臣高声歌唱，御医拿着加油棒伴奏，另一位大臣把跳绳递给国王，自己也拿着跳绳跟着国王跳起来。〕

国王：（有气无力）我真的受不了了！

王后：再忍耐一下，加油！加油！我们演戏给您看。

公主：父王，现在请欣赏由我带来的表演《哪吒》。

〔王后、公主做演戏的样子。〕

国王：（开怀大笑，摸着公主的头）哈哈哈，谢谢亲爱的宝贝。可是现在我有点饿了，我可以吃午餐吗？（期待地看着厨师）

厨师：（点点头）可以的，我已经为您准备好午餐了，快看看吧，这是健康的营养午餐。

国王：（津津有味地吃着，高兴）原来健康午餐也很美味啊！（竖起拇指，夸赞厨师）

旁白：日子一天天地过去了，胖国王在大家的监督和帮助下坚持着减肥计划。

〔铃声响起，御医拿来体重秤，国王站在上面。厨师和大臣搬来移动镜子，遮住国王，国王脱去充气服装，换上礼服。〕

王后、公主：（手拉手，期待）亲爱的国王陛下在哪里？让我们一起来倒数，五四三二一！

〔音乐《胜利的曙光》响起，帅气的国王从镜子后走出来，走到舞台前方，跟观众打招呼。〕

大臣、厨师：我们的国王真的瘦了，变得健康又帅气。（竖起大拇指）

国王：（灵活地转圈）我真的瘦了，瘦下来的感觉真好。走路不喘气，说话有力气，不头疼不心烦，精神特别好。我再也不是胖国王了，（做胜利的手势）欧耶！

众人：（欢呼）我们的国王再也不是胖国王了！是健康帅气的国王喽！

〔音乐《新健康歌》响起，众人欢快地跳舞。〕

〔剧终〕

故事来源：《胖国王》（文、图：张蓬洁），明天出版社 2018 年版。

闪亮宝贝失窃案

陈小莉

第　一　幕

场景：森林、警察局

角色：黑猫警长、白鸽警士们、山羊公公、猴妈妈、兔姐姐

道具：桌椅、电话、手机、警帽、警服、猫尾巴、鸽子翅膀、拐杖

〔黑猫警队随音乐《黑猫警长》神气地上场。〕

黑猫警长：（精神抖擞站立，大声）立正，稍息，向右看齐！向前看！警士们，打起精神！（敬礼）

白鸽警士们：（立正，敬礼）保卫家园！

黑猫警长：（笔直威武地站立，有力）向右转，齐步走！

〔白鸽警士们双手握拳，排队小跑步下场。黑猫警长走进办公室。“叮铃铃”的电话铃响音效响起，黑猫警长坐在办公桌前接电话。山羊公公一手拿着手机，一手拄着拐杖，弓着腰，上场。〕

山羊公公：（焦急）黑猫警长，黑猫警长，我的眼镜被人偷了！

黑猫警长：（警觉地瞪大眼睛）您好！山羊公公，您先别着急，慢慢告诉我是什么情况。

山羊公公：（焦急）睡觉前我把眼镜放在桌子上，一觉醒来，眼镜就不见了！

黑猫警长：别着急！我们一定帮您找回眼镜！

山羊公公：好的，相信黑猫警长一定能帮我找回眼镜的。（下场）

〔黑猫警长放下电话。“叮铃铃”的电话铃响音效再次响起。〕

猴妈妈：（拿着手机上场，抓耳挠腮，焦急）黑猫警长，黑猫警长，（手比剪刀状）我家的剪刀被人偷了！

黑猫警长：（警觉地转动眼睛）您好！猴妈妈，您先别着急，慢慢告诉我是什么情况。

猴妈妈：我正在给小猴做衣服，转过身倒了一杯水，剪刀就不见了！（叹气）

黑猫警长：别着急！我们一定帮您找回剪刀！

〔黑猫警长放下电话。“叮铃铃”的电话铃响音效再次响起。〕

兔姐姐：（拿着手机一蹦一跳上场，焦急）黑猫警长，黑猫警长，我心爱的亮片彩带被人偷了！

黑猫警长：（威武有力）你好！兔姐姐，你先别急，慢慢告诉我是什么情况。

兔姐姐：我下班回家，准备换参加舞会的裙子，却发现我裙子上的亮片彩带不见了！（抹眼泪）

黑猫警长：别着急！我们一定帮你找回亮片彩带！（放下电话起身，自言自语）到底是哪个小偷这么大胆，竟然敢在森林里连续作案，我们一定要把小偷抓住！

第　二　幕

场景：森林、警察局

角色：黑猫警长、白鸽警士们

道具：对讲机、警服、警帽、猫尾巴、鸽子翅膀

黑猫警长：（手持对讲机）全体警士，紧急集合！

〔白鸽警士们排着整齐的队伍上场，面向黑猫警长站立。〕

黑猫警长：（严肃）山羊家失窃一副眼镜，猴妈家失窃一把剪刀，兔姐家失窃一条亮片彩带。警士们行动起来，立即破案！

白鸽警士们：（齐声，响亮）是！立即破案！

黑猫警长：（眉头紧锁，来回踱步）眼镜、剪刀、彩带都是发光物！

白鸽警士1：（敬礼）报告警长！小偷很可能是同一个人！

白鸽警士2：（敬礼）报告警长！小偷下手的目标都是闪亮的东西！

〔这时远处射来一道耀眼的光，大家都被这光芒刺得捂住了眼。〕

白鸽警士3：（皱着眉头，手挡住光芒）这是什么光？怎么这么刺眼？

黑猫警长：（低着头沉思，猛地一抬头）这道光有蹊跷，可能跟动物们的失窃案有关。走，全体出动，寻找光源！

〔音乐《黑猫警长》响起。黑猫警长带领白鸽警士往光源方向跑，下场。〕

第 三 幕

场景：森林、园丁鸟家

角色：黑猫警长、白鸽警士们、园丁鸟、山羊公公、猴妈妈、兔姐姐

道具：小树、眼镜、剪刀、亮片彩带、警服、警帽、猫尾巴、鸽子翅膀、园丁鸟翅膀、拐杖

〔园丁鸟随音乐《牛奶歌》上场，边说唱边跳舞。〕

园丁鸟：（拿着眼镜和剪刀，开心地边唱歌边跳舞）我的心里真着急，小小树在生病，幸好有了小工具，来帮小树把病除。小树小树别担心，我这就来帮助你。（飞到小树旁，戴上眼镜，拿起剪刀帮小树修剪枝叶）

〔黑猫警队握拳小跑上场，看到园丁鸟正在用亮片彩带给小树固定断枝。〕

白鸽警士1：（瞪大眼睛）这不是兔姐姐丢失的亮片彩带吗？

白鸽警士2：（指着园丁鸟戴着的眼镜，惊讶）这不是山羊公公丢失的眼镜吗？

白鸽警士3：（指着地上的剪刀，大声）这不是猴妈妈丢失的剪刀吗？

白鸽警士们：（眼看黑猫警长，手指园丁鸟，齐声）他就是小偷！走，把他抓起来！

黑猫警长：（托腮，略有所思后赶紧拦住他们）慢着，先别急！你们看，园丁鸟在做什么？走，我们去问问他，这到底是怎么一回事。

〔黑猫警长大手一挥，带领白鸽警士集体上前。〕

黑猫警长：园丁鸟，我们怀疑你和森林里发生的多起失窃案有关，现在所有的失窃物品就在你手上，这到底是怎么回事？

园丁鸟：（拍着翅膀，惊讶）失窃案？哦，不不不（双手不停摇摆，委屈无辜），黑猫警长，我不是小偷，你听我慢慢说。我昨天发现森林里有一棵小树生病了，枝干都断了，我想帮它，可没有工具。早上出门，刚好看到山羊公公有眼镜、猴妈妈有剪刀、兔姐姐有亮片彩带，就想先借来帮助小树治疗，等忙完了再把工具还给他们。

黑猫警长：（思考片刻，温和）原来如此！园丁鸟，你很有爱心，看到小树生病能帮助它，这很好！可是这些工具是别人的，借用前要先征得主人的同意才对。

园丁鸟：（不好意思）是我太心急了，没有先向工具的主人们说明，我知道错了。

黑猫警长：（拍拍园丁鸟的翅膀）知错就改，下次一定要注意！

园丁鸟：好好好，我以后一定会注意的！

〔山羊公公、猴妈妈、兔姐姐着急地跑上场。〕

山羊公公：（拄着拐杖，颤颤巍巍跑上前）听说你找到我的眼镜了！

猴妈妈：（快步跑上前）听说找到我的剪刀了！

兔姐姐：（连蹦带跳跑上前）听说找到我的亮片彩带了！

黑猫警长：（高兴）是的，你们的东西都在这儿呢！

山羊公公、猴妈妈、兔姐姐：谢谢黑猫警长和白鸽警士们，你们真是森林的保护神！（竖起大拇指）

黑猫警长：不用客气！保卫森林、保卫家园，是我们的责任！

白鸽警士们：警长说得对！保卫森林、保卫家园是我们应该做的！

黑猫警长：不过，这次园丁鸟拿走你们的东西，是因为他发现森林里有一棵小树生病了，需要用到你们的物品，一着急就忘记和你们打声招呼了。

山羊公公：（捋捋胡子，眯着眼睛）原来如此，那就先把我的眼镜借给园丁鸟好了，等帮小树看完病再还我。

猴妈妈：（挠挠脑袋）我也可以把剪刀先借给园丁鸟。

兔姐姐：（跑过去抱着园丁鸟的翅膀）园丁鸟，你真有爱心，我也想和你一起帮助小树治病，我的亮片彩带也借给你！

园丁鸟：谢谢大家，是我不好，一时心急，没有和你们打招呼，让大家担心了，真不好意思！我刚帮小树治好病，眼镜、剪刀我已经用完了，现在物归原主（把眼镜、剪刀递给山羊公公和猴妈妈）。兔姐姐，亮片彩带得等小树伤口愈合了再还给你，可以吗？

兔姐姐：（开心地跳起来）当然没问题！

黑猫警长：（温和，微笑）有困难，别忘记找我们黑猫警卫队！

〔动物们和黑猫警卫队一同围着小树唱歌跳舞。〕

〔剧终〕

（故事来源：《黑猫警长新故事·电话铃又响了》，三环出版社 1990 年版。）

大班

半小时爸爸

杨东红

第　一　幕

场景：湖边草丛

角色：笨狼、鸭妈妈

道具：鸭蛋模型（可分开）

〔幕启。鸭妈妈蹲在舞台旁侧一个大鸭蛋上。〕

鸭妈妈：嘎——嘎——我是一只勤劳的鸭妈妈，孵蛋孵了三个星期。（摸着鸭蛋）乖宝宝呀，乖宝宝，快出来吧，妈妈可真累坏了。

笨狼：（上场，大声唱歌）我是一只来自北方的狼，走在秀美的湖边上……鸭妈妈，您的蛋宝宝还没孵出来呀？我能帮您什么忙吗？

鸭妈妈：（疲倦又温和）哦，是笨狼啊。我呀，又累又饿，想到湖里去洗个澡，吃点东西，也许你能替我照料一下我的小宝贝。

笨狼：（指着鸭蛋）就是这只蛋吗？您的意思该不是让我也坐在他的上面吧！

鸭妈妈：（急忙摇头）不，当然不是让你坐在他上面，你只要替我看着他就行了。

笨狼：（拍着胸脯）好的。您去吧。

鸭妈妈：（开心）嘎——嘎——谢谢了，你真是个热心肠的好人！（下场）

第　二　幕

场景：湖边草丛

角色：笨狼、小鸭、狐狸、小鸟、蝴蝶

道具：蚯蚓

〔“笃笃，笃笃”的背景音效响起。笨狼对着鸭蛋侧耳听。蛋壳破了，小

鸭毛茸茸的脑袋钻出来，把笨狼吓了一跳。〕

小鸭：（朝笨狼）嘎嘎，妈妈，妈妈——

笨狼：（摇摇头，大声）不——我可不是你妈妈。

小鸭：（疑惑地抬起头）爸爸，爸爸——

笨狼：（摇头摆手）我也不是你爸爸。

小鸭：（捂着脸，大哭）哇——

笨狼：（弯下腰，笑着）好吧，我是你的爸爸。我挖蚯蚓给你吃。

〔笨狼扒开草丛，挖蚯蚓给小鸭吃。诡异的音乐声响起，狐狸鬼头鬼脑地上场。〕

狐狸：（用力咽下口水）嘻嘻嘻，多肥多嫩的鸭宝宝呀！看得狐狸我口水一直往下流。可是，旁边还有那只笨狼守着，怎么办？（做思考状）有了。

狐狸：（躲在草丛里学鸭妈妈的声音）嘎嘎嘎，救命呀，救命呀，狐狸来抓我了。

笨狼：（回头看）嗯？（转头对小鸭）宝贝，你待在这里，别动，我去救你妈妈。（跑下场）

〔狐狸从草丛里钻出，扑向小鸭。急促的音乐声响起，小鸭扑腾扑腾地跑着，狐狸在后面追，两人在舞台上绕圈追跑。小鸟和蝴蝶上场。〕

小鸟、蝴蝶：（大声喊叫）啾啾——笨狼，别上狐狸的当了，快回来啊，狐狸要吃掉小鸭了。

笨狼：（上场，张开双臂，把小鸭护在身后）你这只该死的坏狐狸，竟然敢骗我。看打！

〔打斗的音乐响起，笨狼抡起拳头打狐狸，狐狸后退。笨狼用双手抓住狐狸的身体旋转，然后放开狐狸。狐狸旋转着下舞台。“扑通”的背景音效响起。笨狼把小鸭紧紧地抱在怀里。〕

小鸟、蝴蝶：啾啾——太好了，太好了，狐狸掉进湖里了。笨狼，你真勇敢！

第　三　幕

场景：湖边草丛

角色：笨狼、小鸭、鸭妈妈

笨狼：（看着小鸭）宝贝，鸭妈妈还没来，我教你唱歌吧。（用粗哑的声音唱）我是一只来自北方的狼——

小鸭：（用细嫩的声音唱）嘎嘎，我是一只来自北方的狼——

鸭妈妈：（上场，张开怀抱）嘎——宝贝，宝贝。

小鸭：（躲在笨狼身后）爸爸，她是谁呀？

笨狼：（叉腰，指向鸭妈妈）那是你妈妈。

小鸭：（高兴地扑进了鸭妈妈的怀抱）妈妈——

鸭妈妈：（拥抱小鸭）我的宝贝！

小鸭：（抬起头唱歌）我是一只来自北方的狼——

鸭妈妈：（非常吃惊）嘎——这是怎么回事？

小鸭：（非常开心）嘎嘎，是爸爸教我唱的。

笨狼：（搔搔头，不好意思）嘿嘿，我只是做了半小时的爸爸。

鸭妈妈：（对着笨狼竖起大拇指）笨狼，你这半小时爸爸当得真好！

〔小鸭站中间，笨狼和鸭妈妈站在小鸭的两边，用手比个“心”的造型，一起唱歌。欢快的音乐响起。〕

笨狼、鸭妈妈、小鸭：我是一只来自北方的狼——

〔剧终〕

故事来源：《半小时爸爸》（著：汤素兰），甘肃少年儿童出版社 2014 年版。

奇妙的垃圾箱

杨东红

第　一　幕

场景：草地

角色：小猴、小熊

道具：皮球、垃圾箱、香蕉、香蕉皮

〔幕启。小熊站在舞台中间拍皮球。旁边有个垃圾箱。〕

小熊：（边拍球边数）一、二、三、四、五……

小猴：（拿着一串香蕉上场，边走边吃）真香、真甜、真好吃。（吃完一根香蕉，把香蕉皮一扔，恰恰扔到小熊头上）

小熊：（摸摸脑袋）哎哟！（责怪）小猴弟弟！

小猴：（扭头转身）哦，是熊大哥呀，什么事呀？

小熊：小猴弟弟，（指着垃圾箱）你要把香蕉皮扔进垃圾箱里才对。

小猴：（不屑）嘿嘿，我还要赶路，扔到垃圾箱，不方便；再说，垃圾箱臭臭的、脏脏的，我不想靠近它。（继续边走边吃香蕉）

小熊：（生气）你！真不讲理！（把地上的香蕉皮捡到垃圾箱里，回头看到小猴还在吃香蕉）不行，我得跟着他。（抱起垃圾箱，跟在小猴后面走）

〔诙谐的音乐声中，小猴边吃香蕉边扔香蕉皮，小熊抱着垃圾箱，跳上跳下接着香蕉皮。小猴下场，小熊累得趴在地上直喘气。〕

第　二　幕

场景：草地

角色：小兔、小熊

道具：垃圾箱、糖果纸折成的蝴蝶杖偶

〔幕启。小熊趴在地上。小兔上场。〕

小兔：（手里举着一只蝴蝶杖偶，边走边唱歌）春天来，春天来，花儿朵朵开……（看到小熊，惊讶）咦，熊哥哥，你怎么啦？（赶紧搀起小熊）

小熊：（生气）小猴不讲理，他把香蕉皮，随手扔满地，我抱垃圾箱，接住香蕉皮，累得趴在地。（喘气）

小兔：（生气、严肃）猴哥哥，他不对，香蕉皮，乱丢弃。熊哥哥，别生气，讲卫生，（对小熊竖起大拇指）你第一。可是，（思考）抱着垃圾箱追着他，也不是办法呀！

小熊：那你说说，有什么好办法，能让大家把垃圾扔进垃圾箱里？

小兔：（搔搔脑袋）这……这……这我还真想不出来。

小熊：（指着蝴蝶杖偶）咦，小兔妹妹，你手上拿的是什么呀？

小兔：（把蝴蝶杖偶递给小熊）这是我用吃完的糖果纸折成的蝴蝶。

小熊：（笑）糖果纸能变出这么美丽的蝴蝶，（对小兔竖起大拇指）小兔妹妹你真能干。

小兔：（把蝴蝶杖偶递给小熊）你要是喜欢就送给你。我要赶紧回家了，再见。

小熊：（朝着小兔挥挥手）小兔妹妹，再见。（玩着蝴蝶）糖果纸能变蝴蝶。（看看垃圾箱）要是把糖果纸扔进垃圾箱就能变出蝴蝶，那该多有趣。哈哈，我有办法了！我有办法了！（哈哈大笑，抱着垃圾箱下场）

第　三　幕

场景：草地

角色：小熊、小猪、小猫、小狗、小兔、小猴

道具：装饰得金光闪闪的垃圾箱、果冻壳、果冻壳做成的帽子、水果网、水果网做成的裙子、鱼骨头、鱼骨发夹、肉骨头、肉骨头状的枕头、香蕉皮、香蕉皮做成的黄玫瑰

〔小熊抱着金光闪闪的垃圾箱上场，把垃圾箱放在地上。小猪吃着果冻上场。〕

小猪：真甜呀！（随手把果冻壳扔在地上）

小熊：（走向小猪，指着地上的果冻壳，再指着垃圾箱）小猪弟弟，请你把果冻壳扔进奇妙的垃圾箱里，它会变出玩具送给你。

小猪：（惊奇）真的吗？

小熊：不信你就试试。

〔小猪把果冻壳捡起来，扔进垃圾箱里。随着音乐，小熊把垃圾箱左右晃动，从垃圾箱里取出一个果冻壳做成的帽子。〕

小猪：（高兴地拍手跳起来）太神奇了！果冻壳能变帽子！我要回家去，把垃圾全提到这里，扔进去，让垃圾变出玩具。

〔小猪把帽子戴在自己头上，高兴地跑下场。小兔、小猴、小猪、小猫、小狗提着各种各样的垃圾上场。〕

动物们：（高兴）熊哥哥，熊哥哥，听说你的垃圾箱真呀真稀奇，没用的垃圾扔进去，变出来的是玩具？

小熊：（自豪）是啊，奇妙的垃圾箱吸引朋友们，争着扔垃圾。嘿嘿！

小兔：（赶紧站到垃圾箱前）我先扔。

小猴：（挤到小兔前面）我先扔。

小熊：（赶紧伸出双手，摆摆手）大家别着急，排队扔垃圾。

动物们：（齐声）对，对。大家排好队，按顺序，扔垃圾。（排好队）

小兔：（晃了晃手里的水果网，扔进垃圾箱）我把水果网扔进垃圾箱。

〔随着音乐，小熊把垃圾箱左右晃动一下，取出一件水果网做成的裙子。〕

动物们：（欢呼）哦！哦！垃圾变成漂亮的裙子喽！

小猫：（晃了晃手里的鱼骨头，扔进垃圾箱）我把鱼骨头扔进垃圾箱。

〔随着音乐，小熊把垃圾箱左右晃动一下，取出一个鱼骨发夹。〕

动物们：（欢呼）哦！哦！鱼骨头变成美丽的发夹喽！

小狗：（晃了晃手里的肉骨头，扔进垃圾箱）我把肉骨头扔进垃圾箱。

〔随着音乐，小熊把垃圾箱左右晃动一下，取出一个肉骨头状的枕头。〕

动物们：（欢呼）哦！哦！多可爱的肉骨头形状的枕头！

小猴：（晃了晃香蕉皮，扔进垃圾箱）香蕉皮扔进垃圾箱会变出什么呢？

〔随着音乐，小熊把垃圾箱左右晃动一下，取出一朵黄玫瑰。〕

动物们：（欢呼）哦！哦！黄色的香蕉皮变成芬芳的黄玫瑰！

小熊：（抱着垃圾箱，左右摇动）垃圾箱，真奇妙，扔进废物，变出宝贝，从此，动物们再也不要乱扔垃圾。

动物们：（点头）对对对，（手指着垃圾箱）垃圾一定要扔进垃圾箱里。

〔剧终〕

故事来源：自编故事《奇妙的垃圾箱》。

鸡　毛　鸭

杨东红

第　一　幕

场景：大马路

角色：鸡毛鸭

道具：鸡毛掸子（绑着红、黄、蓝三根颜色鲜艳、长度夸张的羽毛）

〔幕启。音乐响起，鸡毛鸭摇摇摆摆地上场。〕

鸡毛鸭：（有节奏）我的名字叫淘淘，生来全身就没毛。谁要是喊我没毛鸭，我的嘴巴朝他翘（扭头噘嘴）。唉，身上没毛真烦恼，不好意思到处跑。不行，我得想个办法……（鸡毛鸭回头，看见地上的鸡毛掸子）

鸡毛鸭：（开心地跳起来）哈哈，鸡毛掸子靠墙站，轻轻拔下三根毛。（配合扬琴滑音，鸡毛鸭分三次将红、黄、蓝三根羽毛拔下，拿在手上）

鸡毛鸭：（一手拿红色羽毛）哎呀，红红颜色像彩旗，粘在尾巴正中间。（做粘鸡毛的动作，屁股翘一翘）

鸡毛鸭：（一手拿黄色羽毛）好嘞，黄黄颜色金灿灿，粘在尾巴最右边。（做粘鸡毛的动作，屁股左右摇晃）

鸡毛鸭：（一手拿蓝色羽毛）真棒，蓝蓝颜色似海水，粘在尾巴最左边。（做粘鸡毛的动作，屁股左右摇晃）

鸡毛鸭：（左右回头望，绕着屁股上的羽毛转圈）东看看西瞧瞧，有了羽毛实在好，赶紧上街跑一跑，大家肯定夸我俏。

〔音乐响起，鸡毛鸭摇摇摆摆地下场。〕

第　二　幕

场景：大马路

角色：鸡毛鸭、大脚猩猩

道具：红、黄、蓝三根颜色鲜艳、长度夸张的羽毛，雪糕，雪糕包装纸（粘绑上长线）

〔大脚猩猩上场，四处寻觅，然后站在舞台中央。〕

大脚猩猩：（着急）我是大猩猩，儿子要鸡毛，准备做飞镖。我呀到处找，越找越心焦。东找找，西瞧瞧，哪里有鸡毛？（边找边下场）

鸡毛鸭：（手拿雪糕上场，边说话边剥雪糕的包装纸）太阳当空照，走在大街道，热得受不了。买根大雪糕，剥下包装纸，大口吃雪糕。（风声音效响起）哎呀，一阵风儿吹，吹跑雪糕纸，我得赶紧追，不能乱丢弃。

〔音乐响起，舞台边的演员拉动长线，让雪糕包装纸忽上忽下地动，鸡毛鸭跳上跳下地追，有时为了捂住雪糕包装纸，就趴倒在地上。〕

鸡毛鸭：（站在舞台中间大口喘气）追过一条街道，追过两条街道，追过三条街道，喘喘气心乱跳，腿发软人摔倒，还是没追到！

〔鸡毛鸭回头，看到雪糕包装纸躺在地板上。音乐起，鸡毛鸭一步一步小心翼翼地靠近雪糕包装纸。舞台另一侧，大脚猩猩一步一步地靠近雪糕包装纸。大脚猩猩用脚踩住包装纸，鸡毛鸭向前扑向包装纸，却扑在大脚猩猩的脚上。大脚猩猩低头向下看，鸡毛鸭抬头向上看。〕

大脚猩猩：（严肃，大声）乱扔包装纸，影响环境卫生，罚钱！

鸡毛鸭：（急忙辩解）我没乱扔，风吹的！

大脚猩猩：（把头一歪）有谁可以证明？

鸡毛鸭：（小声）没……没人看见。

大脚猩猩：没人证明，那就认罚。

鸡毛鸭：（把雪糕递给大脚猩猩，头扭向一边，不情愿）真倒霉！我的钱买雪糕了，我把雪糕给你吧。

大脚猩猩：（有点傲慢）没钱？那就罚拔你三根鸡毛吧。

鸡毛鸭：（双手捂着屁股，紧张地大叫）不要，我全身就只有这三根鸡毛了。

大脚猩猩：向后转！

〔鸡毛鸭委屈地慢慢向后转，大脚猩猩从鸡毛鸭屁股上拔下三根鸡毛，转身走了。〕

鸡毛鸭：（回身看着远去的大脚猩猩，歪着脑袋思考）他拿我的鸡毛想干啥？不行，我得悄悄跟着他！

〔大脚猩猩前边走，鸡毛鸭悄悄地跟在后面，一前一后，绕着舞台走一圈。〕

大脚猩猩：（走到舞台中间，咳嗽）呸——（做吐痰状）

鸡毛鸭：（大步赶上，指着大脚猩猩）你随地吐痰，不注意公共卫生，还好意思罚别人，把鸡毛还给我！

〔鸡毛鸭从大脚猩猩手上夺回鸡毛，大脚猩猩愣住了。鸡毛鸭分三次把鸡毛插到自己的屁股上。鸡毛鸭左回头望、右回头望，然后转个圈。〕

鸡毛鸭：（心花怒放）东看看西瞧瞧，有了羽毛实在俏，不过还得爱环保，大家的生活才会美，生活才会越来越美好。

大脚猩猩：（耷拉着头）鸡毛鸭，我错了，自己没做好，还要罚别人。你才是真环保！你说得对，只有大家都注意环保，生活才能越过越好！

〔欢快的音乐响起，大脚猩猩抓着鸡毛鸭的手，旋转。〕

鸡毛鸭：（惊恐）你干什么？我的鸡毛会掉下来的！

大脚猩猩：（开心）哈哈——鸡毛鸭，没有鸡毛，你也很俏！

〔剧终〕

故事来源：网络故事《鸡毛鸭》。

节俭的小熊

曾丽君

第　一　幕

场景：小熊家

角色：熊太太、熊姐姐丽丝、熊妹妹爱丝、米粒、各种蔬菜宝宝

道具：盘子、桌椅

〔米粒和胡萝卜、青菜、洋葱等蔬菜宝宝随着音乐《蔬菜进行曲》律动上场。〕

米粒：（拍手，转圈）小小的米粒香又白，大人小孩都喜爱！

蔬菜宝宝：（逐一往前跳出来）萝卜青菜和洋葱，（向身体前方竖大拇指）颜色缤纷营养多。

〔熊太太端着盘子上场。米粒、胡萝卜、青菜、洋葱立刻蹲到盘子下面。〕

熊太太：小熊姐姐丽丝、小熊妹妹爱丝，快来吃午餐了。

〔丽丝和爱丝手拉手愉快地跑上场，围在盘子的周围。〕

丽丝、爱丝：（闻闻菜肴）妈妈烧的饭菜香喷喷！肚子饿得咕噜叫，我们吃饭喽！

〔随着音乐《吃饭进行曲》，熊太太、丽丝、爱丝围着桌子坐下吃饭。米粒和蔬菜宝宝在旁边跳圆圈舞。音乐停止，爱丝摸摸肚子。〕

爱丝：吃得好饱呀！（拉丽丝的手）丽丝姐姐，我们去森林里玩吧！

米粒、蔬菜宝宝：（跳起来，手拉手，拦住丽丝和爱丝，很生气）碗里还

剩许多米粒，盘子里还剩蔬菜，真浪费！不许离开！

熊太太：孩子们，米粒好，蔬菜香，一点一滴要爱惜，光盘行动从每一餐做起。

丽丝、爱丝：（低下头，羞愧）妈妈，我们错了。

〔音乐《悯农》响起，米粒和蔬菜宝宝排成一行，在舞台后方朗诵《悯农》。丽丝和爱丝坐下吃完了饭菜后，站起来。〕

丽丝、爱丝：（齐声）妈妈，以后我们都要把食物吃干净，光盘行动不浪费。

〔熊太太微笑点头。〕

米粒、蔬菜宝宝：（笑着对丽丝和爱丝竖大拇指）爱惜粮食和蔬菜，勤俭节省好习惯。

丽丝、爱丝：（摆手）妈妈再见，我们出去玩了。（下场）

第　二　幕

场景：森林

角色：熊姐姐丽丝、熊妹妹爱丝、小兔、小鹿、锅巴宝宝们

道具：锅巴

〔音乐《一起去郊游》响起，丽丝、爱丝上场，两个人追蝴蝶，唱起了歌儿，嬉笑玩闹。小兔边吃锅巴边上场。〕

小兔：爱丝、丽丝，你们要去哪里呀？

爱丝：我们要去森林公园玩。

小兔：（扔掉锅巴）我和你们一起去。

丽丝：（惊讶）小兔，你怎么把锅巴扔掉了呀？

小兔：哦，我不吃了。

爱丝：现在不吃，可以留着晚上吃呀，扔掉就浪费了。

小兔：（生气）晚上我家里还有锅巴，不用你管。哼！（下场）

丽丝、爱丝：（挥手）哎——小兔，你回来……

〔小鹿边吃锅巴边上场。〕

小鹿：丽丝、爱丝，你们要去哪里呀？

丽丝、爱丝：我们要去森林公园玩。

小鹿：（把锅巴扔在地上）我和你们一起玩，好吗？

丽丝：小鹿，你怎么把锅巴扔掉了呀？

小鹿：我要和你们一起玩，不吃锅巴了。

爱丝：你可以先吃了锅巴，再和我们一起玩呀，扔掉就浪费了。

小鹿：哼，我家里还有很多锅巴，不要你们管！（扭头，转身走下场。）

〔悲伤的音乐响起，锅巴宝宝们上场，唱歌。〕

锅巴宝宝们：锅巴，我们是香喷喷的锅巴；锅巴，我们是小动物最爱的锅巴。可是，有的动物不珍惜粮食，咬一口就扔掉，我们成了可怜的锅巴，唉……

爱丝：（转向丽丝，难过）姐姐，小兔、小鹿不爱惜粮食，这么多锅巴扔在地上，可怎么办呀？

丽丝：（思考片刻，灵机一动）不能浪费粮食。我们去找个篮子，把这些锅巴收集起来，带回家吧！

〔随着音乐，锅巴宝宝们围着丽丝、爱丝一起跳舞。〕

第　三　幕

场景：森林、小鹿家

角色：熊姐姐丽丝、熊妹妹爱丝、小兔、小鹿

道具：门、锅巴、袋子

旁白：一整个夏天，一整个秋天，熊姐姐丽丝、熊妹妹爱丝收集被扔掉的锅巴，在家中的地窖里堆成了一座小山。很快，冬天来了，天空中飘着鹅毛大雪。

小兔：（双臂抱在胸前上场，冷得发抖）这雪越下越大，家里没东西吃了，好饿呀！去找小鹿看看有没有东西吃。（敲小鹿家的门）

小鹿：谁呀？（有气无力打开门）

小兔：（走进小鹿家里）小鹿，你家还有东西吃吗？

小鹿：（难过，双手压着肚子）这雪已经下了好久了，我已经好几天没吃东西了，好饿呀！

小兔：（叹气，懊悔）唉，如果没有把吃剩的锅巴扔掉，现在就可以吃上香喷喷的锅巴了。真后悔！

小鹿：（有气无力）是呀，真不该浪费粮食。

〔小兔和小鹿饿得晕倒了。爱丝拿着锅巴，和丽丝走上场。〕

爱丝：（拿着锅巴递给丽丝）姐姐，下大雪，没有新鲜的蔬菜吃，我们吃锅巴吧。这锅巴真香。

丽丝：（接过锅巴放到嘴边，突然顿住脚步，皱眉）糟糕，下着大雪，肯定很多动物没有食物吃。妹妹，我们去给森林里的动物们送锅巴吧！

爱丝：（干脆）好！我们赶紧出发吧。

〔音乐《For the Win》响起。〕

旁白：爱丝和丽丝背着两袋锅巴，迎着风雪，挨家挨户为小动物们送锅巴。她们来到了小鹿家。

爱丝：咦，这么冷的天，小鹿家的门怎么开着呢？

丽丝：该不会出事了吧，赶紧进去看看。

〔丽丝和爱丝走进小鹿家，看到晕倒在地的小兔和小鹿，赶紧放下袋子。丽丝扶起小鹿，爱丝扶起小兔。〕

丽丝：小鹿，快醒醒。

爱丝：小兔，快醒醒，我们送锅巴来了。

〔小兔和小鹿慢慢睁开眼睛，姐妹俩从袋子里拿出锅巴喂小兔和小鹿。小兔、小鹿吃了锅巴后，在爱丝、丽丝的扶助下虚弱地站起来。〕

小兔、小鹿：（握着爱丝和丽丝的手）爱丝、丽丝，谢谢你们救了我们！

爱丝、丽丝：（热情）不客气，这些锅巴都是动物们扔掉不要的，现在可派上大用场了。

小兔、小鹿：（羞愧地低下头）如果我们当初爱惜粮食，现在就有剩余的锅巴吃，就不会饿昏倒了！

丽丝：是呀！粮食得来不容易，一点一粒要爱惜。

小兔、小鹿：以后，我们一定会爱惜粮食、注意节俭的！

〔剧终〕

故事来源：网络故事《节俭的小熊》。

烦恼回收站

杨东红

第　一　幕

场景：森林

角色：小鸟、七星瓢虫

〔幕启。快乐的音乐响起，小鸟、七星瓢虫上场。〕

小鸟：（头朝左右两边）啾啾啾，啾啾啾，（手掌放在嘴巴旁边，大声唱）我是一只小小鸟啊——（说唱）全森林的事情我都知道。

七星瓢虫：厉害了，小鸟！全森林的事情你都知道，那你就是“百事通”啊。

小鸟：（得意地昂着头）那还用说！七星瓢虫，告诉你吧，我是无事不知、无人不晓，播报新闻，吓你一跳！

七星瓢虫：（好奇又期待）哦，什么新闻？快说快说。

小鸟：（神秘）棕熊伯伯刚刚在森林里建了一个烦恼回收站，你知道吗？

七星瓢虫：烦恼回收站？我听说过废品回收站，是回收各种废弃物的；烦恼回收站，从没听说过。这到底是怎么回事？

小鸟：是啊，全森林的动物都去看热闹，我们也赶紧去瞧瞧。

〔小鸟飞下场，七星瓢虫爬下场。〕

第　二　幕

场景：森林（有一座房子，房子旁的一棵大树上挂着一块牌匾，写着“烦恼回收站”。房子的前面有花丛）

角色：棕熊伯伯、猪爸爸、猪宝宝、小鸟、七星瓢虫

道具：烦恼回收机（可用牛奶纸箱自制）、木桶、玩具汽车两辆（一辆坏的，一辆完好）

〔滑稽的音乐响起，棕熊伯伯推着烦恼回收机上场。〕

棕熊伯伯：（慈爱，开心）哈哈哈，新鲜事新鲜事，棕熊我建了一个烦恼回收站。（有节奏）烦恼回收站，不收钱，只收眼泪和烦恼，烦恼倒进机器里，变出宝贝逗你笑，逗得大家乐开怀，乐——开——怀，哈哈哈……

〔紧张的音乐响起，伴随猪宝宝的哭声。猪爸爸背着猪宝宝跑上场。〕

猪爸爸：棕熊伯伯，快帮帮我吧！今天大清早，小猪摔了一跤，摔坏小汽车，不停地哭闹！

猪宝宝：（捂着眼睛，大哭）呜呜呜……玩具车摔坏了，呜呜呜……

棕熊伯伯：（不慌不忙地摆摆手）没关系，没关系。我先用木桶接住猪宝宝的眼泪，和玩具汽车一起倒进烦恼回收机里，马上就好。

〔棕熊伯伯提一个木桶，先放在猪宝宝前面接住眼泪，再拿着木桶和猪宝宝的坏玩具汽车，倒进烦恼回收机。伴随滑稽的音乐声，棕熊伯伯转动烦恼回收机，从机器的另一头取出一辆完好的玩具汽车。〕

棕熊伯伯：（笑着把玩具汽车递给猪宝宝）玩具车，修好了，猪宝宝，笑一笑。

猪宝宝：（接过玩具汽车，立刻就笑了）哈哈哈哈——

猪爸爸：呵呵，还真神奇，玩具车修好了，猪宝宝不哭了。太感谢您了，棕熊伯伯！

〔小鸟和七星瓢虫上场。〕

小鸟、七星瓢虫：（在舞台旁边看）嘻嘻嘻……（有节奏）烦恼回收站，回收眼泪和烦恼，太棒了！

猪爸爸：（鞠躬）棕熊伯伯！谢谢您，再见！

（猪爸爸挥手，牵着猪宝宝的手下场。小鸟和七星瓢虫也下场。）

棕熊伯伯：（笑着挥手）再见。

第　三　幕

场景：森林（有一座房子，房子旁的一棵大树上挂着一块牌匾，写着“烦恼回收站”。房子的前面有花丛）

角色：棕熊伯伯、小鸡、小兔、猪爸爸、猪宝宝、小鸟、七星瓢虫

道具：烦恼回收机（可用牛奶纸箱自制）、牌匾（写着“快乐生产站”）、

木桶两个

〔小兔和小鸡一边吵架，一边走上场。〕

小兔：小鸡小鸡真讨厌！

小鸡：小兔小兔爱生气！

小兔：我不跟你玩！

小鸡：我不跟你好！

小兔、小鸡：（转身，背对背）哼！

棕熊伯伯：（不慌不忙地拿出两个木桶，分别放到小兔和小鸡的面前）来来来，把你们的烦恼说出来，装进木桶里。

小兔：（对着木桶）小鸡小鸡可真坏，弄脏了我的白棉袄。

小鸡：（对着木桶）小兔小兔真可恶，花皮球踢进树洞里。

棕熊伯伯：这些小事，我来解决。

棕熊伯伯：（微笑着拎起一个木桶，往机器里倒，倒完把木桶放在机器的另一端出口）把小兔说的话倒进了机器里。

棕熊伯伯：（微笑着拎起另一个木桶，往机器里倒，倒完把木桶放在机器的另一端出口）再把小鸡说的话也倒进了机器里。

〔伴随滑稽的音乐声，棕熊伯伯转动机器，机器的另一头出现两桶干净的水。〕

棕熊伯伯：（拎起其中一桶水给小兔，笑着）小兔拿水洗衣裳。

小鸡：（接过另一桶水，有节奏）我，拿水灌树洞，取出花皮球。

小兔、小鸡：（鞠躬）棕熊伯伯，谢谢您帮我们解决了烦恼的事情。再见！（挥手）

棕熊伯伯：（笑着挥手）哈哈哈，再见。

棕熊伯伯：（对着台下）小朋友们，如果你们有什么烦恼的事，（手指“烦恼回收站”的牌匾）就到烦恼回收站来找我。

〔快乐的音乐响起，猪爸爸背着猪宝宝，小兔和小鸡抬着“快乐生产站”的牌匾，和小鸟、七星瓢虫一起上场。〕

众动物：（高兴）棕熊伯伯，您帮我们回收烦恼，大家都变得快快乐乐的，森林也成了快乐森林！所以，大家要给烦恼回收站改名了。

棕熊伯伯：（纳闷）哦，改成什么呢？

〔小鸡和小兔亮出牌匾。〕

众动物：改成“快乐生产站”！（把“快乐生产站”的牌匾挂上，把“烦恼回收站”的牌匾收下来，有节奏）烦恼回收站，只收眼泪不收钱！快乐生产站，让您成为快乐人！

〔快乐的音乐响起，动物们跳起欢乐的舞蹈。〕

〔剧终〕

故事来源：网络故事《烦恼回收站》。

新编龟兔赛跑

杨东红

第　一　幕

场景：森林（大树、草丛）

角色：小兔、小狗、狐狸

道具：皮球、钉子

〔幕启。快乐的音乐响起。小兔跑步上场。〕

小兔：我是小兔聪聪，擅长跑步。可是，上次和乌龟比赛跑步，路上睡大觉，输给了小乌龟。唉，真丢人！不过，这件事也让我懂得一个道理，就是不能骄傲！（握拳头，给自己加油）对！不骄傲，继续跑步。（在舞台上绕圈跑）一二一，一二一……

〔小狗拍着皮球上场。〕

小狗：小皮球，圆溜溜，拍一拍，跳一跳……

〔球飞到小兔头上，小兔摸着自己的脑袋。〕

小兔：哎哟，是谁打我的头！

小狗：啊——是小兔啊。（道歉）对不起，皮球打到你头上了，疼吗？

小兔：原来是小狗啊。不疼不疼。你练习拍球，是不是也要参加森林运动会？

小狗：是的。小兔，你每天坚持跑步训练，这次跑步比赛的冠军一定是你。

小兔：嗯，我一定要努力得冠军。

〔狐狸上场。〕

狐狸：（阴阳怪气）说大话不嫌害臊，上次连慢腾腾的乌龟都赢不了，还想拿冠军？

小狗：上次的事情，小兔早就知道自己错了，不用你多嘴。

狐狸：（生气）哼，死兔子，仗着自己跑得快，整天和我过不去，昨天还从我嘴里救走了小鸭子。这次比赛，你一定会再次输给小乌龟的！

小兔：小狗，别理他，我们继续锻炼去。

〔小兔和小狗下场。扬琴上扬的乐声响起。狐狸东瞅瞅西望望，原地自转两圈，拿出一根钉子。〕

狐狸：嘻嘻嘻，变变变，变出一根钉子。我要在路边倒插一根钉子，在小兔比赛时将他撞倒，让他的兔腿上扎一根钉子，看他还怎么得冠军。嘻嘻嘻……（把钉子放在草丛中，哼着小曲下场）

第　二　幕

场景：森林（大树、一条起跑线）

角色：小兔、小狗、小鸟、狐狸、乌龟、大象

道具：口哨、玩具枪、钉子

〔《运动员进行曲》音乐声中，大象上场。〕

大象：森林运动会开始了，第一场比赛是赛跑，请运动员入场。

〔欢呼声的背景音中，小兔和乌龟一前一后地上场。小鸟飞上场，小狗跑上场。〕

小鸟：（欢呼）哦——哦——森林运动会开始了，龟兔再次赛跑。

小狗：（兴奋）运动员加油！

大象：（站在起跑线旁边，举起信号枪）请运动员做好准备——

〔小兔和乌龟并排站在起跑线上。〕

大象：预备——跑！

〔枪声音效响起。劲爆的音乐声中，小兔和乌龟奋力地向前跑。小狗站在舞台后方喊加油。小兔在舞台上飞快地绕圈跑。乌龟爬到舞台中间时，小兔跑完第二圈，跑到舞台中间时，狐狸突然从大树后面蹿出来，推倒小兔，小

兔在地上打滚撞倒了小狗。狐狸马上躲到大树后面。乌龟继续慢慢向前爬。〕

小狗：（痛苦）哎哟——哎哟——好疼啊。

小兔：（担忧）小狗，你摔伤了吗？

小狗：（皱着眉头）小兔，我的腿被钉子扎到了。

小兔：（着急）真糟糕，我扶你到森林医院处理伤口。

小狗：（摇摇头，手指前方赛场）不，小兔，别管我，你赶快参加比赛。这个冠军可是你盼望了很久的。

小兔：（矛盾）这——我是很想得到这个冠军。那你先在这里休息一下，我以最快的速度跑到终点，完成了就马上回来接你。（站起来，离开）

小鸟：（着急地大喊）小兔，快回来。你不能丢下小狗，坏狐狸躲在大树后面，小狗现在受伤了，会很危险的。

〔小兔折回来，扶起了小狗。〕

小兔：小狗，我不参加比赛了。我先带你去森林医院。

小狗：你不想赢得比赛、获得冠军了吗？

小兔：明年我一定能得冠军。

〔小兔扶着小狗下场。〕

第　三　幕

场景：森林（大树、一个小山丘上插一面红旗）

角色：小兔、小狗、小鸟、狐狸、乌龟、大象

道具：红旗、绷带、狐狸尾巴、大象的长鼻子、奖牌

〔乌龟终于爬到终点，高兴地举起红旗，挥舞着。〕

大象：（热情）乌龟，祝贺你再次获得冠军。

乌龟：（四下张望）真奇怪，小兔不是跑在我的前面吗？怎么不见了呢？

〔小兔扶着小狗上场，小狗的腿上缠着绷带。小鸟上场。〕

小兔、小狗：（和乌龟握手）乌龟，祝贺你获得冠军。

乌龟：（担忧地指着小狗的腿）小狗，你怎么受伤了？小兔，这到底是怎么回事呢？

小鸟：我知道，我知道。是坏狐狸偷偷地把钉子倒插在草丛中，在小兔赛跑时故意撞倒小兔，没想到小兔撞倒了小狗，所以小狗就被钉子扎伤了。

小狗：小兔扶我到森林医院处理伤口，所以没有跑到终点。

〔乌龟看到大树后面伸出一条狐狸尾巴，就用嘴咬住狐狸的尾巴，把狐狸拖到舞台中间。〕

狐狸：（倒退着走）哎哟哟，谁咬我？谁咬我的尾巴？

小鸟：打死这只坏狐狸。

〔大象抡起长鼻子往狐狸身上扫。狐狸哀嚎着摔在地上，滚下场。〕

乌龟：（举起手，大声）小兔是为了帮助小狗才输了比赛。我觉得这个冠军应该是小兔的。

小狗、小鸟：对，小兔不仅跑得快，还帮助别人，是真正的冠军！

大象：（开心）好，我们把冠军的奖牌颁给小兔。

〔大象把奖牌套到小兔脖子上，欢快的音乐响起。〕

小兔：（兴奋）谢谢大家！

〔大家拥抱在一起。〕

〔剧终〕

故事来源：自编故事《新编龟兔赛跑》。

爱吹牛的小公鸡

柯真珠

第　一　幕

场景：小鸡家

角色：小公鸡、小花、小胖

旁白：鸡妈妈生了三只小鸡，一只小公鸡和两只小母鸡。小母鸡一只叫小花，一只叫小胖。小公鸡从小就爱说大话，爱吹牛。

〔幕启。三只小鸡上场，走到舞台中央。小公鸡站中间，小花和小胖站在他两旁。〕

小公鸡：（左右转头，斜着眼睛分别看了一眼小花和小胖）妹妹们，你们说，我们三个谁是最厉害的小鸡？

小花：（眨眨眼，摇摇头）不知道。

小胖：（摆摆手）我也不知道。

小公鸡：（双手叉腰，向前大跨一步）当然是我啊！

小花：（睁大眼睛看着小公鸡）你最厉害？（摆了摆手）我不信。

小公鸡：（伸出右手拇指对着自己）要不是我每天早上起来打鸣，（指着天空）太阳会升起来吗？农民会出来干活吗？

小胖：你得了吧，你没打鸣，太阳照样会升起，农民伯伯照样会起来干活。

小公鸡：（大声）我是最大胆的小鸡，我什么都不怕！

小花：（哈哈大笑）上次被老鹰吓得躲进草丛里的，是谁呢？

小胖：（食指指着小公鸡）不就是你吗！（大笑三声）

小公鸡：（把头扭向一边，噘起嘴巴）哼，不和你们争了，反正我就是最厉害的小公鸡。不信，咱们走着瞧。

〔小公鸡说完头也不回，大摇大摆地下场。小花、小胖下场。〕

第　二　幕

场景：森林（池塘、大树、花草）

角色：小公鸡、小花、小胖、小鸭、小黄狗

旁白：三只小鸡来到森林里，遇到了在游泳的小鸭。

〔幕启。小鸭上场，做游泳的动作。三只小鸡上场。〕

小鸭：嘎嘎嘎，鸡宝宝们，你们好呀！

小花、小胖：（笑眯眯地摆手）你好呀，小鸭子！

小公鸡：（神气地走到池塘边）小鸭子，我是最厉害的小鸡，不信，咱俩比比，看谁最厉害。

小鸭：（朝小公鸡招招手）行啊，那你下来，我们比游泳吧，看谁游得快。

小花、小胖：（急忙拉住小公鸡）不行不行，小公鸡，我们不会游泳，你会淹死的。

小公鸡：（不屑地甩掉两个妹妹的手）放开我，比就比，我可是最厉害的小公鸡！

〔小公鸡跳到池塘，马上旋转着身体，倒下。〕

小公鸡：（惊慌失措地挥动着双手）救命啊，救命啊！

〔小鸭听到呼救声，赶紧转身游了回来，把小公鸡推到岸上。〕

小鸭：小公鸡，不会游泳就别逞强，太危险了。

小公鸡：（抖了抖身上的水）那……那是我还没准备好，（甩头）不然，我肯定得第一。

小鸭：唉，爱说大话的小公鸡。（摇摇头，下场）

〔小黄狗上场。三只小鸡继续往前走，看见了小黄狗。〕

小黄狗：（绕着三只小鸡走一圈）汪汪汪。嗨，可爱的小鸡们，你们好呀。

小花、小胖：（害怕地向后退了两步，抱在一起）不好，小黄狗最爱欺负人了。

小公鸡：（站在小花和小胖前面，伸开双臂）妹妹们，不用怕，我来保护你们，我是最勇敢的小鸡。你们忘了上次小黄狗来抢粥吃，是我把他吓跑的吗？

小花：（用手指刮脸颊）真不害臊，哥哥又吹牛。

小胖：就是，就是，明明是妈妈用嘴啄小黄狗，才把小黄狗赶跑的。

小公鸡：（走到小黄狗面前，抬高下巴做神气状）喂，我们来比本领，看看谁最厉害。

小黄狗：（大笑）哈哈，只要我一张嘴，你就吓跑了，还敢跟我比本领。（张开大嘴巴，气势汹汹）汪汪汪……

小公鸡：（全身颤抖，向后跳了一下，转身就跑）啊——太可怕啦，赶紧跑呀！

〔小公鸡跑下场。小花和小胖随后跑下场。小黄狗得意地哈哈大笑，下场。〕

第　三　幕

场景：小鸡家

角色：小公鸡、小花、小胖、老鹰、鸡妈妈

道具：草垛、铲子、棍子

旁白：小公鸡吓得上气不接下气地跑回了家，小花和小胖跟在小公鸡后面也跑回家，可鸡妈妈却不在家。

〔三只小鸡跑上场。〕

小胖：哥哥，你这吹牛说大话的缺点得好好改一改了。

小花：就是就是。哥哥，吹牛没好处的。

小公鸡：我是最厉害的小鸡，我能把老鹰啄跑。

〔老鹰上场。〕

老鹰：（四处张望）老鹰我，肚子饿得咕咕叫，鸡窝附近瞧一瞧，母鸡不在时机好，抓住小鸡赶紧逃。哈哈哈——

〔老鹰进入小鸡家。小花看见来了一只老鹰，吓得大叫起来。〕

小花：不好啦，不好啦，老鹰来了。

〔小公鸡一听撒腿就跑，躲进草垛里。〕

小花：小胖，你往左，我往右，我们分开跑。

小胖：好。

〔小花向右跑，小胖向左跑。老鹰飞到中间，左看右瞧不知道要抓谁。这时候，鸡妈妈回来了。〕

鸡妈妈：（扑棱着翅膀）不许伤害我的宝宝！

〔鸡妈妈拿起铲子，扑打老鹰。老鹰绕场跑，躲避，鸡妈妈追着老鹰打。〕

小花：小胖，快拿棍子帮妈妈赶走老鹰。

小胖：好的，我们是勇敢的小鸡。（拿起棍子打老鹰）

〔老鹰东躲西藏，被鸡妈妈和小花、小胖追赶着跑下场。〕

鸡妈妈：（伸手拉小花和小胖的手，再伸出手臂环抱小花和小胖）我的好孩子，没事了，老鹰已经被我们赶跑了。（左瞧瞧右看看）咦，小公鸡呢？

小花、小胖：哥哥，快出来吧，老鹰飞走了。

小公鸡：（屁股先从草垛出来，再转身）老鹰真的飞走了？

小花：嗯，是妈妈把老鹰赶走了。

小公鸡：（拍拍胸口，长吁了一口气）吓死我了。

小胖：哥哥，赶紧把你身上的草抖干净。

小公鸡：（抖了抖身上的草）我怎么躲在这里。

小花、小胖：（眼睛看着小公鸡，双手对着小公鸡竖起大拇指）哈哈，因为你是世界上最胆大的鸡啊。

鸡妈妈：孩子们，只要团结一致，互帮互助，就一定能战胜困难。小公鸡，你改掉说大话爱吹牛的缺点，向小花、小胖学，一定能成为真正勇敢的小鸡。

小公鸡：（低下头）我以后再也不吹牛，不说大话了。

〔剧终〕

故事来源：网络故事《爱吹牛的小公鸡》。

鸟窝里的树

林雪花

第　一　幕

场景：森林（一棵合欢树，一棵大树，有台阶通往大树上的鸟窝）

角色：鸟先生、鸟太太

道具：小树苗、鸟窝、两个鸟蛋、浇水壶

〔鸟先生扶着鸟太太，鸟太太小心翼翼地捧着鸟蛋，上场，走到合欢树下。〕

鸟先生：（摸摸鸟太太手上的鸟蛋）鸟太太，你在树下休息一下。我们的宝宝就要出生了，我啄一些泥土做个鸟窝，让你专心孵宝宝。

鸟太太：好呀。（指着合欢树）这棵合欢树长得真高大，我在树荫下休息一下。（靠着树坐下休息）

鸟先生：（啄合欢树下的泥土，到另一棵树上做鸟窝，擦擦汗）唉，真是累坏了！鸟窝终于做好了！鸟太太，这下你可以专心孵宝宝了。

鸟太太：（把鸟蛋小心翼翼放进鸟窝里）好呀，先把我的蛋宝宝放进鸟窝里。

〔鸟妈妈蹲在鸟窝上孵着她的蛋宝宝，小树苗“噌噌噌”的往上蹿，一个鸟蛋“骨碌”动了一下。〕

鸟太太：（突然从鸟窝里跳出来，惊讶）呀！蛋宝宝动了一下，是宝宝要出生了吗？（一手指着树，一手捂住自己张大的嘴巴）哦，天哪！鸟窝里长出了什么？

鸟先生：（靠近看了看）没什么，那是一棵小树苗，一棵绿绿的、嫩嫩的小树苗。

鸟太太：（轻轻摸小树苗）这棵小树苗长得真好！看着它，我每天孵蛋就不累了。

鸟先生：嗯，让小树苗每天陪着你孵蛋宝宝，我每天为它浇水。

鸟太太：鸟先生，你看，今天小树苗又长高了。

鸟先生：（高兴）是啊，它长得真好！绿油油、肥嫩嫩的。

第二幕

场景：森林（一棵大树，树上有鸟窝）

角色：鸟先生、鸟太太、螳螂先生、甲虫先生

道具：大刀、大卡车、小树苗

螳螂先生：（看着鸟窝里的小树苗）天啊！鸟先生家的鸟窝怎么长出了小苗苗，真神奇！

甲虫先生：（把手臂伸高，跳了起来，非常着急）哎呀，不得了了，小树苗长得这么大，可别把鸟窝捅破了。

螳螂先生：（拍手，惊恐地睁大眼睛，双手握拳举到肩上）对呀，如果小树苗把鸟窝捅破了，蛋宝宝就会掉下来。这太可怕了！（边走边说）不行，我得赶紧去把大刀提过来，帮鸟先生鸟太太把小树苗砍掉。（下场）

螳螂先生：（扛着大刀赶来，挥舞着大刀就要砍小树苗）鸟先生、鸟太太，我帮你们把小树苗砍掉，要不，它会把鸟窝撑破的。

鸟太太：（急忙拦住了螳螂先生）别砍它！它每天陪我孵蛋！瞧它长得多好呀！它也是小宝宝啊！

螳螂先生：（指着树苗再指鸟窝，耐心地劝）鸟太太，再不砍树苗，会危及蛋宝宝的安危啊！

甲虫先生：（双手快速比画）这可不是闹着玩啊！小树苗很快就会长大、长高、长壮，会把鸟窝戳出个大窟窿。不砍树，你们只好把家搬了。我去开卡车，帮你们搬家吧。（边说边走下场）

甲虫先生：（开来了大卡车）鸟先生，我来帮你们载东西搬家。

鸟先生：（摇摇头）可是，这是我辛辛苦苦搭建的鸟窝，我不愿意离开它。

螳螂先生：不砍树，不搬家，这可怎么办呢？

甲虫先生：（蹲下，手握拳头抵住额头苦思冥想，高兴地跳起来）呀，我想到了一个好办法，（手指小树苗一挥）我们可以把小树苗挪个地方。

鸟先生、鸟太太：（频频点头）有道理。

〔螳螂先生和甲虫先生捋起袖管动手挪小树苗。〕

鸟先生：（赶紧走过去，用手护住蛋宝宝，表情认真）你们小心点，不要碰坏了我的蛋宝宝。

鸟太太：（紧紧盯着小树苗，表情担忧）你们小心点，千万不要伤了小树苗。

〔螳螂先生、甲虫先生、鸟爸爸小心翼翼地把小树苗从鸟窝里搬出来，种在了地里。〕

第　三　幕

场景：森林（一棵合欢树，一棵大树，树上有鸟窝）

角色：鸟先生、鸟太太、螳螂先生、甲虫先生、两只鸟宝宝

道具：合欢树

鸟太太：（继续孵蛋，惊呼）天啊，蛋宝宝动了！

鸟先生：（惊吓，害怕）不会又长出小树苗吧？

鸟太太：（瞅了鸟先生一眼）我总不能老是孵出树苗吧！

〔鸟太太挪了挪身体，两只鸟宝宝从大树背后走出。〕

鸟太太：啊！鸟宝宝孵出来，我当妈妈啦！

鸟先生：（开心地跳着、跑着，一会儿跑到这个树，一会儿跑到另一棵树，大声喊）我当爸爸啦！我当爸爸啦！

螳螂先生、甲虫先生：（双手抱拳）恭喜你们，当爸爸妈妈啦！

〔音乐响起，鸟先生、鸟太太、鸟宝宝从鸟窝飞向小树苗，绕着小树苗飞。〕

鸟宝宝们：（仰着头，看大树）爸爸妈妈，你们看，这棵树上开出了粉红色的花。

鸟先生、鸟太太：（手拉手走到树下，仰头看大树）呀，这是一棵漂亮的合欢树。

鸟先生：（拍脑门，惊呼）嗨！瞧我这记性，我就是用合欢树下的泥土筑的鸟窝呀！

鸟太太：（开怀大笑）哈哈哈！你一定是把泥土里合欢树的种子带到鸟窝里了！

鸟先生、鸟太太：（伸手，耸肩）所以，我们的鸟窝里长出了树，哈哈！

〔剧终〕

故事来源：《鸟窝里的树》（文：王一梅；图：孙蓓蓓），华东师范大学出版社 2004 年版。

话 匣 子

洪凯菲

第 一 幕

场景：佩奇家

角色：佩奇、苏西、猪妈妈

道具：球

〔苏西抱着球上场，来到佩奇家门口，敲了敲门。佩奇打开门。〕

佩奇：你好啊，苏西！

苏西：你好，佩奇！（向佩奇勾勾手指，示意佩奇靠近，身子略向前倾，小声）你猜猜看，我昨天遇到什么事情？

佩奇：哈，昨天啊，我去了鸭子池塘，见到了鸭太太！

苏西：（挥一下手，示意佩奇停下）好吧，我昨天……

佩奇：（打断苏西的话）后来我又和妈妈一起去了超市，我们买了面包、胡萝卜……

〔苏西不高兴地把球扔在地上，转身背对佩奇。〕

佩奇：（惊讶，赶紧去拉苏西的手臂）苏西，你怎么啦？

苏西：（甩开佩奇的手，转身，双手叉腰）你的话实在太多了！一会儿说去池塘，一会儿又说去超市，一直说个不停！永远都不会安静！我不喜欢你这样！

〔苏西抱着球下场。佩奇回到家里。猪妈妈在厨房里做饭。〕

佩奇：（着急）妈妈，妈妈！

猪妈妈：（走过来）什么事，佩奇？

佩奇：（沮丧地低下头）苏西说我的话实在太多了！

猪妈妈：（摸摸佩奇的脑袋）那个……你确实有那么一点像话匣子，佩奇。

佩奇：（双手用力向后甩）够了！从今以后，我再也不说话了！（生气地走出家门）

第　二　幕

场景：佩奇家门口

角色：佩奇、苏西、苏怡、丹尼、佩德罗

道具：自行车、葡萄

〔苏西和苏怡分别从舞台两旁上场。走到舞台中间，遇到走出家门的佩奇。〕

苏怡：（招手）你好啊，佩奇！

苏西：（跑过来，摸摸苏怡的裙子）苏怡，你今天的裙子真漂亮！

苏怡：（开心地转了一圈）谢谢你，苏西。这条裙子是我新买的！

〔佩奇微笑着摸摸苏怡的裙子。〕

苏怡：（皱着眉头，用手推了推佩奇）奇怪，你为什么不说话呢，佩奇？

苏西：（笑嘻嘻）就是啊！你为什么不说话呢，佩奇？

佩奇：哼！这个游戏太没意思啦！

苏怡、苏西：你在玩什么游戏啊？

佩奇：（指着苏西）苏西说我是个话匣子，她还说我永远都不会安静。

苏西：不是吗？你现在就不怎么安静啊，哈哈哈！

佩奇：好吧，那我从现在开始不说话了！

〔丹尼骑着自行车上场。〕

丹尼：（挥手）你们好！

苏西、苏怡：（挥手）你好啊，丹尼！

丹尼：（看着佩奇，奇怪）你这是怎么啦？佩奇？

苏西、苏怡：（手捂着嘴偷笑）她再也不说话啦！

丹尼：（从自行车上拿出葡萄）哦！好吧。你们谁要吃葡萄呢？

苏西、苏怡：（跳起来，一个举手，一个把手往前伸）我要吃！我也要吃。

〔佩奇举起手，指了指自己的嘴巴，用力点点头。〕

苏西：（拉下佩奇的手）你不可以点头，也不可以做动作，这是作弊。

苏怡：（指着眼睛）而且还不能眨眼哦！

〔佩奇紧闭着双唇，狠狠地瞪着苏西和苏怡，生气地一动也不动，连眼睛也不眨一下。佩德罗上场。〕

佩德罗：（微笑招手）大家好啊！

丹尼、苏西、苏怡：（招手）你好啊，佩德罗！

佩德罗：（转头看佩奇）佩奇这是怎么啦？

苏怡：（竖起食指放在嘴唇上，小声）她永远都不再说话了。

佩德罗：为什么啊？

苏西：（调皮地做鬼脸，靠着佩罗德的耳朵）因为她的话实在是太多了。

佩奇：（双手叉腰，用手指着苏西）你胡说！我才没那么多话！那么你呢？你也一整天“叽叽喳喳”讲个不停呀！

苏西：你们看，佩奇就是这样，是个话匣子。

佩奇：（双手一上一下地搭在一起，放在面前，模仿苏西讲话的语气）苏西，你还会这么说：“咩，咩，咩，看看我，我是小羊苏西！”

苏西：我才没有像你说的这样。

丹尼：这确实有点像你哦，苏西。

佩奇：（严肃）苏西，你其实也和我一样吵。

苏西：我也可以很安静的！

佩奇：（昂起头）安静可没那么容易，我刚才憋坏了。

佩德罗：但是也没那么困难啊，佩奇。

佩奇：（走到佩德罗跟前，指着佩德罗）好啊，那么你来试试！

佩德罗：（跃跃欲试）好啊，我们一起试试看吧！

佩奇：（手一挥）走，我们去做给我妈妈看，请我妈妈做裁判！

第　三　幕

场景：佩奇家

道具：书、球

角色：佩奇、猪妈妈、苏西、苏怡、丹尼、佩德罗、猪爸爸

〔幕启。猪妈妈坐着看书。佩奇、苏西等上场。〕

佩奇：（认真、严肃）妈妈，我们要一直保持安静。

苏怡：（压低声音）非常安静。

苏西：（越来越小声）安静到可以听见东西掉到地上的声音。

丹尼：（突然大声）像老鼠一样安静。

〔大家一起笑起来。〕

猪妈妈：可是你们现在一点都不安静，你们几个小家伙都很吵啊。

佩奇和伙伴们：（齐声）只要我们想的话，我们可以安静。

猪妈妈：（小声）那我数到“三”，你们就都安静。一、二……

佩奇：等等，我们还没准备好。（指着苏西的球）苏西，你把球放好。

苏西：（把球放在地上）准备好了。

苏怡：各就各位，预备——

猪妈妈：三！

（所有人都安静下来。这时猪爸爸回来了。〕

猪爸爸：大家好！我回来了。

〔没有人回答。〕

猪爸爸：（依次走到每个小伙伴面前，看着一动不动的众人）这是怎么啦？我还以为家里没人了呢？

猪妈妈：佩奇和她的朋友在玩保持安静的游戏呢。

佩奇：（皱着眉头）这不是玩游戏，这可是非常难的事。

苏西、苏怡、丹尼、佩德罗：（指着佩奇）哦！佩奇！你又说话了。

佩奇：（低下头）哦，爸爸，我可能真的是个话匣子……

猪爸爸：这不是不好的事情。爱说话很好啊，我认为你非常擅长说话。

佩奇：（跳起来）说得对！说话可是我最擅长的事情。

苏西：（转一圈）咩……我也擅长说话。

佩奇：（摆摆手，拍拍自己的胸口）你可不擅长，我才是话匣子！

苏西：（双手打开，比画一个大圈）我说的话比你还多！

猪爸爸：好了好了，你们两个都一样擅长说话。

佩奇：没错！

苏西：叽叽喳喳叽叽！

佩奇：叽叽喳喳叽叽！

佩奇：（拉住苏西的手，两人头碰头，对视，然后“扑哧”一声大笑起来）所以我们才是最好的朋友啊！哈哈哈……

〔众人抱着肚子哈哈大笑起来。〕

〔剧终〕

故事来源：动画片《小猪佩奇》第 4 季第 18 集《话匣子》。

蛤蟆爷爷的秘诀

陈婷婷

第　一　幕

场景：森林（灌木丛、石头）

角色：蛤蟆爷爷、小蛤蟆、蛇

道具：眼镜、绿色衣袍

〔蛤蟆爷爷和小蛤蟆上场。〕

小蛤蟆：（拉着爷爷的手）爷爷，森林真美丽啊，我们生活在美丽的森林里真幸福！

蛤蟆爷爷：（推了推眼镜，严肃）小蛤蟆，你知道吗，其实我们生活的地方有很多危险。

小蛤蟆：危险？会有什么危险？

蛤蟆爷爷：（摸摸小蛤蟆的头）小蛤蟆，我们的身边到处都是敌人。他们会吃掉我们的！

小蛤蟆：太可怕了！（看着爷爷，拉着爷爷的手臂）那我们要怎么保护自己呢，爷爷？

蛤蟆爷爷：（微笑看着小蛤蟆）别怕，爷爷教你三个脱离危险的秘诀。第一个秘诀是勇敢。面对敌人，你必须勇敢。

〔一条饥饿的蛇游动着上场，发出“嗞嗞”的声音。蛇看到蛤蟆爷爷和小蛤蟆，冲了过去。〕

蛇：（凶恶）喂，蛤蟆，我要把你们当午饭吃掉！

小蛤蟆：（尖叫着躲进灌木丛中）啊！救命啊，有蛇！

蛤蟆爷爷：（原地不动，用手臂撑开绿色衣袍，让身体越鼓越大，凶狠地吼）有本事你就吃吧！但你可能吞不下去！

蛇：（惊讶）哇！这么大的蛤蟆！我的嘴巴没那么大，等我长大一点再说吧，下次再见。

〔蛇摇摆着身体走开，下场。小蛤蟆从灌木丛中跳出来。〕

小蛤蟆：爷爷，你真勇敢！

蛤蟆爷爷：（开心地笑了笑）谢谢。可是有些敌人是你勇敢也吓不走的。

小蛤蟆：（手抓了抓后脑勺，一脸疑惑地看着爷爷）勇敢也吓不走，那……怎么办呢？

蛤蟆爷爷：（坚定）所以需要第二个秘诀呀！

小蛤蟆：（拉着爷爷的手臂摇晃）第二个秘诀是什么？爷爷您快说。

蛤蟆爷爷：（双手搭在小蛤蟆肩膀上）第二个秘诀就是机智。面对危险的敌人，你还必须机智。

小蛤蟆：（扶爷爷坐在石头上休息，然后趴在爷爷腿上）哦，怎么样才算机智呢？

第　二　幕

场景：森林（灌木丛、小河）

角色：蛤蟆爷爷、小蛤蟆、鳄龟

〔蛤蟆爷爷和小蛤蟆上场。鳄龟摇摇摆摆地爬上场，恶狠狠地盯着蛤蟆爷

爷和小蛤蟆。〕

鳄龟：（张大嘴巴）喂，蛤蟆。我要把你们当点心吃掉。啊呜！啊呜！

小蛤蟆：（尖叫着躲进灌木丛中）啊！救命啊，有鳄龟！

蛤蟆爷爷：（站起来，双手抱在胸前，眨着眼睛）难道你只想吃点心？不想吃大餐吗？

鳄龟：大餐？当然想。哪里有大餐？

蛤蟆爷爷：（招手示意鳄龟耳朵靠过来）一条又肥又嫩的蛇刚刚游过去，想吃大餐，你赶紧追，还能追得上。

鳄龟：噢，谢谢提醒。吃大餐去！

小蛤蟆：（从灌木丛出来，兴奋地跳着鼓掌）哦，爷爷。您太机智了，真了不起！

蛤蟆爷爷：（双手握住小蛤蟆的双臂，语重心长）孩子，在强劲的敌人面前，来不及逃跑，我们就要机智地引开敌人的注意力，巧妙地把敌人支走。

小蛤蟆：嗯，我要像爷爷一样，成为机智的人！

第　三　幕

场景：森林（大树、灌木丛）

角色：蛤蟆爷爷、小蛤蟆、怪兽

道具：野莓

〔小蛤蟆牵着蛤蟆爷爷的手，上场。〕

小蛤蟆：（歪着头，看蛤蟆爷爷）爷爷，您的第三个秘诀是什么呀？

蛤蟆爷爷：（伸出三个手指头）哈哈，我的第三个也是最后一个秘诀是……

〔大树后面突然蹿出凶恶的怪兽。〕

怪兽：（晃着脑袋）嗷呜，蛤蟆！我要把你们两个全吃掉，就当零嘴吃着玩！

小蛤蟆：（尖叫着，躲进灌木丛中）啊！救命啊，好可怕的怪兽！

蛤蟆爷爷：（吓得双脚颤抖）天啊，这辈子从没见过这么可怕的怪物！赶紧逃跑。

〔蛤蟆爷爷来不及逃跑，被怪兽一把抓住。〕

蛤蟆爷爷：（拼命地挣扎）救命啊，救命……

怪兽：（得意地抓住蛤蟆爷爷，摇晃着蛤蟆爷爷的身体）哈哈，我要把你做成“蛤蟆三明治”。

小蛤蟆：（着急地跺脚）怎么办？爷爷要被怪兽变成三明治吃掉了！（深呼吸两下，双手压着胸口，然后握紧拳头）爷爷说过，遇到危险要勇敢、机智！勇敢、机智！（看到灌木丛中红红的野莓，一拍脑门）哦，对了！

〔小蛤蟆抓起野莓朝怪兽扔去。野莓砸在怪兽的腿上，留下一个个红斑，但怪兽压根没有发觉，他正忙着抓爷爷。小蛤蟆勇敢地从灌木丛中走出来。〕

小蛤蟆：（看着爷爷，伸手用食指指着怪兽）爷爷，您放过这可怜的怪兽吧！

怪兽：（疑惑而不屑）什么？小蛤蟆，你该求我放过你爷爷才对。

爷爷：（吃惊地喊）什么？小蛤蟆，你说什么呀！

小蛤蟆：（看着爷爷眨眨眼睛，用手指着怪兽的腿）爷爷，你真不厚道，你对怪兽下毒，这毒已经发作了，现在他的腿上都是红疹子。

怪兽：（低头看自己的腿，跳了起来，大叫）你这个卑鄙的蛤蟆想要毒死我。

蛤蟆爷爷：（点点头，用手指着小蛤蟆）臭小子，你竟然坏了我的好事，看我怎么收拾你！

小蛤蟆：（摆摆手）爷爷，偷袭对手太不光明磊落了。（指着怪兽，再指河边，摇摇头）你这可怜的怪兽，还不赶紧去河里清洗，等你全身布满红斑，就死定了！

怪兽：（赶紧跑，回头指着蛤蟆爷爷）你这个卑鄙的老家伙，你给我等着！

〔蛤蟆爷爷和小蛤蟆互相抱在一起，看着怪兽远去的背影，故意大声地对话。〕

蛤蟆爷爷：（假装生气）你这小子，让怪兽跑了，看我不揍扁你！

小蛤蟆：（假装哭着求饶）哎呀，哎呀，爷爷饶命呀！

蛤蟆爷爷、小蛤蟆：（手拉手高兴地转圈）哈哈哈哈，怪兽被骗走了！

蛤蟆爷爷：（拍拍胸口，长长叹了一口气）哎哟！好险哪！（抱着小蛤蟆）谢谢你，我亲爱的小蛤蟆，这次是你救了我。

小蛤蟆：（拉着爷爷的手）爷爷，是我想起了您的秘诀，遇到危险要勇敢、机智！

蛤蟆爷爷：（恍然大悟状，拍了一下脑袋）哦，爷爷想起来了，我还没介绍第三个秘诀呢。

小蛤蟆：（向前伸出三个手指头）第三个秘诀是什么呢，爷爷？

蛤蟆爷爷：（笑着）我的第三个秘诀就是……（停顿片刻）在紧要关头，一定要有一个靠得住的朋友。

小蛤蟆：（歪着脑袋）谁是靠得住的朋友？

蛤蟆爷爷：（对小蛤蟆竖起大拇指）小蛤蟆，你勇敢又机智，是最靠得住的朋友，一定能够保护好身边的人，爷爷放心了！

〔小蛤蟆开心地笑了，拉着爷爷继续向森林里走去……〕

〔剧终〕

故事来源：《蛤蟆爷爷的秘诀》（文、图：〔日〕庆子·凯萨兹；译：马爱新），江苏凤凰少年儿童出版社 2011 年版。

彩虹的尽头

吴惠婵

第　一　幕

场景：树林

角色：獾、狐狸

道具：彩虹

〔幕启。一道彩虹挂在空中。獾和狐狸盯着彩虹看。〕

獾、狐狸：哇！好美啊！

獾：（转头看着狐狸）你知道吗，彩虹的尽头有宝贝！

狐狸：（看着獾）真的？有什么宝贝？

獾：（沉思状）我也不知道，应该是金子，或者银子，或者是宝石，总之，是很贵重、能让人永远富有的宝贝。

狐狸：（望着天空的彩虹）我好想看看彩虹后面的宝贝。

獾：（牵起狐狸的手）走，我们一起出发，去寻找宝贝！

第 二 幕

场景：树林、小山坡、小河

角色：獾、狐狸、松鼠、鸭妈妈、小鸭子、兔爷爷

道具：橡果、照片

〔幕启。獾和狐狸手拉手上场，遇到了松鼠。松鼠正坐在一堆橡果前面。〕

松鼠：（双手捧起橡果，放在鼻尖闻闻）这是我最美的宝贝啊！

狐狸：（指着橡果）这不是宝贝，这只是一堆橡果。

松鼠：（把橡果紧紧地护在胸前）这是我冬天的食物，没有橡果，我会在冬天饿死的。没有任何东西比橡果更重要！

獾、狐狸：（摆摆手）好吧，再见松鼠，我们要去寻找真正的宝贝。

〔獾和狐狸来到了小河边，看到了鸭妈妈。〕

鸭妈妈：（焦急地东张西望，呼喊）宝贝，我的小宝贝，你在哪儿啊？

獾、狐狸：你在找宝贝吗？

鸭妈妈：（看见了小鸭子，用手指向小鸭子）是啊，你们看，他在那儿呢！

小鸭子：（跑向鸭妈妈）妈妈，妈妈，我在这儿呢。

鸭妈妈：（跑过去，抱起小鸭子）宝贝，别再乱跑了，你让妈妈好担心呀，我的宝贝！

獾、狐狸：奇怪，鸭宝宝是你的孩子，怎么会是宝贝呢？

鸭妈妈：（伸出手臂抚摸着小鸭的羽毛，自豪地笑着）我爱我的宝宝，胜过这个世界上的任何东西，他就是我的宝贝啊！

獾、狐狸：（挥手）好吧，鸭妈妈，再见。我们要去找彩虹尽头真正的宝贝。

〔獾和狐狸爬上小山坡，遇到了兔爷爷。兔爷爷在山坡上晒太阳。〕

兔爷爷：你们要去哪里？

獾、狐狸：我们在找宝贝。

兔爷爷：哦，我有许多许多的宝贝。

獾、狐狸：兔爷爷，你的宝贝在哪儿？

兔爷爷：（拍拍自己的头）在这儿。我的回忆就是我的宝贝，回忆让我很快乐！

獾、狐狸：（互相看了一眼）回忆是什么？看不见的回忆怎么可能是宝贝呢？

兔爷爷：（从兜里拿出照片，递给獾和狐狸）回忆就是你记住的所有过去的事情。

獾、狐狸：兔爷爷，过去的事情怎么能算宝贝呢？

兔爷爷：（指着照片）瞧，这是我年轻时和伙伴们登高山探险的照片。现在跑不动了，以前快乐时光的回忆，就是我最珍贵的宝贝。

獾、狐狸：不对，再美好的回忆也不是宝贝。

兔爷爷：（用手擦擦照片）听爷爷的没错，你们现在做过的事情、去过的地方、爱过的朋友，以后都会成为美好的回忆。

獾、狐狸：（失望地挥手告别）兔爷爷再见，我们要去寻找我们的宝贝。

兔爷爷：（手掌放在嘴边，向着远去的獾和狐狸）等将来，你们找宝贝这件事情也会成为美好的回忆！

第　三　幕

场景：树林

角色：獾、狐狸

道具：大树、彩虹

〔幕启。下雨声音效响起。獾和狐狸上场。〕

獾：（用手掌遮住头）糟糕，下雨了。

狐狸：（指着前面的大树）我们到树底下避避雨吧。

獾：（坐在树下，耷拉着脑袋）彩虹消失了，我们还没找到宝贝呢。

狐狸：（仰着头，用手托着下巴）松鼠有足够的橡果吃，很开心！鸭妈妈抱着她的小宝贝，很幸福！兔爷爷有美好的回忆！他们都有自己的宝贝……

〔獾看着狐狸，狐狸看着獾，歪着脑袋思考。〕

狐狸：也许宝贝不是金的，不是银的，也不是宝石，而是一些很特别的、能让人非常开心的东西。

金教鞭

獾：（突然跳起来）狐狸，你是我的宝贝！

狐狸：（拉起獾的双手，转起了圈）你也是我的宝贝！

獾、狐狸：（拥抱在一起）我们是永远的朋友，我们都是对方的宝贝。

〔雨停了，太阳出来了，一道新的彩虹挂上了天空。狐狸和獾开心地下场。〕

〔剧终〕

故事来源：《彩虹的尽头》（文：〔英〕A. H. 本杰明；图：〔英〕约翰·本德尔·布朗耐罗；译：汪芳），江苏凤凰少年儿童出版社2008年版。

哭竹生笋

潘万得

第　一　幕

场景：孟宗家

角色：孟宗、孟母

道具：灶台、桌椅、柴火

旁白：很久以前，有个著名的孝子，他叫孟宗。孟宗年少的时候，他的父亲就去世了，只有身体虚弱的母亲与他相依为命。生活虽然困苦，但是他的母亲还是省吃俭用，供他读书。

〔幕启。孟母在烧柴火做饭。孟宗背着柴火上场。〕

孟宗：（开心）娘，我放学回来了。

孟母：（帮孟宗擦汗）以后放学了就直接回来，不要再去捡柴火了。

孟宗：（放下柴火）娘，为了供我读书，您已经够累的了。您的身体不好，不能太操劳，得注意休息。

孟母：（捂嘴咳嗽）好，娘知道了，真是好孩子。

孟宗：（扶孟母坐下）娘，您又咳嗽了，快坐下。

孟母：（拍拍胸口，叹气）唉，娘这不争气的身子。

孟宗：（帮孟母拍背）娘，爹去世了，您一个人把我养大，太辛苦了，我一定要想办法帮您治病。

孟母：（微笑地拉着孟宗的手）你不用担心，娘没事。

〔孟母剧烈地咳嗽，晕倒。〕

孟宗：（惊吓，赶紧扶住孟母）娘，您怎么了？

第　二　幕

场景：卧室

角色：孟宗、孟母、大夫

道具：床、桌椅、药箱

〔幕启。孟母躺在床上。孟宗和大夫上场。〕

孟宗：（着急）大夫，您赶紧帮我娘看看吧。

〔大夫为孟母号脉。〕

孟宗：（期待地看着大夫）大夫……

大夫：（摇头，伸手示意）让你娘休息，咱们到外面说话。

〔孟宗和大夫向前走几步。〕

大夫：（叹气，摇头）唉，你娘积劳成疾，身体虚弱，情况很不好。

孟宗：（边哭边握大夫的手）大夫，求求您，救救我娘，我就剩下我娘这一个亲人了。

大夫：（犹豫）除非……除非你能找来新鲜的竹笋，煮成笋汤和药一起服下。可是现在正值严冬，别说鲜嫩的竹笋了，就算绿色的植物都很少见，要找到新鲜竹笋，难啊。（大夫摇摇头，下场）

孟宗：（握紧拳头）竹笋？我一定要找到竹笋给娘治病！

第　三　幕

场景：山坡、竹林

角色：孟宗、村民、竹精灵

道具：柴火、锄头、背篓、竹笋、泡沫粒（当雪花）

〔孟宗背着背篓，扛着锄头上场，迎面走来背着柴火的村民。〕

村民：孟宗，你这是要去哪里？

孟宗：（心事重重）我要去山上挖竹笋。

村民：竹笋？你挖竹笋做什么？

孟宗：我娘病了，大夫说要用鲜竹笋煮汤和药一起喝了才会好。

村民：（急促）可是现在是冬天，没有竹笋。（担忧地指着天空）而且要下大雪了，马上就要封山了，你还是赶紧回家吧，现在去山上太危险了。

孟宗：谢谢您，可是不管怎样，我都要试试，我要找到竹笋救我娘。

村民：（拍拍孟宗的肩膀）真是个有孝心的好孩子！唉……

〔村民叹气摇头，下场。音乐《琵琶吟》响起，伴随刮风下雪的音效。〕

孟宗：（望着天空，一手放头上，焦急）糟糕，开始下雪了。

旁白：天空下起大雪，一路上风雪交加，寒风刺骨，刮得孟宗眼睛都睁不开了。他一心记挂着母亲的病，艰难地继续前行。

〔孟宗爬山，站起，又摔倒，又站起来继续爬山，终于来到一片竹林。〕

孟宗：（高兴地笑了）终于找到竹林了。赶紧挖笋，娘还在家里等我呢。

〔孟宗用锄头到处挖，都没挖到竹笋。挖地的音效响起。身穿绿色衣服的竹精灵从竹子后面打着哈欠走出来。〕

竹精灵：（不高兴地伸着懒腰）谁在我的竹林"铿锵铿锵"地吵闹，把竹精灵我吵醒了。

孟宗：（叹气）唉，这雪地太硬了，真难挖。

竹精灵：（不高兴地指着孟宗）喂，你在干什么呀？还不停下，瞧，你的手都裂开流血了。

孟宗：（拿锄头用力挖地）不行，我不能停下。我要挖到鲜竹笋给我娘煎药治病。

竹精灵：看来，你是个爱母亲的好孩子！我来帮助你吧。

〔竹精灵把手一挥，"咔嚓"的音效响起，地下冒出了竹笋。〕

孟宗：（惊喜地伏地，双手捧着竹笋）是竹笋，真的是竹笋！我娘有救了！太好了！（向竹精灵拜谢）谢谢您，谢谢您！

竹精灵：（催促）天要黑了，你赶紧回家吧。

〔竹精灵说完，下场。孟宗捡起地上的竹笋，放进背篓里，下场。〕

第 四 幕

场景：卧室

角色：孟宗、孟母

道具：床、桌椅、碗

〔孟宗坐在床边喂孟母喝汤。〕

孟宗：（拿着汤勺，轻轻吹了一下）娘，来，喝汤。

孟母：（喝一口，笑了）这是什么？又鲜又甜。

孟宗：这是鲜竹笋煮的汤。

孟母：现在是冬天，哪来的鲜竹笋？

孟宗：（又舀起一勺）我到山上挖的。

孟母：孩子，大雪封山了，上山多危险呀。

孟宗：娘，我没事，一位神仙帮助了我。大夫说，用鲜竹笋做汤和药一起服下，您的病就会好。孩儿不能没有娘。

孟母：（摸着孟宗的头，哽咽）好孩子，好孩子……

旁白：喝完笋汤和药后，孟母的病很快就好了。

〔剧终〕

故事来源：民间故事《哭竹生笋》。

小松鼠过河

潘万得

第　一　幕

场景：小河边（河对岸有一棵长满樱桃的树）

角色：小松鼠、小猴子、皮皮狗、花斑猫、咪咪兔

道具：有滑轮的椰壳船、瑜伽球、积木、树枝、大树叶、绳子、樱桃

旁白：在清清的小河边，小猴子和皮皮狗在玩瑜伽球，花斑猫和咪咪兔在搭积木。瞧，他们玩得可开心了。

小猴子：（朝皮皮狗招手）皮皮狗，快把大球滚给我。

皮皮狗：（把球一扔）小猴子，接住大球。

花斑猫：（拿着积木）咪咪兔，我来搭房子，你来搭台阶。

咪咪兔：（拿着方形积木）好呀，我挑长方形积木搭台阶。

〔小松鼠上场。〕

小松鼠：伙伴们，你们好呀！

众动物：（热情招手）小松鼠，快过来和我们一起玩吧。

小松鼠：（摆摆手）你们先玩，我四处转转。（看到河对岸的樱桃树）咦，你们看，对面那棵樱桃树结满了果子。我去摘来让你们尝尝。

众动物：（拍手）好呀，太棒了。谢谢小松鼠！

小松鼠：不客气，你们等着。（搔搔脑袋）怎么过河呢？

〔小松鼠四处寻找，找到一个椰子壳、一片大树叶、一条绳子、一根树枝。〕

小松鼠：（指地上）瞧！我找到了这么多东西，树枝、树叶、绳子、椰子壳都可以浮在水面上。到底用哪个呢？（走过来走过去，思考）绳子太细，站不稳；树叶太轻，浮力不够；椰子壳正好可以当艘小船，树枝可以当桨。哈哈，我真是太聪明了！

〔音乐《打喷嚏的小老鼠》响起，小松鼠坐在椰壳船上，向对岸划去。〕

第　二　幕

场景：小河边（河对岸有一棵樱桃树）

角色：小松鼠、小猴子、花斑猫、咪咪兔、皮皮狗

道具：椰壳船、樱桃、报纸做的石头、外套、积木、瑜伽球

〔小松鼠划着椰壳船上场，船上装满樱桃。岸边草地上，众动物正在玩耍。〕

小松鼠：（大声喊）伙伴们，你们看，我带来了什么？

〔众动物停下来，一字排开站在河边，看着小松鼠。〕

咪咪兔：（拍手叫好）哇，是我最喜欢的樱桃啊！

小猴子：（张开双臂）哇，摘了那么多，小松鼠太厉害了。

皮皮狗：（着急）不好，樱桃太重了，船好像在下沉。

众动物：（大声喊）小松鼠，小心呀，船快要沉了！

小松鼠：（身体左右晃动）糟糕，这可怎么办？

〔紧张的背景音乐响起。小松鼠一焦急，赶紧用力划船。船翻了，小松鼠掉进河里。〕

小松鼠：（身体摇晃、上下起伏）咳咳……救命！咳咳……救命！我不会游泳！

众动物：（急得团团转）这可怎么办呀？

小猴子：（看到一块石头，搬起石头丢进河里）小松鼠，接住石头，抱着石头游过来。

〔幕后音“咚”的一声。小松鼠吓一跳，双手扑腾着。〕

花斑猫：（边说边脱外套）哎呀，不行，石头会沉下去。（把外套扔向河里）小松鼠接住我的外套，外套会浮在水面上。

小松鼠：（接住外套）嗯，外套不会沉下去，这下有救了。

小猴子：（着急挠挠头）不行不行，外套会吸水，也开始往下沉了。

花斑猫：（急得团团转）这可怎么办呀？

咪咪兔：（拿起积木）用积木。（把积木扔进河里）小松鼠，积木会浮在水面上，你赶紧抱着积木。

〔小松鼠爬到积木上，喘了口气，又沉下去。〕

皮皮狗：（拿起大球）积木太小了，浮力不够，用这个球。（把大球扔进河里）

〔小松鼠趴在大球上，向岸边划去。众动物将小松鼠拉起。〕

小松鼠：（气喘吁吁）谢谢你们救了我。

第　三　幕

场景：小河

角色：小鱼

道具：樱桃、椰壳船

〔音乐《小鱼的梦》响起，众小鱼跳舞上场。〕

小鱼1：（惊喜）哇，这么多樱桃。

小鱼2：（捡起樱桃）一定是刚刚小松鼠的船翻了，掉下来的。

小鱼3：（吃樱桃）这樱桃太甜、太好吃了。

小鱼1：（指着远处的船）看，那是小松鼠的船。要不，我们一起帮小松鼠把船推上去吧。

众小鱼：（开心）好啊，好啊！（围着小船用力推）一二三、一二三……

〔众小鱼把船推到岸上，下场。〕

第 四 幕

场景：小河边（河对岸有一棵樱桃树）

角色：小松鼠、小猴子、花斑猫、咪咪兔、皮皮狗

道具：椰壳船、树枝、樱桃

〔小猴子上场，看到椰壳船，开心地指着椰壳船。〕

小猴子：咦？椰壳船回来了？（鼓掌）太好了！（朝舞台旁侧激动地喊）小伙伴们，椰壳船回来了，椰壳船回来了。

〔众动物上场。〕

小松鼠：（开心）有了船，我又可以划船去对岸摘樱桃了。

众动物：（欢呼）太好了，太好了！

小猴子：（拍拍小松鼠的肩膀）小松鼠，这次你可千万不要摘太多樱桃了。

花斑猫：是啊，如果东西超重，就会沉船。太危险了。

小松鼠：嗯，我知道了。你们在这里等着吃樱桃吧。

〔小松鼠划着椰壳船到对岸摘樱桃，再划着船回来。〕

众动物：（欢呼）太好了，终于有樱桃吃了！

〔音乐《多快乐》响起，大家一起吃樱桃，一起跳舞。〕

〔剧终〕

故事来源：“科学童话绘本”之《小老鼠过河》（文：苏梅；图：朱世芳），中国城市出版社 2013 年版。

跟 屁 虫

潘万得

第 一 幕

场景：家庭（桌椅，桌上摆着餐具）

角色：哥哥、妹妹、妈妈

道具：餐具、胡萝卜、青菜、餐巾纸

〔哥哥上场。妹妹跟在后面上场。〕

哥哥：（走到舞台中间）我有一个妹妹，一个跟屁虫一样的妹妹。（扮鬼脸）

妹妹：（慢跑，着急）哥哥、哥哥，你等等我。

〔音乐《我是大哥哥》响起，哥哥妹妹一起跳舞。〕

哥哥：我的妹妹是个跟屁虫，我做什么她都跟着做，我说什么她都跟着学。不信你们看。

哥哥：（用力向上跳）我蹦！

妹妹：（学着向上跳）我蹦！（跌倒在地，大哭）呜呜……

哥哥：（扶起摔倒的妹妹）你就是一个跟屁虫。

〔妈妈端着两盘菜，上场。〕

妈妈：（责备）哥哥，告诉你要带好妹妹，怎么让妹妹摔倒了？

哥哥：（大声申辩）不是我的错，是妹妹自己要学我蹦跳才摔倒的！

妈妈：（微笑）好了，孩子们，吃饭了！

哥哥：（朝餐桌跑去）我要吃饭！

妹妹：（跟在哥哥后面）我要吃饭！

哥哥：（夹起青菜）我从来不挑食，胡萝卜、青菜我都吃。（说完大口吃青菜）

妹妹：（夹起青菜）我从来不挑食，胡萝卜、青菜我都吃。（说完大口吃青菜）

妈妈：（竖起大拇指）哇！妹妹今天好棒呀！青菜吃了很多。

哥哥：（拿餐巾纸，擦一下嘴巴）再来一碗！（把碗递给妈妈）

妹妹：（拿餐巾纸，擦一下嘴巴）再来一碗！（把碗递给妈妈）

妈妈：（接过哥哥的碗）妹妹，你的碗里还有满满的饭哦，等你吃完了再盛。

哥哥：（扮鬼脸）你是个跟屁虫！

妹妹：（扮鬼脸）你是个跟屁虫！

哥哥：（手指妹妹）你才是个跟屁虫。

妹妹：（手指哥哥）你才是个跟屁虫。

〔哥哥妹妹吵起来。〕

妈妈：（摸摸哥哥的头）妹妹喜欢学你的样子，你就要为妹妹做出好榜样呀。

哥哥：（噘嘴）哦，知道了。

〔妈妈、哥哥、妹妹下场。〕

第　二　幕

场景：家庭（桌椅、沙发）

角色：哥哥、妹妹、妈妈

道具：作业本、绘画本、书包、书本

〔哥哥、妹妹上场。〕

哥哥：（拿起书包）我要做功课喽。

妹妹：（拿起书包）我要做功课喽。

〔哥哥随音乐节奏做各种打开书包拿作业的动作，妹妹学着哥哥的样子。妈妈上场。〕

妈妈：我下班回来了。哥哥，做什么作业呀？

哥哥：（把作业本拿给妈妈看）妈妈，我做数学作业。

妈妈：（点点头）嗯，好！

妹妹：（把绘画本拿给妈妈看）妈妈，我做数学作业。

妈妈：（惊讶）啊？（恍然大悟）哦。（微笑）妹妹也会做作业了。妈妈去煮饭。（下场）

哥哥：（从书包里拿出书）作业做完了，我要看书。

妹妹：（伸手去拿哥哥的书）作业做完了，我要看书。

哥哥：（从妹妹手中抢走书）这是我的书。

妹妹：（从哥哥手中抢走书）这是我的书。（发出尖叫）啊！

〔幕外音响起。妈妈：哥哥，你要让着妹妹。〕

哥哥：（生气、叉腰）天天叫我让着妹妹，那我就不能看书了。讨厌的妹妹。（生气撇嘴）我去尿尿。（转身要离开）

妹妹：（紧跟着哥哥）我要尿尿。（停住，岔开双腿）哥哥，我尿尿了，你帮我换尿不湿。

哥哥：唉！讨厌的跟屁虫。（带着妹妹下场）

第　三　幕

场景：家庭（桌椅、茶几、沙发、水槽）

角色：哥哥、妹妹、妈妈

道具：杯子、牛奶盒、毛巾、拖把、桶、洗发水、抽式水龙头、洋娃娃、衣服

〔哥哥和妹妹坐在椅子上，妈妈拿着毛巾在擦沙发。〕

哥哥：（拿起牛奶盒）红茶加牛奶更好喝。（往杯子里倒牛奶）

妹妹：（拿起牛奶盒）红茶加牛奶更好喝。（牛奶盒倒翻在地上）哎呀！

哥哥：（起身大叫）你这个跟屁虫，打翻牛奶了。

妹妹：（笑着看着哥哥）你这个跟屁虫，打翻牛奶了。

妈妈：（责备）哥哥，妹妹还小，她不会做的事情，你要帮帮她。

哥哥：（到旁边拿拖把拖地板）妹妹是个跟屁虫，老是给我惹麻烦，哼！

妈妈：（安慰）妹妹是喜欢你这个哥哥，才总是学你的样子。（接过哥哥的拖把，擦地板）

哥哥：（无奈）我去洗头发。（走到水槽前，拿起水龙头冲洗头发，抹洗发水）

妹妹：（开心）我去洗头发。（拿起洗发水倒到自己头上。揉眼睛）哎哟！妈妈，好疼啊，好疼啊！

妈妈：（扔下拖把，着急地跑过去）哥哥，你怎么让妹妹自己洗头发？洗发水流进妹妹眼睛里了。（赶紧拿水给妹妹冲洗眼睛，拿毛巾给妹妹擦脸）

哥哥：（生气、申辩）妹妹像跟屁虫一样学我的样子才会出问题的！再也不让妹妹跟着我了！哼！我出去散步。

妹妹：（抱起洋娃娃，赶紧跟上）去散步喽。

哥哥：（回头指着妹妹，生气）不许你再跟着我！

妹妹：（把洋娃娃递给哥哥）哥哥，这是我最喜欢的洋娃娃，我把它送给你。

哥哥：（推回去）我才不要你的洋娃娃，幼稚！

妹妹：（拥抱哥哥）不对，我最喜欢哥哥！洋娃娃排第二。

妈妈：（拉着哥哥的手，走到沙发上坐下来）哥哥，在妹妹心目中，你就

是非常能干、超级厉害的英雄，所以她喜欢和你做一样的事情。

〔哥哥扭过头不说话，思考。〕

妈妈：（微笑着站起来，拍拍哥哥的肩膀）好了，你是一个聪明的哥哥，一定会有办法带好妹妹的。（下场）

妹妹：（开心地张开双臂，朝哥哥跑过来）哥哥，哥哥，我来了。

哥哥：（一拍脑门）有了！

哥哥：（开心）我来叠衣服喽。

妹妹：（开心）我来叠衣服喽。

哥哥：（放慢动作，把衣服放在沙发上，边念儿歌边折叠衣服）两扇小门关关好。（把衣服的前两片合起来）

妹妹：（学着哥哥的动作）两扇小门关关好。

哥哥：（等妹妹叠好）两只小手抱胸前。（两个袖子往里折）

妹妹：（学着哥哥的动作）两只小手抱胸前。

哥哥：（放慢速度）点点头、弯弯腰，我的衣服叠好了。（帽子往下叠，衣服对折）

妹妹：（学着哥哥）点点头、弯弯腰，我的衣服叠好了。（高兴，抱着哥哥）哥哥，我学会叠衣服了！哥哥，我喜欢你！

哥哥：（愣了一下，刮一下妹妹的小鼻子）妹妹，我也喜欢你呀！

妹妹：（看着哥哥，笑）我喜欢的人是爸爸、妈妈和哥哥。

哥哥：（看着妹妹，笑）我喜欢的人是爸爸、妈妈和妹妹。走，哥哥带你去散步。（牵着妹妹的手往外走）

妹妹：去散步喽。

〔音乐《写给妹妹的歌》响起，哥哥、妹妹跳舞。〕

哥哥：（看着妹妹，开心笑）妹妹是个跟屁虫，可是我很爱她。

妹妹：（看着哥哥，开心笑）我是哥哥的跟屁虫，我爱哥哥。

〔剧终〕

故事来源：《跟屁虫》（文、图：〔日〕宫西达也；译：蒲蒲兰），二十一世纪出版社 2009 年版。

虫虫服装店

潘万得

第　一　幕

场景：森林

角色：狐狸、蜜蜂、蝴蝶

道具：大树、背景布幕（一个橱窗，橱窗里有很多漂亮衣服）

〔幕启。狐狸躺在大树下打盹。音乐响起，蜜蜂和蝴蝶上场。〕

蜜蜂：（手指布幕）橱窗里那些衣服多漂亮啊！我要是穿上一件，肯定漂亮极了。

蝴蝶：（叹气，摇头）唉！可惜，服装店里的衣服太大了。上次我试了一件最小码的裙子，天啊！那件裙子像个大锅盖一样一下子就压下来，我被捂在里面，半天都没人理我，幸亏后来那个服务员想起了我。

蜜蜂：（瞪大眼，惊吓）天啊，那简直是个噩梦！

蝴蝶：要是有一间专门为昆虫开的服装店就好了。

〔蜜蜂、蝴蝶下场。狐狸"噌"的一下站起来。〕

狐狸：嘿嘿！发财的机会来了！

〔狐狸下场。〕

第　二　幕

场景：裁缝店

角色：狐狸、松鼠

道具：缝纫机、衣架、衣服

〔音乐《百变小裁缝》响起，松鼠坐在缝纫机前边唱歌边做衣服。狐狸上场。〕

狐狸：松鼠大婶，你好啊！

松鼠：是狐狸小姐呀。你今天想要做什么款式的衣服呢？

狐狸：松鼠大婶，我今天是来和您谈一单大生意的。

松鼠：大生意？

狐狸：对呀，我要开个服装店，想请您一起合作。

松鼠：你想卖什么样的服装呢？

狐狸：目前，森林里还没有专门卖昆虫服装的店，所以我想开一家“虫虫服装店”，专门为昆虫们制作各种漂亮的衣裳。这个想法是不是太棒了？

松鼠：（迟疑）想法是不错，可是……可是……昆虫那么小，要制作适合他们穿的服装，实在很困难。

狐狸：（双手握住松鼠的手）松鼠大婶，谁不知道你是这森林里最最出色的裁缝，没有你做不出来的衣服。昆虫们要是穿上你做的漂亮衣裳，得有多开心呀！

松鼠：这……（点头）好吧，那我就先做一批试试。

〔狐狸、松鼠下场。〕

第　三　幕

场景：虫虫服装店

角色：乐队、狐狸、知了、蚊子、介壳虫、独角仙、松鼠

道具：礼花、衣柜、试衣间（贴着男女标志）、镜子、话筒

〔乐队演奏歌曲，狐狸拿着礼花和话筒上场。〕

狐狸：（拿着话筒）亲爱的朋友们，今天“虫虫服装店”正式营业啦！

〔狐狸放礼花，乐队奏乐，松鼠鼓掌。〕

松鼠：（大声吆喝）男装女装全都有，欢迎大家进店选购。

〔乐队下场，知了上场。〕

松鼠：（微笑鞠躬）欢迎光临！

知了：（走到衣服旁）知了！知了！我能看看这件裙子吗？

狐狸：（高兴）当然可以！

〔知了拿着裙子，狐狸带领知了来到试衣间门口。〕

狐狸：（做“请”的手势）这是女试衣间，请进去试试吧！

知了：（大笑）哈哈，你没听见我刚才“知了知了”地叫吗？这可是我们

知了男士特有的本领。

狐狸：（尴尬地鞠躬）原来是这样，实在对不起。

知了：（摆摆手）没关系，我是来给太太买裙子的，明天是她的生日。

狐狸：（微笑）好的，希望您太太能满意，（做“请”的手势）收银台在那边。

〔知了找松鼠付钱，松鼠帮知了打包好衣服。知了下场，蚊子上场。〕

松鼠：（热情）蚊子先生，您好！请问您需要点什么？

蚊子：（瞪大眼睛）蚊子先生？您可真逗，我是蚊子小姐。

松鼠：（疑问）可我看您好像刚刚吸过血啊！您的嘴巴旁边还有血迹，优雅的女士怎么会做这种事呢？

蚊子：（擦了擦嘴巴）这你就不懂了，雌性蚊子才吸血呢。当然，我们是为了繁衍后代才这么做的。

狐狸：（吃惊、疑惑）啊！那蚊子先生吃什么呢？

蚊子：（拿起一件衣服比了比）哦，他们吃花蜜，像蝴蝶一样。

狐狸、松鼠：（目瞪口呆）啊？

〔蚊子小姐说完就去挑选帽子了，狐狸和松鼠目瞪口呆地站在原地。介壳虫上场。〕

介壳虫：（拍一下狐狸的肩膀）嗨！狐狸，松鼠，你们怎么发呆了？

松鼠：（回过神来，鞠躬）啊，欢迎光临！请问您……您是介壳虫先生还是介壳虫小姐？

介壳虫：（爽朗地笑）哈哈，我当然是介壳虫先生。你瞧，我这对翅膀多漂亮。介壳虫小姐是没有翅膀的。

狐狸：（恍然大悟）哦，原来如此，（做“请”的手势）您里面请。

〔介壳虫随松鼠去挑选衣服。独角仙上场。〕

狐狸：（迟疑地上下打量独角仙）您好！我没见过您，请问您……您……该怎么称呼呢？

独角仙：不认识也不奇怪，我们比较少出来。我叫独角仙，又叫双叉犀金龟。

狐狸：哦，那您是先生还是女士呢？

独角仙：（不高兴地撇嘴，指着自己头上的角）我当然是先生啦。你看，我头上又长又尖的角，是用来保护我的妻子的。女士们可没有这个角呀！

狐狸：（恍然大悟地拍拍脑袋）哦！好的，好的。那边的西装特别适合您。您请。

松鼠：（感叹）今天真是大开眼界，长了不少知识呢！

狐狸：（张开双臂向前伸）昆虫的世界实在是太有趣了，我一定要好好研究研究。

〔音乐《昆虫音乐会》响起，动物们一起跳舞、走秀。〕

〔剧终〕

故事来源：网络故事《虫虫服装店》。

驮盐的驴

杨东红

第　一　幕

场景：城市的楼群（分布在舞台两侧）

角色：商人、驴子灰灰（青灰色服饰）、驴子们（黑色服饰）

道具：装货物的口袋（两个口袋绑在一起，口袋上有个用子母扣扣住的口子）、玉米粒、绳子（打好绳套）、驴子们的服饰

〔幕启。商人手里拿着绳子赶着一队驴子上场。〕

商人：（用手臂擦额头上的汗）我是聪明又勤劳的商人，从东边城市运货到西边城市去卖，再从西边城市运货到东边城市来卖，这样，我就发财了，（大笑）哈哈哈！（把装货物的口袋放在驴背上，让口袋分别垂在驴背两侧）今天我要让我的驴队运载玉米到西边的城市去卖。

〔驴子们有的往东走两步，有的往西走两步。〕

商人：（着急地追着驴子）不要乱跑，不要乱跑！

〔商人拿着绳索，把驴子们一只一只地套在一起，自作聪明的驴子灰灰排在驴队的中间。〕

商人：（看着驴子排成一队，点点头）嗯，可以出发了。（走过去，拉最

前面驴子的绳子）走喽——

〔商人拉着驴队绕着舞台赶路。〕

灰灰：（抖动身体上的口袋）伙伴们，你们不觉得每天不停地运货很累吗？

驴子1：（回头看了灰灰一眼）驮运货物不是我们驴子天生的工作吗？

众驴子：（停住，踢踢脚，点点头）对呀对呀，驴子天生要驮运货物。

灰灰：（摇摇头）唉，真是一群愚蠢的驴子。（提高音量）可是，我们这么累，也要想办法犒劳一下自己呀。

众驴子：（异口同声）怎么犒劳自己？快说快说。

灰灰：（伸长脖子去咬前面的口袋）大家用嘴巴把前面驴子驮着的口袋咬破，就能吃到香喷喷的玉米了。

〔驴子们都把前面一头驴子身上的口袋咬破，玉米撒在地上，驴子们边低头吃玉米边走路。〕

众驴子：（高兴地一起用脚有节奏地敲击地板）嗒嗒嗒嗒嗒嗒嗒，玉米粒儿香喷喷！

〔众驴子随商人走到舞台一侧。〕

商人：（开心地大喊）吁——到了。（从驴背上卸货）啊，玉米怎么少了？（查看袋子）袋子怎么破了？（查看其他驴子的口袋，双臂上举）啊，天啊，每个袋子都破了，这下我的损失惨重呀！

第　二　幕

场景：城市的楼群（分布在舞台两侧）、小河（舞台中间）

角色：商人、驴子灰灰（青灰色服饰）、驴子们（黑色服饰）

道具：装货物的口袋（两个口袋绑在一起）、驴子们的服饰

〔幕启。商人赶着一队驴子上场。〕

商人：（用手臂擦额头上的汗）我是勤劳勇敢的商人，今天从西边城市运盐巴到东边城市去卖。哈哈，我要发财了！（把装货物的口袋放在驴背上，让口袋分别垂在驴背两侧。仔细地检查驴背上的口袋）今天所有的口袋都没破，这下我放心了。（走到前面，拍一下第一头驴的身体）走！

〔驴子们往前走。〕

商人：(搔搔脑袋) 不行，我得到后面去看着！

灰灰：(抖动身体上的口袋) 伙伴们，那个狡猾的商人故意走在后面，监视我们呢！

驴子1：(双脚踏步) 我们还是好好驮运货物吧。

驴子2：(点点头) 嗯嗯，好好驮运货物，商人会让我们吃草的。

驴子3：(踢踢腿) 嗯嗯，吃得饱饱的。

灰灰：(摇摇头) 唉，真是一群容易满足的驴子。

商人：(大喊) 吁——驴子们，前面要过河了，小心蹚过河去。

〔驴子们很小心地过河。灰灰脚下一滑，跌倒在河里。商人看到了，赶紧走过来，对着灰灰吆喝。〕

商人：(着急，双手去扶灰灰) 快起来！老天，今天运的是盐巴，再不起来，就全溶到河水里了。求求你了，快给我起来！

灰灰：(在河里挪动着自己的身体，慢慢地站起来，抖抖身体，摇摇头) 呀，身上的货物真的跑到水里了！(高兴地举起手臂，双脚跳着转个圈) 身上的货物变得好轻呀！

商人：(摸摸灰灰身上的口袋，双臂上举) 啊，我的盐巴！我的损失惨重呀！

第　三　幕

场景：城市的楼群 (分布在舞台两侧)、小河 (舞台中间)

角色：商人、驴子灰灰 (青灰色服饰)、驴子们 (黑色服饰)

道具：海绵、装货物的口袋 (两个口袋绑在一起)、驴子们的服饰

〔幕启。商人赶着一队驴子上场。〕

商人：(用手臂擦额头上的汗) 我是勤劳勇敢的商人，今天从东边城市运海绵到西边城市去卖。哈哈，我又要发财了！(把海绵塞进装货物的口袋里，把口袋放在驴背上，让口袋分别垂在驴背两侧。走到前面，拍一下第一头驴的身体) 走，出发！

〔驴子们往前走。〕

商人：(走到驴队后面) 这趟运货，不会再发生什么事情了吧，上天保佑我顺利！

灰灰：（摇摇头，蔑视）哼，愚蠢的商人，遇到聪明的我，还想顺利！（单脚敲击地板，侧着头思考）我要赶紧跑到那条小河，躺在小河里，待上半天，身上的货物一定全跑到水里了。到时候，我就身轻如燕了。

驴子1：（回头看着灰灰）灰灰，我们驴子是不会游泳的，躺在小河里太危险了。

驴子2：（点点头）嗯嗯，太危险了，会淹死的。

驴子3：（踢踢腿）嗯嗯，还是好好运货吧。

灰灰：（摇摇头）唉，真是一群愚蠢的驴子。

商人：（大喊）吁——驴子们，前面要过河了，小心蹚过河去。

〔驴子们很小心地过河。灰灰快速地跑到河里，躺了下去。〕

驴子3：灰灰又躺到水里了。

驴子2：（睁大眼睛，吸气，用手捂住张大的嘴巴）灰灰太冒险了，为了让货物变轻，也不担心被淹死。

驴子1：（看了看灰灰，又看了看商人）奇怪，商人怎么不担心他的货物呢？

众驴子：（异口同声）对哦，商人怎么不着急呢？

商人：（不紧不慢地走过去，对着灰灰）起来！今天驮着海绵，再不起来，海绵吸了水会增加重量，你会被压扁的。

灰灰：（吃了一惊）啊，海绵会吸水！（挣扎着要起来，刚抬起身体，就被压得重重地栽倒到水里，反复几次，最终躺在河里一动不动）

众驴子：灰灰，灰灰。灰灰被水淹死了！

驴子1：（摇头）唉，这么聪明的驴，竟然被自己的聪明害死在水里。

商人：（动动灰灰的身体，双臂上举）啊，我的驴子！我的损失惨重呀！

〔剧终〕

故事来源：《伊索寓言·驮盐的驴》（著：〔古希腊〕伊索；改编：〔泰〕拉达纳·卡查纳、格力笛卡·卿潘；绘：〔泰〕纳隆·彭恩；译：轩辕尚卿），中央广播电视大学出版社2014年版。

金教鞭

铅笔、本子和橡皮

杨东红

第 一 幕

场景：东东家（书桌、椅子、小床）

角色：东东、妈妈

道具：书包、铅笔盒、卷笔刀、铅笔、本子、橡皮

〔东东背着书包，蹦蹦跳跳地上场。〕

东东：小呀嘛小二郎，背着书包上学堂，不怕太阳晒，不怕风雨狂……今天是开学的第一天，东东我当上了小学生，真呀真开心！

东东：（对着舞台一侧，大声）妈妈，我放学回来啦。

〔妈妈上场。〕

妈妈：东东回来啦。上学第一天，学了什么新本领啊？

东东：（放下书包，走到书桌前面，拿出铅笔，边说边比画）今天，老师教我们握笔写字。老师说，手握笔尖一寸，头离桌子一尺，写字姿势别忘记，一笔一画写仔细。

妈妈：（点头）嗯，一笔一画写仔细，才能字字都写对。

东东：（拿出文具，一样一样放到桌上）我的文具真不少，本子、铅笔、卷笔刀，小小文具帮助我，快把作业完成好。（写字）哎呀，写错了。

妈妈：（站在一旁看，从口袋里拿出橡皮递给东东）妈妈送你一块橡皮，能把写错的字擦掉。

东东：真的吗？我赶紧试试。（用橡皮擦本子上的错字）哈哈，擦掉了，真管用！

妈妈：（摸摸东东的头）东东，你先做作业，妈妈去超市买菜。（下场）

东东：（写作业。开心）铅笔和橡皮，亲密像姐弟。铅笔写错字，橡皮帮擦去。（笑，一会儿用铅笔写字，一会儿用橡皮擦掉）哈哈哈，写错了，擦一擦，擦一擦，就干净。哎呀，本子擦破了，再也写不了。哼！（生气地把本子

扔在地上，伸懒腰）啊——真累，去休息一下。（走到台侧的小床上睡觉）

第　二　幕

场景：东东家（书桌、椅子、小床）

角色：东东、铅笔、本子、橡皮

道具：铅笔、本子和橡皮的头饰

〔铅笔大摇大摆地走上场。〕

铅笔：我是一支小铅笔，长得长长又细细，身上穿着花花衣，写字画画我第一。

〔本子哭着上场。〕

铅笔：（关心）本子姐姐，你为什么哭了？

本子：（噘着嘴巴，委屈地指着铅笔）铅笔弟弟，这要怪你！你不认真写字，把我全身弄得脏兮兮，（指着自己的身体）这里还磨破了一层皮。

铅笔：（跳一下，急忙摇头）什么?！这事不能怪我，要怪就怪那橡皮。

〔橡皮上场。〕

橡皮：什么？（手指着铅笔）铅笔老弟，你还怪我，你自己写错字，害我多费力，差点被主人磨破了一层皮。

铅笔：（生气地用手指指着橡皮）怪你，就怪你！

橡皮：（生气地用手指指着铅笔）怪你！

铅笔、橡皮：（争吵）怪你，就怪你……

本子：（走过来，分开铅笔和橡皮）你们别吵了。要我说，都怪小主人东东。（用手指向躺在小床上的东东）他以为有了橡皮，写错字也没关系。写错了擦，擦完了写，这才擦破了我的皮。

铅笔、橡皮：（异口同声）对，都怪东东不认真写字。

铅笔：（气愤）我们三个好朋友，再也不要理他！

本子、橡皮：（齐声）是，我们都不理他。

橡皮：（担心东东醒来，小声说话）我们一起手拉手，趁他睡觉赶紧逃。

〔“咚咚锵”的锣鼓钹声中，铅笔、橡皮和本子手拉手，背对东东，急急忙忙跑远，下场。〕

第 三 幕

场景：东东家（书桌、椅子、小床）

角色：东东、铅笔、本子、橡皮

道具：铅笔、本子和橡皮的头饰

东东：（从床上蹦起，大喊）你们都别走，别走，你们回来！

东东：（跑到舞台中间）都怪我，都怪我，我不该写字不认真，没有好好爱护小文具。

东东：（朝着铅笔、本子、橡皮跑远的方向，大声）铅笔、本子、橡皮，请你们赶紧回来吧，我会好好爱护你们。

〔铅笔、本子和橡皮手拉手上场。〕

橡皮：东东，写错字时，虽然我可以帮助你，但是总会留下黑乎乎的痕迹。

本子：哼，擦破我的皮，橡皮也帮不了你。

东东：（低下头）是，是，是我不对，我没认真写字。

铅笔：（双手叉腰，把头扭向一边，不看东东）本子破了，有我铅笔也白费力。

东东：（低下头）都是我不对，不该把橡皮当成小玩具；不该擦破本子，还把他扔在地。文具是我的好朋友，样样我都得爱惜。请你们原谅我吧。

众：（东东站中间，拉起本子、铅笔和橡皮，齐声）写字用铅笔，字字写仔细。少用橡皮擦，本子干净又美丽。

〔欢快的音乐响起。东东和本子、铅笔、橡皮手拉手，一起欢快地跳起圆圈舞。〕

〔剧终〕

故事来源：自编故事《铅笔、本子和橡皮》。

狐假虎威

杨东红

第 一 幕

场景：森林（一块大石头）

角色：狐狸、乌鸦

道具：肉（玩具）

乌鸦：（飞上舞台，嘴里叼着一块肉，放到大石头上）好大好香的一块肉呀，乌鸦我要好好美餐一顿。（咬着肉）

狐狸：（上场，伸长脖子，东闻闻西嗅嗅）咦，哪里飘来一股诱人的肉香味？馋得我直流口水。（看见乌鸦嘴里咬着一块肉，眼珠子一转，走到乌鸦旁边）

狐狸：（装模作样）哎呀呀，原来是乌鸦兄弟，我最喜欢听您唱歌了，您可是我的偶像！只有我知道您的歌声比百灵鸟还要动听。今天，能荣幸地再听您高歌一曲吗？

乌鸦：（把肉小心翼翼地放在石头上）好吧，我最喜欢唱歌了。（抬起头，高歌）啊……啊……（闭着眼睛，越唱越陶醉）

狐狸：（突然跳起来，紧张地大叫）老鹰来了，乌鸦兄弟，快逃命呀！

〔乌鸦停住歌唱，头也不回地飞跑下场。狐狸快速地跳到石头上，一口把肉吃到肚子里。〕

狐狸：（左右手轮流擦擦嘴角）胆小的乌鸦上了我的当，美味的肥肉落进我肚里，嘻嘻。（大摇大摆，哼着小曲走下场）

乌鸦：（飞上场，低头找肉）咦，我的肉怎么不见了？（围着大石头到处找。看着狐狸溜走的方向，拍脑门）狡猾的狐狸以老鹰吓唬我，偷走了我的肉。我美味的午餐呀！

第　二　幕

场景：森林（一块大石头）

角色：狐狸、小熊、小鹿、老虎

道具：蜂蜜、葡萄、两个篮子

〔小熊和小鹿两个手拉手，分别用篮子提着蜂蜜和葡萄上场。〕

小熊：（开心地提起篮子给小鹿看）小鹿妹妹，我今天第一次自己上山，找到了最新鲜的蜂蜜，妈妈一定会夸我的。

小鹿：（高兴地提起篮子给小熊看）小熊哥哥，我今天第一次帮忙摘葡萄，妈妈吃了一定很高兴。

〔虎啸的背景音效响起。〕

小鹿：（惊恐）是大老虎的声音，太可怕了。这可怎么办？

小熊：（既紧张又镇定）糟糕，大老虎来了。我们赶紧躲到大石头后面。

〔小鹿和小熊到石头后面躲起来。老虎上场，走到舞台中间。〕

老虎：（拍拍胸口）我是森林之王大老虎，（摸摸肚子）肚子饿得叽里咕噜，（举起双臂亮出五爪）可以吞下五只熊和鹿。可是，一只动物的影子都没见着，唉……

〔老虎垂头丧气地下场。小鹿和小熊从石头后面走出来。〕

小鹿：（用手拍拍胸口）吓死我了。

小熊：（心有余悸地踮起脚尖看着老虎远去的方向）还好有惊无险。

狐狸：（上场）哎呀呀，是漂亮的小鹿妹妹和帅气的小熊弟弟呀。（眼睛盯着篮子，手指着篮子）你们的篮子里装了什么好吃的呀？

小熊：（提起篮子，很自豪）我采了蜂蜜。

小鹿：（提起篮子，很开心）我摘了葡萄。

狐狸：（眼珠子一转，惊恐地指着小熊和小鹿的背后，大叫）哎呀！大老虎回来了，快逃命！

〔小熊和小鹿吓得丢下篮子，头也不回地跑下场。〕

狐狸：（赶紧蹲下捡起蜂蜜和葡萄，先用手指蘸蜂蜜吃，再摘葡萄尝）多鲜的蜂蜜呀！多甜的葡萄呀！狐狸我不用上山不用辛苦，光靠骗术就能吃到丰盛的食物，心里美呀美呀美得冒出彩虹泡。嘻嘻嘻……

老虎：（上场看到狐狸，大喊）哇呜——（扑过去一把抓住狐狸）哈哈，今天的午餐总算有着落了。

狐狸：（回头一看，大吃一惊）啊！大老虎！（马上眼珠子一转）你想吃我？

老虎：（眯着眼睛，很期待）对呀，红烧狐狸肉，我的最爱。

狐狸：（假装生气）哼！大胆老虎，竟敢吃我！你知道我是谁吗？

老虎：（愣住）你是狐狸呀，我为什么不敢吃你？

狐狸：（神气地拍胸口）我是狐狸，（指着天空）我也是上天派到森林管理所有动物的森林之王。所有的动物都要听我的话，（用手指着老虎）包括你。

老虎：（瞪大眼睛，双手叉腰）吹牛，森林之王是我，什么时候变成你了？

狐狸：（神气地抬起下巴）早上刚刚宣布的。估计你在睡觉，所以没接到通知。你要是不信，和我到百兽面前走一遭，看看动物们见到我是不是吓得到处跑。

老虎：（点头）好啊，你要是敢骗我，我就一口吞了你。

狐狸：（抬一下下巴，满不在乎）走呀！

〔狐狸走前面，老虎跟在后面，下场。〕

第　三　幕

场景：森林（花丛、萝卜地、大石头）

角色：狐狸、小熊、小鹿、老虎、乌鸦

道具：萝卜、小花、芭蕉叶

（乌鸦哭着上场。）

小熊：乌鸦弟弟，你怎么哭了？

小鹿：（去拉乌鸦的手）发生什么事了？

乌鸦：坏狐狸，拿老鹰吓唬我，骗走了我的肉。

小熊：那只坏狐狸拿大老虎吓唬我和小鹿。

小鹿：骗走了熊哥哥的蜂蜜还有我的葡萄，真是个大骗子！

小熊：下次遇到坏狐狸，我们一起教训他。

小鹿、乌鸦：对，一起教训他！

小鹿：（看到花丛，伸手指向花丛）这里的小花真美，我采野花给妈妈戴。

小熊：（走到萝卜地，拔萝卜）这里的萝卜长得真大，我帮妈妈拔萝卜。嗨哟——嗨哟——

乌鸦：（跳到大石头上）我到大石头上练习唱歌。

〔小鹿采花，小熊拔萝卜，乌鸦在大石头上练习唱歌。狐狸和老虎上场。〕

狐狸：（摇头晃脑）我大摇大摆地走在老虎前面。

老虎：（斜着眼睛看向狐狸）我半信半疑地跟在狐狸后面。

狐狸：（走到小鹿身后，拍一下小鹿的肩膀）小鹿，你在忙什么？

小鹿：（回头看到老虎）啊！救命呀……（把花扔地上，飞快地跑下场）

狐狸：（捡起地上的花，放在鼻子上嗅嗅）看见了没？小鹿看见我就跑。

老虎：看见了，看见了。

狐狸：嗨——小熊，你在干什么？

小熊：（回头看到老虎）啊！救命呀……（飞快地跑下场）

乌鸦：（张开双臂做振翅飞翔的动作）狐狸和老虎来了，大家快跑呀！

狐狸：（神气地用食指勾勾，示意老虎走过来）老虎赶紧瞧一瞧，小熊看见我就跑，乌鸦吓得哇哇叫。这回你该相信了，我就是森林之王。（神气活现地双手叉腰，昂头看天）

老虎：（弯腰低头）是的，是的，是我有眼不识泰山，请原谅。以后，我听您指挥。

狐狸：那好，现在我渴了，你去拔根萝卜给我吃。

老虎：（弯腰点头）好的好的。我这就去。（拔萝卜给狐狸吃）

狐狸：（用手背擦擦额头）这天气，有点热，你去找片芭蕉叶给我扇风。

老虎：（弯腰点头）好的好的。我这就去。

〔狐狸靠着石头睡觉，老虎找来芭蕉叶给狐狸扇风。〕

老虎：（哭丧着脸）不好不好真不好，糟糕糟糕真糟糕，到口的美餐吃不到，还要帮狐狸把扇摇。

狐狸：（站起来，伸个懒腰）大老虎，你先回去吧。我想起还有一件事情要去忙。

老虎：（急切）是，大王！我马上走。（转身就跑）

狐狸：哈哈！这招狐假虎威真管用。动物们怕的是老虎，根本就不怕我。狐狸我假借老虎的威风，吓跑动物们，还欺骗了又蠢又笨的老虎。哈哈。

〔剧终〕

故事来源：成语故事《狐假虎威》。

小猪开店

杨东红

第　一　幕

场景：商店（中间是货柜，柜上放着鸡蛋、棒棒糖、糖葫芦、皮球等物品，门外有一个牌匾写着“小猪商店”）

角色：小猪、小狗、小猴、小兔

道具：小猴图卡、小兔图卡、小黑板、粉笔、鸡蛋、棒棒糖、糖葫芦、篮子、皮球

〔快乐的音乐响起。小猪高兴地跑上场。小狗上场。〕

小猪：（朝左右喊）小猪商店开业啦，小猪商店开业啦。

小狗：（用手指着小猪）好你个小猪，大象老师说你好多天没去上学了，让我来瞧瞧，原来你在这里开商店。（拽着小猪）快跟我上学去。

小猪：（用手拨开小狗的手）小狗小狗你不知道，动物王国真热闹，人人使出赚钱的招。河马开了洗澡堂，小鹿开了健身房，虽然我小猪不识字，也想开店赚大钱。瞧我的小商店（手指向商店的货柜），柴米酱醋盐，样样都齐全！

小狗：（生气地指着小猪）你不认真学本领，看你怎么开商店，看你怎么赚大钱！不跟你说了，我自己上学去了。（走到舞台旁停住）不行，我得躲起来看看，不识字的小猪怎么开商店。（躲到“小猪商店”的牌匾后面）

〔小猴做举重动作，上场。〕

小猴：都说我小猴淘气，每天爬高又爬低，其实我是锻炼身体。嘿！嘿！

小猪：（招呼）小猴兄弟，到我的商店看看，需要点啥东西。

小猴：（看了看货柜里的东西）我倒是想买一个球，可是，今天没带钱。

小猪：（笑着）今天商店新开张，特别想卖出点东西，没带钱也没关系，下回你再……

小猴：（快速接话）下回我再还给你，嘻嘻——

小猪：（从货柜上拿球给小猴）哈哈，给你球。

小猴：（接过球）谢谢小猪！（边拍皮球边下场）

小猪：（看着小猴下场，搔搔脑袋）小猴买球没付钱，时间长了我会忘，这可怎么办？（拍脑门）有了，记账啊！（来回走）可是我不会写字，怎么办？（拍手）对了，我可以画下来。（从货柜上取下小黑板贴上小猴的图卡，用粉笔在下方画一个圆圈。指着小黑板）记下了，小猴买了一个皮球，没付钱。

〔小兔提着篮子上场。〕

小兔：朋友来家里，心里真欢喜，赶紧买东西，招待客人去。

小猪：（打招呼）小兔你想买什么？

小兔：（手指着货柜上的鸡蛋）我要买四个鸡蛋。

小猪：（从货柜上拿了四个鸡蛋）好的。

小兔：（身上到处找）哎呀，我出门走得急，忘记带钱了。小猪，明天我再把钱带来，行吗？

小猪：（摆摆手）没关系，没关系，我先把蛋拿给你。

小兔：（接过蛋）谢谢小猪，下次一定还在你店里买东西。再见。（挥手，走下场）

小猪：再见。（看着小兔下场）我要赶紧记下小兔欠的四个鸡蛋钱。（在小黑板上贴上小兔的图卡，画了四个圆圈。拿起黑板出示给观众看）哈哈，这个办法好，谁欠钱赊账全记下了。

小狗：（从牌匾后面露出头）看不出来，这笨小猪还懂得想办法记账了。哎呀，快迟到了，我得赶紧上学去。（下场）

第　二　幕

场景：商店（中间是货柜，柜上放着鸡蛋、棒棒糖、糖葫芦、皮球等物品，门外有一个牌匾写着“小猪商店”）

角色：小猪、小狗、小猴、小兔

道具：小猴图卡、小兔图卡、小黑板、粉笔、鸡蛋、棒棒糖、糖葫芦、皮球

小猪：（整理货柜上的物品，擦汗）小猪我热情有礼貌，商店的生意实在好，忙得我昏头又昏脑。

〔小猴和小兔手拉手上场，小狗上场。〕

小猴：（拿出钱递给小猪）小猪，昨天我买球没付钱，今天把钱还给你。

小兔：（拿出钱递给小猪）小猪，这是我欠你的鸡蛋钱。

小猪：（收下钱，开心地笑了）哈哈，你们真守信用！

小猴、小兔：（向小猪挥手）小猪再见！（手拉手下场）

小猪：（挥手）小兔、小猴再见。欢迎再来买东西。（转身拿起粉笔，在小黑板上小猴图卡的圆圈上画了一条直线，在小兔图卡的四个圆圈上画了一条直线）小猴付了皮球钱，小兔还了鸡蛋钱，一笔画掉欠账。

小狗：（看着小猪的背影）看起来，小猪的生意还真不错。（走下场）

第　三　幕

场景：商店（中间是货柜，柜上放着鸡蛋、棒棒糖、糖葫芦、皮球等物品，门外有一个牌匾写着“小猪商店”）

角色：小猪、小猴、小兔、小狗、大象

道具：小猴图卡、小兔图卡、小黑板、粉笔、皮球、鸡蛋、棒棒糖、糖葫芦

〔幕启。小猪在“小猪商店”前忙碌着。激烈的音乐响起，小猴表演花样玩球，上场。〕

小猪：（看看小猴、看看小黑板）小猴兄弟，你是不是要还我钱啊？

小猴：（奇怪）啊？我没欠你钱，为什么要还你钱？

小猪：（拿起小黑板）你还欠我一根棒棒糖的钱呀！

小猴：（生气）你胡说，我根本没买过棒棒糖。

小猪：（生气，大声）你还想抵赖！（指着小黑板）证据在这里，这是我的记账本，你明明欠我一根棒棒糖的钱，快还钱！

小猴：我根本没买棒棒糖，真是一只糊涂猪。

〔小兔上场。〕

小兔：小猪，我今天想买泡泡糖。

小猪：（闷声闷气）想买泡泡糖，你先还我钱，你还欠我一根糖葫芦的钱。

小兔：（摸摸脑袋）我什么时候欠你糖葫芦的钱啊？

小猪：（拿起小黑板）我不记得是什么时候，但是，我的账本上画着你还欠一根糖葫芦的钱，别想赖，快还钱！

小兔：（哭）呜——小猪真糊涂，我根本没买过糖葫芦。

小猴：（安慰小兔）小兔别哭，小猪看到谁都说别人欠他的钱，别理他，我们走。（一起下场）

小猪：（着急地喊）哎！你们别走呀，还我钱——

〔小狗和大象上场。〕

小猪：（耷拉下脑袋）他们怎么都说没欠钱呢？（跑到货柜前数数）一、二、三，棒棒糖没少！三、二、一，糖葫芦也没少！可是账本上画的是怎么回事呢？（拍脑袋）哎呀，谁能告诉我，这到底是怎么回事呢？

小狗：（跑到小黑板前）小猪，我来告诉你吧。（用手指描画）小猴买了

一个球没付钱，你画了一个圈。小猴还了皮球钱，你画了一条线。圆圆的圈上加条线，变成小猴欠下棒棒糖的钱。小兔买了四个蛋，你画了四个圈……

小猪：（低下头）小狗，我想起来了。小兔还了鸡蛋钱，我在四个圈上画条线，却说小兔欠下糖葫芦的钱。唉！是我记错了，都怪我不识字，画了糊涂账。

大象：小猪，你现在可明白了，要好好学习才能做好工作，跟我回学校吧。

小猪：不行，大象老师，我现在还不能回学校。

小狗：为什么呀？

小猪：因为我错怪了小兔和小猴，还没向他们道歉呢！（两手放嘴边，大声喊）小兔，小猴，快回来，是我记错了。

〔小兔、小猴上场。〕

小猪：（向小兔、小猴鞠躬）小兔、小猴，对不起，我小猪的商店要关掉了，等我回学校学好本领，你们再来找我买东西。

小兔、小猴：（高兴）小猪，我们相信你一定能学好本领的，欢迎你回来开商店。

大象：（拉着小猪的手）小猪，走吧，回学校。

小猪：（点头）嗯，回学校好好学本领。

〔快乐的音乐响起，大象带着小猪、小狗还有小兔、小猴一起下场。〕

〔剧终〕

故事来源：网络故事《小猪开店》。

子儿吐吐

陈阿琼

第　一　幕

场景：胖猪家（桌子、椅子和小床）

角色：胖猪、小黑猪、小白猪、小黄猪、小粉猪

道具：木瓜、木瓜子

〔幕启。几只小猪开心地坐在椅子上围着桌子吃着木瓜午饭。〕

胖猪：（拍拍手掌）木瓜木瓜真好吃，一下吞进肚子里。哈哈，（拍拍胸脯并竖起大拇指）我胖猪真厉害，又是第一个吃完饭的猪。

小黑猪、小白猪、小黄猪、小粉猪：（看看桌子，再互相看看）咦，子儿呢？

胖猪：（站起来，双手交叉在胸前）什么子儿？我没有看到什么子儿呀！

小黑猪：（站起来，手指着桌上的木瓜子）你瞧，我们吐出好多木瓜子儿，你的子儿呢？

胖猪：（越说越小声）我不知道！就算有子儿，吞下几粒也没关系呀！

小白猪：（大惊失色）哎呀，不好啦！胖猪把木瓜子儿吞到肚子里了！

〔大家都紧张地站起来。〕

小粉猪：（害怕，紧张）胖猪吃子儿了，怎么办？

小黄猪：吃子儿了？那会怎么样呢？会死掉吗？

小黑猪：（挠挠脑袋并摇头）这……应该不会吧！

小白猪：哎呀！那到底会怎样呢？

小粉猪：我知道！会长树！子儿埋到土里会发芽，那么胖猪把子儿吞进肚子里和埋到土里当然也一样喽！

胖猪：（吓得跳了起来）长树？（一屁股坐在地上，哭了）呜呜……我头上会长树，这可怎么办啊？

小粉猪：（走到胖猪身旁）胖猪，别哭别哭，长树也没那么快。你别担心，我们再一起想想办法。

小白猪：（很认真，边说边比画）对了，种子要发芽是需要营养的。胖猪，从现在开始，你不要吃东西。没有营养，树就长不出来了。

小黄猪：（捂着肚子）不吃东西会肚子饿的。

小黑猪：睡觉，躺着睡觉就不容易饿。

小粉猪：（一把扶起地上的胖猪，把胖猪扶到小床上躺着）对呀，胖猪，赶紧躺着睡觉。不吃不动，子儿应该就长不出树了。

〔胖猪躺在床上。伙伴们和胖猪告别后，下场。〕

第　二　幕

场景：胖猪家

角色：胖猪、小黑猪、小白猪、小黄猪、小粉猪，小鸟、猪爸爸、猪妈妈

道具：木瓜树头饰

旁白：很快，胖猪睡着了。他做了个梦，梦见自己头上长出了木瓜树。伙伴们看见了，都纷纷围过来。

〔一阵烟雾升起，表示胖猪的梦境。头上戴着木瓜树头饰的胖猪上场，小黑猪、小白猪、小黄猪、小粉猪跟在胖猪的后面。〕

小黑猪：（惊奇地招呼大家，手指着胖猪）伙伴们，快，快来看啊！胖猪的头上长树了！

小白猪、小黄猪、小粉猪：（围在胖猪周围）真的呀，胖猪的头上长树了！

小白猪：（捂起嘴巴偷笑）嘻嘻，这是木瓜树吧！

小黄猪：（手指胖猪）谁叫他吃得这么快呀！

小粉猪：（哀叹并摇头）唉！这只胖猪啊，吃东西从来不看哪些能吃、哪些不能吃，这下可麻烦了。

小黑猪：（双手扇扇自己的大耳朵）幸好我没有吃子儿。

胖猪：（蹲下，大声哭泣）头上长树既难看又不方便，过马路不小心会碰到高处的电线，爸爸妈妈要爬到很高的楼上才能帮我给树浇水……呜呜……伙伴们还嘲笑我，呜呜……

小鸟：（飞着上场）胖猪，你吞了什么子儿啊？

胖猪：木瓜子儿。

小鸟：（微笑，竖起大拇指）胖猪，这树长得可真好！我如果能停在你的树上，一定威风得不得了。

〔猪爸爸牵着猪妈妈一起上场。〕

猪爸爸：（拉着胖猪左瞧右瞧，拥抱）儿子，爸爸觉得你长树的样子还真可爱，爸爸妈妈都喜欢！

猪妈妈：（轻轻抚摸胖猪的头）儿子，世界上的树那么多，只有你这棵是

会走路的树！

小黑猪、小白猪、小黄猪、小粉猪：（拉手围着胖猪转圈圈）是呀，是呀，真特别，真可爱！胖猪是世界上独一无二的小猪。

小黑猪：对呀，树上还可以结木瓜哟，想吃的时候，随时就可以摘下来吃了。（竖起大拇指）哇，太了不起了！

小白猪：那……吞下不同水果的子儿，就会长出各种各样的树了？

小黄猪：我要长龙眼树。

小粉猪：我要长葡萄。葡萄熟了，我们互相分享着吃。

胖猪：（擦擦眼泪）你们说得有道理，我得赶快回家，让木瓜树早点结出木瓜。

〔胖猪说完跑下场。大家跟着胖猪跑下场。〕

第　三　幕

场景：胖猪家（桌子、床）

角色：胖猪、小黑猪、小白猪、小黄猪、小粉猪

道具：杯子、镜子、马桶

〔胖猪从床上醒来，心情愉悦。〕

胖猪：（摸摸头上）我中午做了个梦，头上长出木瓜树了。伙伴们都很羡慕呢。唉，原来是一场梦，其实头上什么都没有！现在，我多么希望头上长树啊！有办法了。

胖猪：（摸摸肚子）为了让子儿长出树，我得多喝水、多休息。（拿起桌上的杯子，“咕噜咕噜”地喝了一大杯水）多喝水，多睡觉，木瓜树长得高。

〔胖猪躺到床上，睁着眼睛。〕

胖猪：（轻轻左右挪动身体）哎呀，睡也睡不着，动也不敢动。（轻轻地摸摸肚子）也不知道子儿长出芽了没有。

〔“滴滴滴……”闹钟音效响起。〕

胖猪：（很快地从床上跳起来）等了一晚上，终于天亮了。赶紧看看头上长树了没有。

胖猪：（从桌上拿起镜子照，用手轻轻摸摸自己的头）咦，奇怪，没长树啊。难道是我没休息好？（歪着脑袋思考）再等等，说不定明天就长了……

胖猪：（弯腰，捂住肚子）哎哟，哎哟！我的肚子啊，好难受，来不及了。

〔胖猪蹲在马桶上。一会儿胖猪站了起来，看着马桶。〕

胖猪：（大叫）哎哟！我的木瓜子儿怎么在便便里呢？（焦急）子儿，子儿，你这么着急着跑出来干吗呀？

〔胖猪看了看，压下马桶冲水开关。〕

胖猪：（搔搔脑袋）子儿冲走了也好！

〔伙伴们上场，看望胖猪。〕

伙伴们：（围着胖猪瞧）咦，你怎么没长出木瓜树来呢？

胖猪：（大笑）哈哈，早上拉臭臭，子儿和便便一起被水冲走了。

伙伴们：（惊讶，摸摸胖猪的肚子，七嘴八舌）啊，原来吞了子儿，会和便便一起拉出来。原来不会长树呀！再也不用担心了。哈哈哈……

〔胖猪和伙伴们手牵手开怀大笑。〕

〔剧终〕

故事来源：《子儿吐吐》（文、图：李瑾伦），明天出版社 2013 年版。

彼得的椅子

潘万得

第　一　幕

场景：彼得家

角色：彼得、小狗威利

道具：大积木

〔幕启。音乐《搭积木》响起，彼得边唱歌边搭积木。〕

彼得：红红的绿绿的积木，方方的圆圆的积木……（向小狗威利介绍）威利你看，这是我搭的房子，漂亮吗？里面住着爸爸、妈妈、我，还有妹妹。没错，还有我妹妹，她叫苏西。

威利：嗯，苏西漂亮又可爱！

彼得：可是自从有了小妹妹，爸爸妈妈好像没那么爱我了。

威利：怎么会呢，你为什么这么说？

彼得：因为他们只关心妹妹，不关心我，妈妈只抱妹妹不抱我了，爸爸只喂妹妹不喂我了。

威利：（伸出手，拍拍彼得的肩膀）这……也许……是因为你已经长大了，对对对，你长大了，不需要他们抱你、喂你吃饭了。

〔“哗啦……”彼得不小心碰倒了积木，发出了声音。客厅传来妈妈的声音：“嘘！彼得，小声点玩，别忘了，我们家有个小宝宝呢！”〕

彼得：（低下头，抹眼泪）你看，妈妈只想着小苏西，再也不陪我玩了，呜呜呜……

第　二　幕

场景：彼得家

角色：彼得、彼得爸爸、小狗威利

道具：一扇门、粉色小床、刷一半的高脚椅、小椅子、油漆刷和油漆桶、书包、肉骨头

〔幕启。爸爸兴致盎然地边唱《粉刷匠》边在小床上涂油漆。〕

爸爸：（边唱歌边粉刷）我是一个好爸爸，粉刷本领强，我要把那旧家具，变呀变个样，又刷椅来又刷床，哎哟我的小鼻子，变成粉红色。哈哈哈……我真是个能干的爸爸，瞧，小床一下子就变成粉红色了，我的小苏西一定会喜欢的。（说完，边吹口哨，边开始刷高脚椅。）

彼得：（躲在门后看）威利，那是我的小床，原来是蓝色的，为了给妹妹苏西用，全部都刷成粉红色了。哼！我讨厌粉红色！

威利：哎，彼得，快看，你的高脚椅也快变成粉红色了。

彼得：那是我的小床，那是我的高脚椅。

爸爸：（回头望着彼得）嗨！彼得，要不要帮爸爸把妹妹的高脚椅漆一漆？

彼得：（生气地甩手）哼！我才不要！我忙着呢！（瞪眼一看）咦！那是我的小椅子，趁爸爸还没有油漆，快，威利，帮我拿过来，快！

〔威利迅速跑出去，拿回小椅子。〕

彼得：哼！爸爸妈妈眼里只有妹妹没有我，威利，我们离家出走吧。

〔彼得生气地拿上书包、椅子，小狗威利叼着骨头下场。〕

爸爸：（走到台前）彼得长大了，彼得的这些小床和小椅子换个颜色给妹妹用。彼得嘛，要上小学了，我给他做一张小书桌了。嘘！这是个秘密。

第　三　幕

场景：家门口的草地

角色：彼得、小狗威利、鸟妈妈、鸟哥哥、鸟妹妹

道具：书包、零食、小椅子、果子

〔彼得背着书包、威利拿着椅子跑上场。〕

彼得：（喘气）嗯，这个地方不错，正好可以坐在我的小椅子上休息休息。

〔彼得努力想坐在椅子上，可是坐不进去。〕

彼得：呀……呀……明明是我的椅子，怎么坐不进去呢！

威利：彼得，你长大了，椅子太小了。这么小的椅子，你妹妹苏西坐就刚刚好。

彼得：算了，算了，我们吃东西吧。

〔彼得和威利坐在草地上，拿出书包里的零食吃。音乐《学飞》响起，鸟哥哥和鸟妹妹上场。〕

鸟妹妹：（着急）哥哥、哥哥，等等我！哎哟！（摔倒）

鸟哥哥：（扶起鸟妹妹）妹妹，你看，像我这样张开翅膀，用力扇动。

〔鸟妈妈上场。〕

鸟妈妈：孩子们，你们在做什么呢？

鸟妹妹：妈妈，哥哥在教我学飞。哥哥是世界上最好的哥哥。

鸟妈妈：哥哥真是好样的。你们看，我找来了什么？

鸟哥哥、鸟妹妹：哇，是我们爱吃的果子。

鸟妈妈：（温柔地把果子擦干净递到妹妹嘴里）妹妹小，我喂你。

鸟哥哥：（自豪地抬头，自己拿果子吃）妈妈，我长大了，自己吃。

鸟妈妈：你们都是妈妈的乖孩子！

〔鸟妈妈一家三口坐在舞台旁吃果子。〕

彼得：（看着鸟妈妈和她的孩子吃果子）威利，我长大了，可以帮妈妈喂妹妹吃饭。

〔屋里传来彼得妈妈的声音："小彼得，今天午餐有很特别的菜哦，你要不要回来和我们一块吃呀？"〕

彼得：（看向自己的家）威利，你想回家吃妈妈煮的午餐吗？

威利：（急忙点点头）当然想。

彼得：可是，我们现在正离家出走。

威利：可是，你妈妈做的午餐超级美味，我们如果离家出走就再也吃不到了。

彼得：那我就再给爸爸妈妈一次机会，如果他们找得到我，我们就回家。

〔彼得拿着小椅子和小狗威利说着悄悄话，下场。〕

第 四 幕

场景：彼得家

角色：彼得、爸爸、妈妈、小狗威利

道具：柜子、窗户窗帘、布娃娃（当作苏西）、盘子和食物、小书桌（用布盖住）

〔彼得和威利躲在窗帘后面。爸爸抱着苏西。〕

爸爸：（看窗外）彼得去哪里了，怎么不回来吃午餐呢？

妈妈：（端着食物上场，笑着指着窗帘）我亲爱的小彼得一定是躲起来了。

爸爸：（手托下巴，眼睛看着窗帘）他会躲在哪里呢？

妈妈：（微笑）我想那个小顽皮一定躲在窗帘后面。（撩起窗帘）

彼得：（开心地跳出来）哈哈，我们在这呢！

爸爸：原来你们真的躲在窗帘后面呀！

彼得：爸爸、苏西！（跑过去抱住爸爸和苏西）

妈妈：（笑着指盖着布的书桌）彼得，去看看爸爸给你准备了什么礼物。

彼得：（高兴地跑过去拉下盖布，惊喜）哇！漂亮的蓝色书桌。

爸爸：彼得，你以前的家具都小了，给妹妹用。你就要上学了，爸爸给你做了书桌。

彼得：（高兴地去搬小椅子）我们把小椅子漆成粉红色，给苏西坐吧。

爸爸、妈妈：（高兴）好啊！我的彼得真是一个懂事的哥哥。（对着彼得竖起大拇指）

〔音乐《粉刷匠》响起，大家一起跳舞。〕

〔剧终〕

故事来源：《彼得的椅子》（文、图：〔美〕艾兹拉·杰克·季兹；译：孙晴峰），明天出版社2008年版。

伤心的鲤鱼

林雪花

第　一　幕

场景：动物医院

角色：猫大夫、小猴护士、小羊、小兔

道具：医院的标志、听诊器、急救箱

〔幕启。猫大夫在动物医院坐诊。小羊、小兔上场。〕

小羊：（走进动物医院）猫大夫，我头昏眼花，四肢无力。

小兔：（跟在小羊后面）猫大夫，我也是啊，还恶心难受，想呕吐。

猫大夫：（拿出听诊器为小羊、小兔检查身体）森林里小动物生病的症状怎么都一样呢？

〔小猴护士急急忙忙跑上场。〕

小猴护士：（边跑边喊）不好了，不好了，小鲤鱼在河里翻白肚皮了。

猫大夫：（立即背起急救箱，急忙往外走）我得赶紧去清清河看看。

〔动物们紧跟猫大夫一起跑下场。〕

第　二　幕

场景：小河边、警察局

角色：猫大夫、小猴护士、小羊、小兔、小鲤鱼、大黄狗警长

道具：浴盆、急救箱

〔幕启。动物们把小鲤鱼从河里捞起来，放到干净的水盆里。猫大夫拿着急救箱，帮助小鲤鱼检查身体，打了一针，小鲤鱼慢慢睁开眼睛。〕

小鲤鱼：（痛苦地指着河水）猫大夫，河水有毒啊，大家千万不能再饮用清清河里的水了。

猫大夫：果然河水有毒！河水太臭了，其中的有毒成分可能超标了！

小鲤鱼：这可怎么办呀？清清河是我的家，我无家可归了。呜呜……

动物们：小鲤鱼别伤心，我们想办法，一定要让清清河变干净。

小羊：对，小兔你带大家去警察局报案，我去环保局反映情况，让大黄狗警长和白鹅局长一起来查查为什么河水里有毒、到底是谁干的。

〔大黄狗警长上场。小兔带动物们向大黄狗警长说明情况。〕

动物们：警长，河水有毒，小鲤鱼差点被毒死了，你快来看看吧。

大黄狗警长：是谁想毒害小鲤鱼？我一定要查个水落石出。

第　三　幕

场景：河边草丛、化工厂

角色：大黄狗警长、黑狗警士、大黑熊、猫大夫、白鹅局长

道具：手电筒、黑色塑料袋（剪成条当作黑黑的河水）、化验单

〔幕启。大黄狗警长、白鹅局长和黑狗警士埋伏在清清河边的草丛里，眼睛盯着小河周围。清清河里有一股黑水在流动，他们打着手电筒沿着这股黑水寻找，来到了化工厂门口。〕

白鹅局长：跟化工厂的污水有关系。

大黄狗警长：我知道是怎么回事了。黑狗警士，你快把大黑熊找来。

黑狗警士：是，警长。

〔黑狗警士下场，大黑熊上场。〕

大黑熊：（惊奇又十分热情的，脸上堆满了笑容）大黄狗兄弟，好久不见，今儿怎么有空找我，有事？

大黄狗警长：你可知道小鲤鱼差点被毒死？

大黑熊：（惊奇）啊？有这事！谁这么缺德？

大黄狗警长、白鹅局长：（伸手邀请）猫大夫，请您来做证人。

猫大夫：（拿着河水化验单给大黑熊看）你看，你化工厂排出的废水有毒，河水中有毒成分超标，差一点害死了小鲤鱼。

大黑熊：（着急）这……这……我不知道废水有毒，我想废水排放到河里会被冲走的，哪知道会发生这样的事？我真没想过害死小鲤鱼。

大黄狗警长：（认真、严肃）你办工厂是件好事，但也不能破坏周围的环境，随便朝河里排放废水，危害了大家的身体健康。

大黑熊：（拍了下脑袋）最近森林里好多动物生病了，我也想到过不对劲，但不曾想是自己的工厂出问题了。是我害了大家，害了小鲤鱼，都怪我无知！

白鹅局长：马上停止生产，赶紧安装污水处理装置，将污水处理干净后，再排放到河里，这样就不会危害大家了。

大黑熊：（连连鞠躬道歉）我一定照办，一定照办！我以后一定要多学习环境保护知识。实在对不住大家！

第 四 幕

场景：河边草丛、化工厂

角色：大黄狗警长、黑狗警士、白鹅局长、小羊、小兔、大黑熊、猫大夫、小猴护士、小鲤鱼

道具：污水处理器、透明塑料袋（剪成条当作干净的河水）

〔大黑熊和动物们一起拿着污水处理器上场，猫大夫和小猴护士扶着小鲤鱼上场。〕

大黑熊：赶紧买来污水处理器，把污水处理干净，把清水排进河里，再也不能危害动物们了。

动物们：太好啦，河水终于变干净了。

小鲤鱼：太好了，我可以回家了。谢谢你，猫大夫，谢谢大家！

动物们：（开心地围在一起）我们一起送小鲤鱼回家吧。

〔动物们一起把小鲤鱼送回清清河里。〕

小鲤鱼：（在小河里游来游去，尝了一口河水）清清河里的水真甜！伙伴们，谢谢大家的关心！再见！

动物们：（挥手）小鲤鱼，再见！

〔剧终〕

故事来源：故事《伤心的鲤鱼》，“福建省幼儿园教师教育用书”《主题活动指导》（大班下），福建人民出版社 2013 年版。

狼大叔的红焖鸡

黄佳惠

第　一　幕

场景：狼大叔家（有个窗）、屋外草地

角色：狼大叔、狼大婶、母鸡、小鸡们

道具：桌子、椅子、盘子、饭菜、筷子

〔幕启。狼大婶坐在餐厅椅子上，狼大叔端着做好的饭菜放到餐桌上。〕

狼大叔：老婆，这是我最新研究的食谱——豆腐炒青菜。

狼大婶：（用筷子夹起菜放进嘴里嚼了嚼，叹了口气）唉！

狼大叔：（看着狼大婶）怎么？不好吃吗？不可能！我……我可是最讲究、最挑剔的美食家！

狼大婶：（突然抬起头，两眼放光地看着狼大叔）可是，我好想吃肉啊！

狼大叔：说到这肉啊，清蒸的、红烧的、爆炒的、香焖的……我都会做。（叹了口气）唉，不过，我们确实好久没吃肉了。

狼大婶：（用筷子敲盘子）清蒸的、红烧的、爆炒的、香焖的……（叹了口气）唉，越说越想吃，馋死我了！

狼大叔：（坐下，昂着头，托着腮帮）要是来一盘红焖鸡，这心情就无比美丽。

〔窗外传来母鸡“咯咯哒”和小鸡“叽叽叽”的声音。狼大叔和狼大婶听到后，同时从椅子上跳起来。〕

狼大叔、狼大婶：（兴奋地击掌）红焖鸡！走，去抓鸡！

〔狼大叔和狼大婶蹑手蹑脚地走出家门，躲到大树后面。音乐《小鸡小鸡》响起，母鸡和小鸡跳舞上场。〕

母鸡：（大声喊）孩子们，今天天气真好，咱们一起做运动！（做热身运动）

小鸡们：（欢呼雀跃，拍手点头）好啊好啊。

〔母鸡和小鸡们在草地上运动。〕

狼大婶：（躲在树后偷偷瞄）你看，这只老母鸡红焖合适吗？

狼大叔：不行不行，还是瘦了点，塞牙缝都不够。

狼大婶：（噘嘴）就这只吧，总比青菜豆腐强。

狼大叔：不行不行，你知道我对美食有多挑剔，一定要养胖一点，口感才会更好。

狼大婶：养胖？我没听错吧？你要养胖这只母鸡？

狼大叔：（摸摸下巴，点点头）是的，以我对美食的严苛追求，我决定从今天起，每天偷偷给母鸡送好吃的，等养胖了再做红焖鸡。嘿嘿嘿……

第　二　幕

场景：狼大叔家厨房（有个窗）、母鸡家（有扇门）

角色：狼大叔、母鸡、小鸡们

道具：炊具、大盘子、煎饼

〔狼大叔正在煎饼，音乐《粉刷匠》改编的《我是一个好厨师》响起。〕

狼大叔：（擦擦汗，捶捶背，甩甩手）哎哟，从早忙到晚，一百个煎饼终于做好了，累得我腰酸又背痛。（走到窗户边往外看）瞧，天都黑了。给母鸡送煎饼去。

〔狼大叔吃力地端着大盘子，将煎饼放到母鸡家门口，偷偷摸摸地敲敲门，然后快速躲到大树后面。〕

母鸡：（侧耳听）谁呀？（打开门，看到煎饼，吃惊地睁大眼睛，惊叫）天啊！这么多煎饼呀，这味道可真香呀！

〔小鸡们听到叫声，围过来看。〕

小鸡们：（探出头，往门外左看看右瞧瞧）煎饼是谁送给我们的？人呢？

母鸡、小鸡们：（走出来四处看看，七嘴八舌）有人在吗？有人在吗？到底是谁给我们送来这么多煎饼呀？难道是圣诞老公公送来的礼物？（一起开心地拍手）哈哈，肯定是！

母鸡：（招呼小鸡）孩子们，好心人给我们送来香喷喷的煎饼，快把煎饼搬进屋里。

〔母鸡与小鸡们将煎饼搬进家里，放在桌上。〕

小鸡们：哇！有煎饼吃了！好香呀！（围坐着吃煎饼）

狼大叔：（躲在树后，开心地跳了起来）端进去啦，端进去啦。成功啦！哈哈哈！（蹑手蹑脚地趴在母鸡家门上，偷听）

母鸡：不知道是哪位好心人送这么好吃的煎饼给我们，真该谢谢他！

狼大叔：（捂嘴偷笑）老母鸡，不用谢不用谢。你好好享受美味的煎饼吧，等你胖一圈，我再红焖你，哈哈哈哈……

第　三　幕

场景：狼大叔家厨房（有个窗）

角色：狼大叔、狼大婶

道具：炊具、大盘子、蛋糕

〔厨房里，大盘子里装着蛋糕，狼大叔还在继续烤蛋糕。〕

狼大婶：（举手用袖口帮狼大叔擦汗）瞧你天天从早忙到晚，每天都给母鸡送好吃的，自己又累又瘦，都皮包骨头了。（放下手臂，不耐烦）不行，我等不及了，我现在就去抓母鸡，吃鸡翅鸡腿鸡胸脯肉。（边说边往外走）

狼大叔：（走出来把狼大婶拽回去）瞧你这急性子，想吃口感极佳的老母鸡呀，得有耐心。（拍拍胸口）我今天给母鸡点厉害的尝尝，不愁她不胖。

狼大婶：厉害的？你有什么法宝？

狼大叔：没有最胖，只有更胖。我做了一百个“咯咯哒”牌奶油蛋糕，一定能把她养成世界第一的胖母鸡。

〔狼大叔回到厨房，继续做蛋糕。狼大婶帮忙把蛋糕装到盘子里。〕

狼大叔：（擦了擦汗）哎哟，一百个蛋糕终于做好了。累死我了！（瘫倒在一旁）

狼大婶：（赶紧扶起狼大叔）今晚最后送一趟蛋糕，明天我一定要吃红焖鸡了。

狼大叔：（嘿嘿笑）明天呀，那只老母鸡肯定肥得像个气球了。

第 四 幕

场景：母鸡家（有扇门）

角色：狼大叔、母鸡、小鸡们

道具：大盘子、蛋糕

〔狼大叔吃力地端着一大盘蛋糕上场，走到母鸡家门口。〕

狼大叔：（放下蛋糕）快吃吧，多吃点，我美味的母鸡，长得肥肥又胖胖，让我痛痛快快吃一场。

〔狼大叔转身正要离开，门突然开了，母鸡走出来。〕

母鸡：（惊喜，睁大眼睛）啊，原来是狼大叔啊！（转头急切地呼唤小鸡）孩子们，快出来看啊，原来煎饼、甜甜圈和香甜的大蛋糕不是圣诞老公公送的，全都是善良的狼大叔送给我们的礼物！

〔小鸡们全涌向门口。〕

小鸡们：（鞠躬）谢谢最帅最可爱的狼大叔！

〔狼大叔愣住了。〕

小鸡1：（竖起大拇指）狼大叔，您是世界上厨艺最棒的美食家！

〔狼大叔不好意思地“嘿嘿”笑。〕

小鸡2：（张开双臂）狼大叔，我可以抱抱您吗？

狼大叔：（不好意思）哦，这……好的。

小鸡3：（双手握住狼大叔的手摇晃，撒娇）狼大叔，我可以亲亲您吗？

狼大叔：（大笑）好呀，小鸡们太可爱了！哈哈！

小鸡们：（有的从前面，有的从后面拥抱狼大叔，有的拉着狼大叔的手）狼大叔，我们都很爱您哟！

〔音乐《这就是爱》响起。〕

狼大叔：（看着小鸡们）你们让我心里有股说不出的感觉，暖暖的，热热的。

母鸡：（拽着狼大叔的手臂）狼大叔，今天就留在我们家吃饭吧，让我也好好招待招待您。

小鸡们：（七嘴八舌）狼大叔，留下来，和我们一起吃晚餐。

狼大叔：好呀，今天在你家吃饭，明天我给你们烤点小饼干吧！

〔恰恰舞曲响起。小鸡们欢呼起来，围着狼大叔和母鸡舞蹈，狼大叔和母鸡手拉手跳起恰恰舞。〕

〔剧终〕

故事来源：《狼大叔的红焖鸡》（文、图：〔美〕庆子·凯萨兹；译：范晓星），贵州人民出版社 2007 年版。

不期而遇的美好

张小兰

第　一　幕

场景：大海、小岛（沙滩、红果林）

角色：棘龙宝宝、霸王龙

道具：红果子、蓝色地毯（作为海水）、土黄色地毯（作为小岛，用魔术扣粘贴拼接成一块，可拆分成两块）、袋子、小鱼

〔幕启。棘龙宝宝边唱歌边走着上场。霸王龙脚步沉重地跟在后面上场。〕

霸王龙：（气势汹汹）嗷！哈哈，今天运气实在好，美味食物在前面。

棘龙宝宝：（回头看霸王龙）糟糕！霸王龙来了。

霸王龙：（仰天大吼）小东西，你躲不掉了。（说完，飞扑了过去）

〔地震的音效响起。〕

旁白：就在这时，电闪雷鸣，山摇地动，发生了大地震。小岛因地震漂移到海中间。小岛的周边是茫茫大海。霸王龙和棘龙宝宝被困在了小岛上。

〔土黄色地毯被扯开。〕

霸王龙、棘龙宝宝：（身体东倒西歪）啊——啊——地震啦！

〔地震音效逐渐减弱至消失，悲伤的音乐响起。〕

棘龙宝宝：（蹲下，害怕得大哭）妈妈，妈妈，我要找妈妈！

霸王龙：（无奈地看着周边的海水，沮丧）倒霉，倒霉，真倒霉！被困在这个小岛上了。

棘龙宝宝：（听到霸王龙的声音，站起来往后退了好几步）你……你……你要干什么？

霸王龙：（凑近一看，抓起棘龙宝宝）当然是要吃掉你！

棘龙宝宝：（害怕，挥动双手尖叫）不要！你不要吃我，我会捕鱼，我可以帮你捕鱼。

霸王龙：（松开了手，歪着头思考，摸了摸下巴）也对，他只够今天的午餐。留着他，就天天有鱼吃啦！

棘龙宝宝：（害怕）我……我是捕鱼高手，我这就给你捕鱼。（说完，跳到海里去捕鱼）

霸王龙：（探头看着大海，大声喊）哎，你可别跑掉，大海里到处是大鲨鱼，会吃了你的。

棘龙宝宝：（爬到小岛上，把手里的鱼递给霸王龙）给你鱼吃，我再去抓。

霸王龙：（盘腿坐下，大口大口吃着鱼）嗯，不错不错。幸好没吃掉他，不然就没这么新鲜的鱼吃了。

棘龙宝宝：（抓着鱼回来）你吃饱了吗？看，我又抓了好多鱼。

霸王龙：（边吃边招手）来，放这儿，我还没吃饱呢。

棘龙宝宝：（放下手中的鱼，擦了擦汗，摸了摸自己的肚子）肚子饿得咕咕叫，我去找果子吃。（跑到小岛旁边的树上摘果子吃）

〔悲伤的音乐响起，棘龙宝宝边吃果子边哭了起来。〕

棘龙宝宝：呜呜呜……

霸王龙：（停下吃鱼，走到了棘龙宝宝面前）喂，你怎么了？

棘龙宝宝：（哭着）我想妈妈了！我妈妈生病了，要吃红果子才会好！我到岛上找这种红果子，就遇到地震了，回不了家了，呜呜呜……

〔温馨的音乐响起，霸王龙拍了拍棘龙宝宝的肩膀。〕

霸王龙：你妈妈会没事的，她一定在等你回去呢。

棘龙宝宝：（看了霸王龙一眼，擦干了眼泪）谢谢你！

霸王龙：（惊讶地看着棘龙）你说什么？谢谢？你对我说谢谢？

棘龙宝宝：对呀！谢谢你！叔叔！

霸王龙：（摸着自己的心）从来没有人对我说谢谢，这种感觉真奇妙。对了，你叫什么名字？

棘龙宝宝：（看着霸王龙）因为我爱哭，所以大家都叫我抽抽搭搭。叔叔，你叫什么名字？

霸王龙：（低下头）我……我无名。

棘龙宝宝：你叫吴明？那我叫你吴叔叔吧！

霸王龙：（惊喜抬头）走！叔叔带你去摘果子。

〔两只恐龙在小岛上摘着果子，有说有笑。〕

霸王龙：（把摘到的红果子扔给棘龙宝宝）接着。

棘龙宝宝：（捧着满袋子的红果子，高兴极了）叔叔你太棒了！

霸王龙：（摸摸头）你说什么？（指着自己）我很棒？从来没有人夸我很棒！

棘龙宝宝：（凑到霸王龙面前）是的，你帮我摘了这么多红果子，太棒了！

霸王龙：（挠挠头）呵呵……

棘龙宝宝：（拿出一颗红果子，塞进霸王龙嘴里）吴叔叔，尝尝红果子，好吃吗？

霸王龙：（点点头）嗯，比你还要好吃，哈哈……

〔两只恐龙相视，哈哈大笑。〕

第　二　幕

场景：小岛

角色：霸王龙、棘龙宝宝、蓓翼龙

〔急促的音乐响起，蓓翼龙大摇大摆地上场。〕

蓓翼龙：（看着棘龙宝宝，大吼）我都饿了好几天了，看来一顿美食就在身边。（朝棘龙宝宝扑了过去）

棘龙宝宝：（蜷缩着身体）吴叔叔，救命啊！

霸王龙：（挡在棘龙宝宝面前，对蓓翼龙大吼）不许你动他！

〔霸王龙说完，一个巴掌拍向蓓翼龙。蓓翼龙就地打滚，爬起来。〕

蓓翼龙：（恶狠狠）滚开，少管闲事！

霸王龙：（张开双臂把棘龙宝宝护在身后）不许伤害他！

〔霸王龙说完，用力挥臂指向蓓翼龙。蓓翼龙就地打滚，下场。〕

棘龙宝宝：（双手竖起大拇指）吴叔叔，你真酷！

〔温馨的音乐响起。〕

霸王龙：呵呵呵，哦！我真棒！我真酷！

棘龙宝宝：是的，吴叔叔，你又棒又酷，帅呆了！哈哈。

霸王龙：哈哈……

〔悲伤的音乐响起。〕

棘龙宝宝：（蹲下）我想妈妈了！我好想妈妈！

霸王龙：（蹲下，伸手摸了摸棘龙宝宝的头，将他抱在了怀里）别哭了，你一定能回家找妈妈的。

〔地震的音效声响起。〕

棘龙宝宝：（抬头看四周）吴叔叔，又地震了。

霸王龙：（一手拉着棘龙，一手抱着大树）别害怕，抽抽搭搭，拉紧我，我保护你。

〔轰隆声中两人东倒西歪，却始终手拉手。一声霹雳音效响起。〕

棘龙宝宝、霸王龙：（大喊）啊……（倒在地上）

第 三 幕

场景：大陆、小岛（沙滩、红果林）

角色：霸王龙、棘龙宝宝、棘龙爸爸、棘龙妈妈

道具：红果树的树枝、两块土黄色的地毯（一块作为小岛，一块作为大陆）

旁白：又是一场大地震后，霸王龙从睡梦中惊醒，小岛漂移着，靠近了陆地。

霸王龙：（揉了揉眼睛，大喊）快！抽抽搭搭，快醒醒！小岛靠近大陆了。

棘龙宝宝：（揉了揉眼睛，看了看四周，大喊）太好了，可以回家了！

〔霸王龙拉着棘龙宝宝，跳到了陆地上。霸王龙突然停住了脚步。〕

霸王龙：（着急）不行，忘记带红果子了，我得回小岛。（转身跳回了小岛）

棘龙宝宝：（着急喊）吴叔叔，不要红果树了，你快上来！

〔急促的音乐响起，霸王龙回小岛，用嘴咬断了红果树，抱起了红果树的树枝，往大陆一跳，却掉进水里。〕

霸王龙：（在水里挣扎，用力把树枝扔到陆地上）抽抽搭搭，别管我，快带这红果树去找你妈妈。

〔悲怆的音乐响起，棘龙宝宝哭着大喊。〕

棘龙宝宝：吴叔叔你真好！我怎么能丢下你？（站起来回头大喊）快来人

呀，快来救人呀……

〔棘龙爸爸带着棘龙妈妈上场。〕

棘龙妈妈：抽抽搭搭，我的好孩子，你终于回来了。

棘龙宝宝：爸爸！快！快救吴叔叔！

棘龙爸爸：（伸出红果树树枝）快，快抓住树枝。

〔急促的音乐响起，霸王龙抓住树枝的一头，棘龙爸爸抓住树枝的另一头，棘龙妈妈抱着棘龙爸爸的腰，棘龙宝宝抱着棘龙妈妈的腰，用力把霸王龙拉上岸。〕

霸王龙：（瘫坐在地上，抖了抖身上的水，气喘吁吁）谢……谢……你们！

棘龙宝宝：（走到了霸王龙的身边，拍了拍他的后背）吴叔叔，你还好吧？

霸王龙：（指着红果树树枝）抽抽搭搭，快拿给你妈妈。

棘龙宝宝：（扶起霸王龙，走到爸爸妈妈前面）爸爸妈妈，地震时，我遇到了吴叔叔，他救了我。为了帮我拿到红果子，他才掉进了水里。（从树枝上拿起红果子递给妈妈）妈妈，你快吃！

棘龙妈妈：（拥抱棘龙宝宝）谢谢宝贝！（握住了霸王龙的手）谢谢您！

棘龙爸爸：（向霸王龙鞠躬）谢谢您救了抽抽搭搭，遇到您真好！

霸王龙：（笑着，不好意思）应该说谢谢的是我！虽然遇到了地震，但我遇到了抽抽搭搭，尝到了红果子，遇到了美好！

〔温馨的音乐响起。〕

〔剧终〕

故事来源：《遇到你，真好》（文、图：〔日〕宫西达也；译：蒲蒲兰），江苏凤凰文艺出版社 2017 年版。

石　头　汤

张翰墨

第　一　幕

场景：村庄

角色：阿福、阿禄、阿寿、小女孩

道具：行李袋、小铁锅、树枝、汤勺、砖头、石头

〔阿福、阿禄、阿寿背着行李袋上场。〕

阿福：（看着阿禄和阿寿）大家都关着门，村民们怎么都不理我们呢？

阿禄：是啊，真奇怪！

阿寿：（手握拳，轻轻敲击自己的脑袋，放下手）我有一个好办法！

阿福、阿禄：（看着阿寿）你有什么好办法？

阿寿：我们煮石头汤，吸引村民们前来观看。接下来，你们配合我做好这道汤。（双手揽过两个伙伴的头，耳语）

〔阿福捡树枝，阿禄垒砖头点火，阿寿从行李袋中拿出小铁锅，架到砖头上。小女孩一蹦一跳上场。〕

小女孩：（好奇）咦，你们在干什么？

阿福：我在捡柴。

阿禄：我在生火。

阿寿：（看着小女孩，拿着汤勺在锅里搅动）我们在煮石头汤，需要三块又圆又滑的石头。

小女孩：石头汤？太有趣了！我去帮你们找石头吧。（跑到舞台旁边找石头，双手捧着三块圆溜溜的石头，递给阿寿）给，这三块石头给你们煮汤吧。

阿寿：（接过石头，拿着石头互相拍击一下）太好了，谢谢你！这些石头可以煮出美味的汤哦。（看着石头和锅）可是这个锅太小了，煮不了很多。

小女孩：没关系，我妈妈有一口更大的锅。我去拿，你们等着。

阿寿：那太好了。

第　二　幕

场景：村庄

角色：阿福、阿禄、阿寿、小女孩、妈妈、村民们

道具：大锅、大汤勺、碗和汤匙、柴火、盐、胡椒粉、胡萝卜、洋葱、蘑菇、豆腐等

〔幕启。阿福、阿寿、阿禄在忙碌着。小女孩和妈妈拿着大锅上场。〕

妈妈：（将大锅递给阿寿）外乡人，用这个大锅煮汤吧！

阿寿：（接过大锅）谢谢您！

〔阿寿拨了拨柴火，将大锅放置在火上。村民们一个接一个上场，好奇地围拢了过来。〕

村民1：（闻了闻）这是什么味道呀？（说完用手扇了扇）

村民2：（用手扇了扇烟气，仔细查看锅里）石头汤里什么也没有啊。

阿寿：（慢条斯理地用汤勺搅着锅里的水）慢慢的会有的，耐心等一等。煮石头汤，要先加点儿盐和胡椒粉，（竖起大拇指）味道会更香。

阿禄：（拍一下手，跳了起来）糟糕！我忘了带盐和胡椒粉了，怎么办……

阿福：（轻轻推了一下阿禄的肩膀）你怎么就这么马大哈呀！

村民3：（转身跑回家，又跑回来，拿出盐和胡椒粉，递给阿寿）我家有盐和胡椒粉，给你们用。

阿寿：（舀汤尝尝味道）上次我们煮石头汤时，还放了些胡萝卜，那汤可真甜！

村民2：（转身跑回家，又跑回来，手拿胡萝卜）我家刚好有胡萝卜，给你们。

阿寿：（转头看阿福再看阿禄）要不，再放几个洋葱，味道会不会更香呢？

村民4：（转身跑回家又跑回来，手拿洋葱）我家有洋葱，快把这些洋葱放进锅里。（闻了闻汤，闭上眼睛）哈哈，这可真是一锅美味的汤呀！

〔村民们望着锅，舔了舔嘴唇。〕

阿寿：（摸了摸下巴）不过，要是我们有蘑菇的话……

村民3：（举手）我有我有，我这就去拿来。

村民1：（递上豆腐，高兴）再放些豆腐吧，我家这些豆腐可嫩了！

村民4：（看着大家，欢喜）我再放些银耳、绿豆和山药，怎么样？

村民们：我家有面条。我家有豌豆荚。我去拿卷心菜。我也去拿……

〔村民们各自回家，从家里拿来了各种食物。阿福、阿禄生火，阿寿搅动着锅里的食物。大家围着锅，专注地看着锅里正在烹煮的汤，一脸期待。〕

阿寿：（站起来，高喊）石头汤要起锅了，准备开饭喽——

众人：（跳起来，欢呼雀跃）耶，太好啦！

〔村民们拿着碗和汤匙，排队等候阿寿盛装美味的石头汤。大家美滋滋地品尝，赞不绝口。〕

旁白：这一天晚上，村民们拿来米饭、馒头和甜饼，端来了香茶，点亮了灯笼。大家第一次围坐在一起吃饭、喝汤，吃完又唱歌跳舞，一直到深夜。

〔阿福、阿禄、阿寿背上行李袋，准备离开。村民们站在他们对面。〕

阿福、阿禄、阿寿：（笑笑）你们很慷慨啊，谢谢你们的盛情款待！

村民们：（拉着阿福、阿禄、阿寿的手）是你们让我们明白了，分享使人更加富足和幸福，这份礼物让我们永远享用不尽，谢谢你们！

阿寿：（微笑）其实，幸福就像煮石头汤那么简单。

〔剧终〕

故事来源：《石头汤》（文、图：〔美〕琼·穆特；译：阿甲），南海出版公司 2013 年版。

最佳守卫

林婷婷

第　一　幕

场景：羊圈（白色栅栏、木桩、房子）

角色：山羊公公、山羊们、老虎、大猩猩、猎狗

道具：摇椅、塑料盘子

〔幕启。欢快的音乐响起。山羊们在羊圈里吃草或玩耍。〕

山羊公公：（躺在摇椅上，跷着二郎腿，微笑地看着山羊们，一手捋着胡须，一手数着山羊）1 只、2 只、3 只、4 只……50 只。奇怪，最近我们家族的山羊为什么一天比一天少？前天数还有 100 只，昨天剩 80 只，今天就变成 50 只了。（急忙从摇椅上站起来，双手交叉在背后）不行，我得请一名守卫来保护孩子们。

山羊 1 号：（在羊圈外绕场跑）咩咩咩，山羊家族招聘守卫啦！想要应聘的快点来呀！

〔老虎、大猩猩、猎狗上场，围站在羊圈门外大喊。〕

老虎：我要应聘守卫！

大猩猩：我要应聘守卫！

猎狗：我也要应聘守卫！

山羊公公：（做“安静”手势，打开羊圈的门）谢谢你们来应聘守卫，快请进。

〔动物们走进羊圈，排成一横排。〕

老虎：（上前一步，张开大嘴）选我当守卫吧，我的牙齿最锋利！

大猩猩：（上前一步，捶了下胸口）选我当守卫吧，我的力气最大！

猎狗：（上前一步，跳了几下）选我当守卫吧，我行动最灵敏！

山羊1号：（思考）爷爷，老虎凶猛，大猩猩机智，猎狗忠厚，他们三个都很好，我们该选谁当守卫呢？

山羊公公：（一手捋着胡须，一手背在背后）别急，大家都很优秀，可是我们家只需要一个守卫，所以，现在进行比试。请你们轮流当一天临时守卫，最后由我的孩子们投票决定谁来当守卫。

第　二　幕

场景：羊圈、草地

角色：山羊们、老虎、大猩猩、猎狗、狼、蝴蝶

道具：羊的服饰

旁白：第一天，老虎当守卫，带着山羊们出去吃草。

〔老虎带着羊群上场。〕

老虎：（得意）我可是森林之王，保护羊群小事一桩。

〔狼群静悄悄地上场，朝羊群走去。危险的音乐响起。〕

山羊1号：（转头发现狼群）不好呀，狼来啦！

山羊们：（乱成一团，害怕，大叫）救命啊，救命啊，狼来啦！

老虎：（冲过来，对着狼张开血盆大口）嗷——赶紧离开，不然我就把你们全吃掉！

〔狼们吓得落荒而逃，下场。〕

山羊们：（抱在一起，嘴里还在喊着）救命啊，狼来了。

老虎：（朝山羊们走近，气势汹汹）不要吵了，狼被我吓跑了。

〔山羊们一下子全部安静了。〕

山羊1号：（发抖）啊……老虎的血盆大口太可怕了！

山羊2号：（哭）呜呜呜……老虎凶恶的样子太吓人了！

老虎：（一手叉腰，一手指着羊群，大声）我救了你们，你们还不感激。（大手一挥）别哭了，回家去。

〔老虎在前面走，山羊们跟在后面，下场。〕

旁白：第二天，猩猩当守卫，带着山羊们出去吃草。

〔猩猩带着羊群上场。〕

猩猩：今天天气好晴朗，猩猩来当羊守卫。小羊乖乖在吃草，我到旁边玩一玩。

〔蝴蝶飞舞着上场，绕着舞台跑。〕

猩猩：（发现蝴蝶，追着要抓蝴蝶）哇，蝴蝶！蝴蝶蝴蝶真美丽，快来猩猩的手心里。

〔两只狼上场，偷偷地抓走了两只山羊。〕

山羊1号：（左看右看，大喊）弟弟妹妹呢，怎么不见了？猩猩守卫，刚才有狼来过吗？

猩猩：（东瞧瞧西看看）狼在哪里？我怎么没有看到。

山羊2号：（哭泣）弟弟妹妹不见了，肯定是被狼抓走了。

猩猩：（无辜地摇摇头）这……我真的没发现。

山羊们：你只顾自己玩，当然没看见。

〔山羊们下场。猩猩不好意思地耷拉着脑袋，跟着下场。〕

旁白：第三天，猎狗当守卫，带着山羊们出去吃草。

〔猎狗带着羊群上场。〕

猎狗：（单手握拳，轻轻敲击脑袋）今天我来当守卫，保护羊群任务重，我得想个好法子，别让小羊受伤害。有了！

猎狗：（招手让山羊们集合）请山羊们都到我这边来，我想了一个好办法。大羊站在外圈，小羊站在里面。山羊1号，请你在前面侦查，一发现狼来了，就赶紧跟我说，我来对付狼。

山羊1号：好的，猎狗守卫。

〔山羊们按照猎狗的安排站到相应的位置。猎狗绕着圈巡视周围，山羊1号在羊群的前面。狼上场。〕

山羊1号：（赶紧跑回来，急切又害怕）不好了，猎狗守卫，狼来啦！

山羊们：（害怕地缩在一起）呜呜呜……狼来了，好可怕！

猎狗：（高举双手）大家不要紧张，大羊保护好小羊，（手掌放在胸前）我来对付狼。

〔小羊躲在大羊后面，大羊低下头准备用羊角抵抗狼的进攻。猎狗凶猛地跳跃着要咬狼，狼被吓跑了，下场。〕

山羊们：（跳跃，欢呼）狼被赶跑啦！猎狗真勇敢！猎狗很聪明！

猎狗：（高举双手，示意羊群安静）谢谢大家的夸奖！狼群很狡猾，大家吃草时，还是要提高警惕。

山羊们：知道了，我们都听你的安排。

〔山羊们蹲下，低着头吃草。两只狼披着羊的服饰，上场，慢慢地靠近羊群。〕

猎狗：（头左右转动，用鼻子嗅着空气，皱着眉头）不对，我怎么闻到了狼的味道？（大声喊）山羊们，全体退后警戒！

山羊们：（站起来，围着猎狗，七嘴八舌）猎狗，发生什么事了？没看到狼呀。吓我一跳……

猎狗：（伸出手，侧着身体，示意山羊退后）请大家都退到我身后，我闻到了狼的气味。

山羊们：（赶紧躲到猎狗后面）可是，没看到狼呀。

〔羊群退到猎狗后面，两只披着羊皮的狼就暴露在猎狗的对面。〕

猎狗：（朝着狼大叫）汪汪汪，狡猾的狼，你披着羊皮也骗不了我。

〔猎狗说完冲狼扑过去。两只狼吓得转头就跑，下场。〕

山羊们：（跳跃，欢呼）吼——吼——狼跑了！（对猎狗竖起大拇指）猎狗真细心！猎狗很认真！猎狗是最佳守卫！

猎狗：谢谢你们的夸奖！天快黑了，大家吃饱了回羊圈比较安全。

第　三　幕

场景：羊圈

角色：山羊公公、山羊们、老虎、大猩猩、猎狗

道具：绶带

〔山羊公公手上拿着绶带，站在中间。老虎、大猩猩、猎狗在左边排成一

排，山羊们在右边排成一排。〕

山羊公公：（捋了捋胡须）比试结束了。孩子们，现在由你们来选出最佳守卫。

山羊1号：（手指着老虎）老虎很凶猛，吓跑了狼群，可以当守卫。

山羊们：（摆摆手、摇摇头）反对老虎当守卫，他太凶了，吓哭了小羊们。

〔大老虎羞愧地低下头。〕

山羊公公：那大猩猩呢？

山羊们：（摆手、摇头，生气）不行不行，大猩猩只顾自己玩，小羊被抓走他都不知道，不能当守卫。

〔大猩猩羞愧地低下头。〕

山羊公公：（手伸向猎狗）猎狗呢？

山羊们：（对猎狗竖起大拇指）猎狗既聪明又勇敢，还非常认真细心，我们选他当守卫！

山羊公公：好，我宣布由猎狗来当我们山羊家族的守卫。

〔山羊公公将绶带披在猎狗身上，山羊们热烈鼓掌。〕

猎狗：（鞠躬）谢谢大家的信任。山羊公公，（曲臂握拳）以后我一定会认真守卫，不让一只小羊受伤害！

〔胜利的音乐响起，山羊们与猎狗一同开心地跳舞……〕

〔剧终〕

故事来源：网络图文故事《最佳守卫》。

包公审石头

姚培雅

第　一　幕

场景：集市

角色：男孩、女孩、路人、小偷

道具：篮子、钱袋、铜钱、油条、石头

〔幕启。集市上人来人往。男孩提着篮子上场。〕

男孩：卖油条了！卖油条了！又香又脆的油条，两个铜钱一根油条。

女孩：（提着钱袋急匆匆地跑上场）哥哥，你卖油条，我帮忙收钱。

男孩：（点头）好呀！妹妹，跟紧哥哥。

路人1：（走到男孩面前）买一根油条。

男孩：（从篮子中取出油条）好嘞，两个铜钱。妹妹，收好钱。

路人1：（从钱袋里取出铜钱）小妹妹，给你钱。

女孩：（有礼貌）谢谢！

路人2：（提着菜篮走过来）我也买一根油条。

男孩：（高兴）好的，请拿好，慢走。

〔路人1、路人2下场。〕

女孩：（拉着哥哥）哥哥，今天的油条全卖完了！赶紧数数卖了多少钱。

男孩：（把妹妹拉到石头边，坐下来）来，坐到这里。（翻开钱袋，把钱倒进篮子里，认真地数铜钱）呀，正好100个铜钱，这下可以给爸爸妈妈买药吃了。（开心地拉着妹妹的手）

女孩：（举起铜钱，对着天空看）哥哥，你快看，这钱上面还闪着油花。

男孩：（惊讶）对呀，亮闪闪的，真漂亮呀！

女孩：（打哈欠，伸个懒腰）哥哥，跑了一上午，好累呀。

男孩：（指着石头）妹妹，你在石头上休息一下吧！我看着钱。

女孩：（点了点头）好。

〔女孩趴在石头上睡着了；男孩抱着篮子盯着钱打瞌睡，慢慢倒在石头上。〕

小偷：（走近看）咦，这两个小孩怎么在路边睡着了。

〔小偷用手轻轻拍了拍男孩的肩膀，轻轻推了推他的身子。男孩没有醒来。〕

小偷：（一边小心翼翼地翻开篮子里的钱袋，一边留意小孩，惊讶）哇，这么多铜钱呀！（用手掂了掂重量，拿着钱袋急忙跑下场）

第　二　幕

场景：集市

角色：男孩、女孩、包公、公差

道具：篮子、石头、绳子、锣

〔幕启。集市上人来人往。男孩和女孩在石头上睡觉。〕

男孩：（坐起来，睡眼惺忪，用手揉了揉眼睛，睁开眼睛后大叫）哎呀，我怎么睡着了。妹妹，快醒醒，我们赶快去给爸爸妈妈买药。（边喊边用手轻轻地晃动女孩）

女孩：（揉了揉眼睛，醒来，看到空篮子急忙喊）哥哥，钱袋呢？

男孩：（跳了起来，一把抓起篮子，上上下下看个遍）啊——我的铜钱呢？（急忙在石头附近找了一圈，哭着）铜钱没了。

女孩：（赶紧起身到处找钱，哭）钱没了，不能给爸爸妈妈买药了，呜——呜——呜——

〔包公带着衙门公差上场，听到哭声停了下来。〕

包公：（对公差）路边有孩子在哭，你们稍等，我去看看。（和蔼地走向孩子，摸了摸女孩的头）孩子，什么事情哭得这么伤心呀？

女孩：（哭）我们卖油条的钱不见了，呜——呜——

包公：（仔细地询问）哦，那你们说说事情的经过。

男孩：（哽咽）刚才，我们卖完油条很累，就靠在这块石头上睡着了，醒来一看，钱就不见了。

包公：（想了想）你知道丢了多少钱吗？

男孩：（伸出一个手指，肯定）我数过了，整整100个铜钱。

包公：（沉思，摸了摸下巴）你数过钱。我知道了，（指着石头）一定是这块石头偷了你们的钱，我来审问这块石头，让它把钱还给你们！

男孩：（惊讶地看着包公）不不不，石头怎么会偷钱呢？

包公：（笑着）别的石头不会偷钱，（指着石头）这块石头会。（摸摸男孩的脑袋）放心吧，我一定帮你把钱要回来。

包公：（严肃）来人呀！把这块石头绑起来，通知百姓到这里观看，本官要审问它。

公差：（大声）是，包大人。

〔公差1捆绑石头，公差2敲着锣，绕场走一圈，边敲锣边喊。〕

公差2：大家快来看呀，包公审石头了。大家快来看呀，包公审石头了。

第　三　幕

场景：集市

角色：男孩、女孩、包公、公差、路人、小偷

道具：石头、棍子、桌子、椅子

〔幕启。包公坐在椅子上，前面放着石头，公差站旁边。三位路人匆匆上场，边走边议论。小偷跟在后面上场。〕

路人1：（惊讶）听说包公要审问一块石头，这真是一件新鲜事。

路人2、路人3：（好奇）哦？咱们赶紧去看看。

小偷：（淡定）还有这么奇怪的事情？去看看。

〔大家在石头旁围观。〕

包公：（用手指着石头，严肃）石头，小孩的铜钱，是不是你偷的？

〔路人窃窃私语，议论纷纷。〕

路人1：石头会说话吗？

路人2：不会呀！

路人3：石头哪会说话呀！

〔公差喊："威——武——"大家安静下来。〕

包公：（生气）石头，小孩的铜钱，到底是不是你偷的？快说！

〔路人交头接耳，小声议论。〕

路人1：石头会偷钱吗?!

路人2：就是！

路人3：都说包公聪明，怎么这样审案子？

公差：（敲棍子）肃静！肃静！

包公：（拍桌子，大声）石头，小孩的铜钱到底是不是你偷的？再不说实话，就打你！

〔路人左右对视，互相议论。〕

路人1：石头又不是人。

路人2：就是，石头哪会说话？

路人3：这到底是在审案子还是在胡闹？

包公：（愤怒地站了起来）来人呀，给我打。

公差：是，大人。（拿起棍子，噼里啪啦拍打石头）石头，快说，快说。（举起棍子用力打，边打边喊，棍子最后打断了）

〔路人纷纷大笑。〕

路人1：棍子都打烂了，石头也没说话。

路人2：都说包公聪明，原来是个糊涂蛋。

路人3：糊涂包公审的是糊涂案。

小偷：（大笑）哈哈哈。包公审石头还真有趣！

路人们：（哈哈大笑）这要审到啥时候啊，我们有热闹看喽。

〔路人和小偷嘻嘻哈哈地笑着。〕

包公：（生气，拍打桌子）放肆，我在审问石头，你们却说我的坏话，嘲笑我，你们每个人罚一个铜钱。（手臂一挥）来人呀，拿个盆，倒上水。你们每个人都要往盆里放一个铜钱。

路人1：（奇怪地摸了摸头）这……明明是石头不会说话，还要罚我们。

路人2、路人3：（窃窃私语）都说包公是包青天，我看全是谣传。

小偷：（淡定地拿铜钱）给就给吧，算我倒霉。

〔公差端来一个盆，让看热闹的人往盆里丢铜钱。大家排队一个一个往盆里扔铜钱。轮到小偷了，他刚把铜钱丢进盆里。〕

包公：（站起来，大喊）快抓住他，他就是小偷！

〔公差过来抓住了小偷。〕

小偷：（扭动身体挣扎，急切）冤枉呀！包大人，我没偷钱！冤枉呀！

包公：（手指小偷）还敢说冤枉。你就是小偷，是你偷了小孩卖油条的铜钱！

路人们：（纷纷议论）这是怎么回事呀？刚才说是石头偷的，现在说他是小偷？

男孩：（急忙跑过来）大人，您怎么知道他是小偷？

包公：（抬起男孩的手）你卖油条时用手拿油条，手上沾了油，（指着盆里的铜钱）又数铜钱，铜钱上也沾了油。（蹲下，指着盆）你们瞧，别人把钱扔到水里，水是清的。（指着小偷）只有他丢下铜钱，水面浮起一层油，所以他的铜钱一定是趁小孩睡觉的时候偷来的。

小偷：（跪下）包大人饶命呀，我马上把100个铜钱还给小孩，您饶了我吧。

路人们：（点头，鼓掌，竖起大拇指）原来审问石头是为了引出小偷，包公可真聪明啊！

〔小偷将钱袋还给了男孩。〕

包公：（面带微笑，走到男孩和女孩面前）孩子，以后要小心保管好钱，不要再弄丢了！

男孩、女孩：（点了点头）嗯，谢谢包大人帮我们找回了铜钱！（鞠躬）

包公：（严肃地看着小偷）这次先原谅你，以后如果再偷钱，绝不轻饶！

小偷：（站起来，点头哈腰）是，是，以后我再也不敢偷钱了。

包公：退堂。

〔剧终〕

故事来源：《包公审石头》（搜集：陈义侣；改编：肖肖；画：贺友直），人民美术出版社 1982 年版。

小水滴回家

潘万得

第　一　幕

场景：大海

角色：众水滴、小鱼

道具：水草、珊瑚、海螺、贝壳等装饰品

〔音乐《小水滴》响起，众水滴上场，一起欢乐地跳舞。小鱼上场。〕

众水滴：小鱼姐姐，你好啊！你要去哪里呢？

小鱼：我想到水面上去看看。外面有绿树、高山，有白云、微风，总之，外面的世界可精彩了。小水滴们，再见。

众水滴：（挥手）小鱼姐姐，再见！

水滴 1：（手托着下巴）真想去看看外面的世界。

众水滴：（七嘴八舌）我也想去。我也想去。

水滴 2：可我们要怎么去呢？

众水滴：（你望我，我望你）这……

水滴 1：（双手绕圈）我们滚着去。

水滴 2：（摸摸上半身，疑惑）怎么滚着去呢？我们又不是圆溜溜的。

水滴 1：（双脚跳）那……我们跳着去。

水滴 2：（摸摸下半身，疑惑）怎么跳呢？我们又没有长长的双腿。

水滴 1：（手一挥）走，我们去问问大海妈妈吧！

〔众水滴下场。〕

第　二　幕

场景：大海

角色：众水滴、大海妈妈、太阳公公

道具：蓝色绸布、高台、大手电筒

〔大海妈妈肩上披着长长的蓝色绸布，上场，站在舞台中。众水滴上场，围着大海妈妈。〕

众水滴：大海妈妈、大海妈妈。

大海妈妈：孩子们，你们好啊！

水滴 1：（伸手指着前方）妈妈，小鱼姐姐说外面的世界可精彩了。

水滴 2：（摇晃着大海妈妈的手臂）我们想去旅行，去看看外面的世界。

大海妈妈：当然可以，孩子们。

水滴 3：（急切）可是，我们不知道要怎么去。

众水滴：（拉住大海妈妈的手，期待）妈妈，快帮帮我们吧。

大海妈妈：（笑笑，手指着舞台一侧的天空）孩子们，你们去请太阳公公帮你们吧。

众水滴：（看向舞台两侧，寻找）太阳公公，太阳公公，您在哪里？

太阳公公：（站在高台上）小水滴，我在这儿呢。

众水滴：（走到高台下，望着太阳公公）太阳公公，我们想去旅行，请您帮帮我们吧。

太阳公公：（慈祥地伸出双手，手心向上，双臂向上托）小水滴们，快来吧，我带你们去旅行。（打开大手电筒，逐一照射到众水滴上。）

众水滴：（激动，鼓掌欢呼）太好了，谢谢太阳公公。

水滴 1：（身体转圈）哈哈，我感觉自己的身体变热变轻了。

水滴 2：（张开双臂，上下挥动）呵呵，我变成了轻飘飘的烟气。

众水滴：（激动地挥动双臂）我们长翅膀啦！我们长翅膀啦！

太阳公公：（微笑）哈哈，是我用热量把你们变成水蒸气了。你们马上会慢慢飞到空中。

众水滴：（慢慢地向舞台一侧下场，边和太阳公公、大海妈妈挥手）谢谢太阳公公，大海妈妈，再见！

大海妈妈：（笑着挥手）孩子们，再见，祝你们有个奇妙的旅行！

旁白：在太阳的照射下，小水滴们变成了水蒸气，慢慢升向了天空，接下来又会遇到什么奇妙的事情呢？

第 三 幕

场景：天空

角色：白云姐姐、众水滴

道具：几朵大棉花（用绳子穿在一起）、白色的翅膀

〔众水滴（背着翅膀）上场。音乐《飞上天》响起，众水滴跳舞。〕

众水滴：（欢呼）我们长翅膀了，我们飞到天上了。

〔白云姐姐上场。〕

白云姐姐：（热情招手）小水滴们，快来吧，我们带你们去旅行。

众水滴：（开心）谢谢你们，白云姐姐。

〔白云姐姐用棉花把众水滴围起来，随着《飞上天》的音乐舞蹈，带着众水滴挥动着手臂，绕着舞台行走。〕

水滴 1：（快乐地探头，往下看）哇！我看到城市了。

水滴 2：（鼓掌，惊奇）太美了！我看到绿绿的森林。

水滴 3：（伸臂，食指向下指）我看到一座座高山了。

水滴 1：（手指着远处）瞧！那是大海，那是我们的家！

众水滴：（眺望远方）哇，我们离家这么远啦！

旁白：就这样，小水滴们随着白云飘过了大海，飘过了城市，飘过了森林，飘过了高山，他们朝着更远的地方飘去。

〔众水滴和白云姐姐渐渐下场。〕

第四幕

场景：北极（雪地、冰块）

角色：众水滴、白云姐姐、太阳公公、大海妈妈、寒风婆婆

道具：雪花道具、高台、大手电筒、蓝色绸布

〔白云姐姐、众水滴上场。〕

水滴1：（双手抱肩）白云姐姐，这是哪里啊？怎么这么冷！

白云姐姐1：（探头看了看）呀！我们已经来到了北极的上空啦，这里一年四季都是冰天雪地。

白云姐姐2：（微笑）在这里我们要是遇到寒风婆婆，就有可能变成雪花。

众水滴：（惊讶）雪花？

白云姐姐1：（点点头）如果我们在这里变成雪花，落在北极，就会变成冰块的。

〔风声"呼——呼——"的背景音效响起，寒风婆婆上场，绕着白云姐姐做吹气的动作。〕

白云姐姐2：（搓手，哈气）寒风婆婆您来了。

众水滴：寒风婆婆，您好！

寒风婆婆：孩子们，别害怕，一会儿，你们就慢慢凝固变成可爱的小雪花了。

水滴1：（双手抱肩，打喷嚏）我越来越冷了！

水滴2：（慢慢展开双臂）咦，我真的变成小雪花了。

众水滴：（慢慢展开双臂，旋转）我也是，我也是。

〔音乐《欢乐的小雪花》响起，众水滴和白云姐姐手拿雪花道具在舞台上快速旋转，寒风婆婆在旁边吹风。〕

白云姐姐：（拍拍小水滴的肩膀）别怕，小水滴，勇敢地飘下去，我们会变成冰的。

〔随着音乐，白云姐姐和小水滴将雪花道具放在地上，慢慢抱在一起，蹲下不动。寒风婆婆下场。〕

水滴1：咦，我的身体怎么动不了？

水滴2：我不仅动不了，还浑身硬硬的。

众水滴：我也是，我也是。

白云姐姐：我们变成雪花降落到地面，因为温度降到零度以下，所以我们变成冰了。

水滴1：（哽咽）我想妈妈了。

众水滴：（小声哭泣）我也是，我想回家。

白云姐姐：想回家找妈妈，只有太阳公公能帮上我们。

众水滴：（抬头喊）太阳公公，请您帮帮我们，带我们回家吧。

太阳公公：（上场，站到高台上，拿着手电筒，照射到白云和水滴身上）孩子们，我送你们回家吧！

水滴2：（动动脑袋，惊喜）咦，我可以动了。

众水滴：（伸胳膊，踢踢腿）我的身体变软了。我又变成小水滴了。

太阳公公：（指着前方）小水滴，你们顺着小河流到大江，再顺着大江向前流，就能找到大海妈妈了。

众水滴：（鞠躬）谢谢太阳公公！

〔被照射到的水滴和白云开始手拉手小碎步走动起来。〕

旁白：太阳公公放射出万道金光，一会儿，小水滴们感到自己的身体变得柔软了。小水滴们流淌起来，他们流向小河，流到大江。他们一直流淌着。这一天，他们发现前面的水面变得宽阔了。他们加快速度向前奔流，终于回到了大海妈妈温暖的怀抱。

〔大海妈妈上场，众水滴奔向大海妈妈。〕

众水滴：妈妈，大海妈妈，我们回来了。

大海妈妈：（高兴地张开双臂）小水滴，我的孩子们！妈妈终于等到你们回来了。

众水滴：（每人一句，接龙。高兴）妈妈，这真是一趟奇妙的旅行呀。太阳公公把我们变成了水蒸气。白云姐姐把我们变成了云。寒风婆婆把我们变成了雪花。当我们落到地上就变成了硬硬的冰块。最后太阳公公把我们晒融化了，我们又回到了您的怀抱。

大海妈妈：（微笑）是的，大自然就是这么神奇。

〔音乐《我们是大自然的伙伴》响起，众水滴和大海妈妈一起欢快地跳舞。〕

〔剧终〕

故事来源：《小水滴回家》（著：何文楠；绘：文栋），中国人口出版社2019年版。

三打白骨精

陈清眉

第 一 幕

场景：山路（一块写着“白虎岭”的山石、一个山洞）

角色：唐僧、孙悟空、猪八戒、沙僧、白骨精（扮演成村姑）

道具：白骨精头饰、村姑服饰、竹篮、石头、金箍棒等武器、佛珠、村姑的皮影画（可卷成画轴，藏在口袋中）

〔唐僧师徒上场。孙悟空走在前头，时不时抓耳挠腮；猪八戒扛着九齿钉耙；唐僧念诵着佛经；沙僧挑着担跟在后面。师徒四人到舞台中间。〕

沙僧：（一手挑担一手用手臂擦汗）师父，据说这白虎岭住着一个凶狠的妖怪，我们还是小心点为妙。

猪八戒：（跑到沙僧身旁，竖起大拇指）三师弟，咱们大师兄神通广大，还怕什么妖怪？

孙悟空：（挑起嘴角，不屑）切，有俺老孙在，只要妖怪敢来，定叫他有来无回。

唐僧：（看了看三位徒弟，欣慰地笑了笑）一路多亏你们保护为师了。

〔师徒绕舞台走一圈，坐下，吃东西、喝水、休息。白骨精从舞台一侧的山洞上场。〕

白骨精：（手托下巴，抖抖身体）嘿嘿嘿，我乃白虎岭的白骨精。（用手指山石）听说唐僧师徒四人已经到了白虎岭，（大笑）哈，吃了唐僧肉，我就可以长生不老。（紧皱眉头）可是，听说那孙猴子不好对付呀，让我想一想对策。（思考，拍掌）哎，有了！

〔白骨精跑进山洞换装，变成村姑，挎着竹篮，上场，来到师徒四人面前。〕

村姑：（行礼）长老们，小女子有礼了。看你们赶路辛苦，我准备了一些斋饭给长老们享用。

猪八戒：（高兴地搓着双手）呵呵，那就谢谢小娘子了，真是雪中送炭啊！这下终于有饭吃了。（一直盯着竹篮，走到白骨精面前，然后快速从她手里拿过竹篮）

孙悟空：（急忙跑来，生气地把猪八戒拉到旁边）慢！你个呆子！她是来骗师父的，快去保护师父。（大声喊）妖怪，吃俺老孙一棒！（举起金箍棒敲击村姑头部）

村姑：（惨叫）啊——（旋转身体的同时，从口袋中抽出画有村姑的画轴，扔在地上。本人快速往山洞方向跑）

孙悟空：（着急大喊）妖怪，哪里逃！（追上前去）

〔白骨精逃进山洞，下场。〕

唐僧：（惊恐，右手立掌于胸前）阿弥陀佛，善哉善哉！你这猴子，怎可无缘无故伤人性命！

孙悟空：（着急跑回唐僧面前）师父，你不知道，这女子是妖怪所变。

猪八戒：师父，是猴哥误杀了好人，这分明是一位好心的女施主。

孙悟空：（指竹篮）你这个呆子，自己看看这是斋饭吗？

猪八戒：（看着手里的竹篮，疑惑）咦，怎么斋饭变成石头呢？不对，一定是大师兄使了法术。

沙僧：师父、二师兄，大师兄有火眼金睛，不会看错的。

唐僧：善哉善哉！不管怎样，悟空，你不能再伤人性命。

第　二　幕

场景：山路（一块写着“白虎岭”的山石、一个山洞）

角色：唐僧、孙悟空、猪八戒、沙僧、白骨精（扮演成老妇人）

道具：白骨精头饰、老妇人服饰、拐杖、金箍棒等武器、佛珠、挂满桃子的树枝、老妇人的皮影画（可卷成画轴，藏在口袋中）

猪八戒：（摸摸自己的大肚子，走到孙悟空前面，用肩膀碰碰孙悟空）大师兄，老猪真的很饿了。

孙悟空：（用手扫了一下猪八戒的大耳朵）好，我去找吃的，你和沙师弟要保护好师傅。（用金箍棒在地上画一个圈，转身面向唐僧）师父，你们在这里休息。我回来之前，你们千万不要走出这个圆圈，那妖精便没办法伤害你

们了。俺老孙去去就回。（手搭在额头上，单脚站立后，迅速跑下场）

〔唐僧坐在中间，手拿佛珠，闭目念经。沙僧坐在唐僧旁边，用衣袍扇风，休息。猪八戒烦躁地走来走去。〕

猪八戒：（一边走一边喊）俺老猪快饿死了，大师兄怎么还不回来，该不会自己把斋饭吃了吧。

白骨精：（上场，咬牙切齿）上回，我变成村姑，被那猴子逼得逃回山洞。现在，我得想个坏主意。对了，我要变成村姑的母亲，手拄着拐杖前去找女儿。（换装成老妇人，手拄拐杖）

老妇人：（慢慢地靠近唐僧师徒。站在唐僧背后，伸出双手要抓唐僧，突然大叫，跌倒在地）啊——

〔唐僧师徒看向老妇人。〕

老妇人：（伸出手）哎呀，大长老，快扶我起来。

唐僧：（起身，准备去扶）这位施主，怎么摔倒了？

沙僧：（拉住唐僧）师父，大师兄有交代，我们不能走出圈子。

老妇人：（转动眼珠子）长老们，你们可看到我闺女？她给僧人送斋饭，到现在还没回家。

猪八戒：师父，坏了，是那女施主的娘亲来了。这……这可怎么办，大师兄把她的女儿打死了。

唐僧：（气得叹气摇头）唉，阿弥陀佛，这如何是好？

老妇人：（看见地上的画轴，扑过去趴在地上哀号）哎呀，我可怜的女儿，是谁打死了我的女儿……（转身恶狠狠地指向唐僧）这荒山野岭的，只有你们，一定是你们打死了我的女儿！

唐僧：（赶紧走过去）这位施主莫伤悲……

沙僧：（急忙阻止）师父，不可以走出去……

老妇人：（看到唐僧走出来，急忙拽住唐僧的手臂）你还我女儿！（拉着唐僧就走）

〔孙悟空肩上扛着一根长满桃子的树枝，一手提着金箍棒，上场。〕

孙悟空：（扔掉树枝，愤怒地瞪大眼睛，举起金箍棒朝老妇人头上打去）妖怪，看打！

老妇人：（急忙躲到唐僧身后）长老救我！

唐僧：（厉声）悟空，你再胡来，为师可要念紧箍咒了！

猪八戒：（拉住孙悟空）大师兄，万万不可啊！

孙悟空：（用力甩开猪八戒）别拦着我！

〔唐僧双手合十，嘴里念念有词。〕

孙悟空：（抱头跪在地上，在地上打两个滚）啊，痛死俺老孙了。师父，不要念了。我不打人！

沙僧：（拉着唐僧的手臂，恳求）师父，您别念紧箍咒了。大师兄不会再打人了。

老妇人：（伸出手抓住唐僧的肩膀，咬牙切齿地笑）嘿嘿嘿，总算抓住你了！

孙悟空：（爬起来一棒打下）师父，小心！

老妇人：（惨叫）啊——（旋转身体的同时，从口袋中抽出画有老妇人的画轴扔在地上，快速逃走，下场）

孙悟空：（指着老妇人）妖怪，哪里逃！（追上去）

沙僧：（招手）大师兄，别追了，保护师父要紧。

唐僧：（生气）悟空，你怎可又滥杀无辜！

猪八戒：（生气地甩手，抱怨）猴哥，你可真是的，怎么又打死人呢。

孙悟空：（单膝跪地，双手抱拳，急促）师父，这个老妇人和刚才那村姑都是同一个妖怪所变呀！

唐僧：（生气地指着悟空）悟空，莫要狡辩，这分明是人，你怎么说她们是妖怪。（叹气，甩手）唉……你走吧，今后，我不再是你的师父了。（扭头转身背对孙悟空）

孙悟空：师父！她真的是妖怪。我走了，谁来保护您？留下我吧，师父。

唐僧：（摆手）你走吧，留下你滥杀无辜，难取真经。再不走，我要念紧箍咒了。

孙悟空：（擦了擦眼中的泪水）师父，您保重。（站起来，握着沙僧和猪八戒的手）八戒，沙师弟，好好保护师父。

沙僧：（表情凝重）大师兄，您别走啊！（转头对唐僧）师父，大师兄有火眼金睛，不会看错的，留下大师兄吧。

〔唐僧不予理会。孙悟空朝着沙僧招招手，沙僧走到孙悟空跟前。孙悟空附在沙僧耳旁说悄悄话。〕

孙悟空：（朝唐僧跪拜）我走了！（起身，手搭额头，单腿站立，然后迅速跑下场）

第　三　幕

场景：山路（一块写着“白虎岭”的山石、一个山洞）

角色：唐僧、孙悟空、猪八戒、沙僧、白骨精（扮演成老公公）

道具：白骨精头饰、老公公服饰、拐杖、佛珠、金箍棒等武器

白骨精：（从山洞里走出来，得意地双手上举，大声狞笑）哈哈哈，那泼猴被赶走了。这次，我一定要吃到唐僧肉。（躲进山洞，换装成老公公）

〔唐僧三人行走着，对面，老公公拄着拐杖，边走边左看右瞧。〕

老公公：（焦急）闺女，老伴，你们在哪里呀？该回家吃饭啦！

猪八戒：（害怕地躲在唐僧后面）糟糕，师父，定是那小娘子的父亲找上门来了。

唐僧：（叹气）唉，我去向那老施主赔罪。（走向老公公）

老公公：（看到地上的皮影画，悲痛欲绝地扑倒在地上）闺女、老伴，是谁这么狠心，打死了你们呀……

唐僧：（扶起老公公）这位施主，阿弥陀佛，是我那孽徒伤了她们两人性命，我已惩罚了他。施主，一切皆因我而起，我愿以命抵偿。

老公公：（悲愤，拐杖在地上敲几下）这位长老，我们一家都是吃斋念佛的好人，你徒弟狠心杀我亲人，你得跟我回家祭祀她们。（拉唐僧的袖子，扭头转身要走）

沙僧、猪八戒：（连忙拉住唐僧）万万不可啊，师父！

白骨精：（戴上白骨精的头饰，拿着拐杖冲向沙僧和猪八戒）我先收拾了你们，再好好享受唐僧肉！

唐僧：（后退，吓得跌坐在地上，指着白骨精）啊！原来你真是妖怪！

〔沙僧和猪八戒拿起武器和白骨精打斗，正当白骨精一拐杖要打下时，孙悟空上场。〕

孙悟空：（拿着金箍棒冲向白骨精）妖怪！看招！

白骨精：（大吃一惊，后退）孙猴子！你不是已经走了吗？怎么又回来了！

孙悟空：（举起金箍棒在手上转动，讥笑）妖怪，你上俺老孙的当了。我要是不假装离开，怎么能让我师父看清你呢！

白骨精：（转身想逃）赶紧逃命！

孙悟空：（举起金箍棒，打向白骨精）妖怪，哪里逃！

〔白骨精躺在地上，猪八戒和沙僧扶起唐僧向悟空走来。〕

唐僧：（道歉）悟空，为师错怪你了！

孙悟空：（开心）师父，解决了妖怪，我们继续去西天取经。

〔《西游记》主题曲响起，师徒四人继续前行，下场。〕

〔剧终〕

故事来源：《西游记的故事（第 2 辑）》（原著：吴承恩；编绘：北京金丁美奇动画有限公司），外语教学与研究出版社 2014 年版。

大脚丫跳芭蕾

杨平平

第　一　幕

场景：舞蹈学校的舞台

角色：贝琳达、芭蕾舞蹈演员、群众

道具：芭蕾舞服装

〔幕启。若干群众围坐在舞台旁。贝琳达上场。〕

贝琳达：大家好，我叫贝琳达。因为我的脚很大，所以大家都叫我大脚丫贝琳达。

群众：（惊讶，感叹）哇，好大的脚啊！

贝琳达：（自信，指自己的脚）我的大脚可能不好看，可是它有特别的本领，你们猜猜是什么本领？

群众 1：（手臂上举）我猜，大脚跳得很高。

群众 2：（做踢球动作）我猜，你一定是足球高手。

群众 3：（做跑步动作）我猜，大脚跑得很快。

群众 4：（做踮脚尖取物的动作）我猜，大脚尖一踮，就可以拿到放在很高很高的东西了。

贝琳达：（神秘一笑）不对，你们没猜到！

〔音乐《四小天鹅舞曲》响起，芭蕾舞蹈演员上场，贝琳达和她们一起跳舞。〕

群众：（热烈鼓掌）跳得太好了！

芭蕾舞蹈演员1：（竖起大拇指）贝琳达，你跳舞的时候脚步轻巧灵活，可美啦！

芭蕾舞蹈演员2：（握住贝琳达的手）贝琳达，我们觉得你应该去参加舞蹈大赛。

贝琳达：（惊喜）什么？舞蹈大赛？

芭蕾舞蹈演员3：（拉住贝琳达的手）贝琳达，你别再考虑了，你最适合跳舞了。

众芭蕾舞蹈演员：（牵着贝琳达）走，我们去参加舞蹈大赛。

〔众人一起下场。〕

第　二　幕

场景：舞蹈大赛赛场

角色：贝琳达、评委

道具：桌椅、桌牌

〔幕启。评委坐在评委席上。贝琳达微笑上场。〕

贝琳达：评委老师好，我叫贝琳达……

评委：暂停！暂停！

贝琳达：难道是我的脚太大吗？可是……可是……我的舞蹈跳得很好……

评委1：天啊！你的脚简直大得像条船，都可以在大西洋遨游了！

贝琳达：我跳一小段给评委老师们看看……

评委2：停！停！简直和海豹的鳍没有什么两样。你的脚太大了，绝对不适合跳芭蕾舞。

贝琳达：评委老师们，允许我，我就跳一小段芭蕾舞……

评委3：（看了一眼，扭头）回去吧，你那一双大脚，永远跳不好！

〔悲伤的音乐响起。〕

贝琳达：或许评委们说得对，我这样的大脚会吓坏所有的观众，没有人会因为喜欢我的舞蹈而忽略我的大脚，因为它们真的太出众了！

〔贝琳达哭泣着慢慢走下场。评委下场。〕

第 三 幕

场景：费莱迪餐厅

角色：贝琳达、餐厅老板、服务员、客人、大都会芭蕾舞团指挥家（以下简称指挥家）

道具：餐桌椅、服务员的围兜、盘子

〔幕启。费莱迪餐厅内，客人坐在餐椅上，餐厅老板和服务员站在一旁。音乐《大梦想家》响起，众人听得很陶醉。〕

服务员：（绕舞台走一小圈）费莱迪餐厅开张了，欢迎大家来品尝美食。

〔贝琳达情绪低落地慢慢走上场。〕

服务员：贝琳达，你怎么了？

贝琳达：（低头）我不想再跳舞了，我想找份工作。

服务员：（拍拍贝琳达的肩膀）贝琳达别伤心，来费莱迪餐厅跟我们一起工作吧！

贝琳达：好吧，费莱迪餐厅来了一支快乐的乐队，说不定在这里上班，还可以继续跳芭蕾呢。

〔音乐《心中梦想》响起，服务员和贝琳达跳舞。〕

餐厅老板：（站在旁边，看着贝琳达）贝琳达，你上菜的脚步真轻！

贝琳达：因为我喜欢跳芭蕾舞，芭蕾舞让我的动作非常轻盈。

餐厅老板：贝琳达，你做事很认真。

贝琳达：学芭蕾舞让我知道要认真对待每一件事情。

〔贝琳达说完去给客人上菜。餐厅老板点点头下场。大都会芭蕾舞团指挥家上场。〕

指挥家：听说费莱迪餐厅来了一位会跳芭蕾舞的服务员，我得来看看。

服务员：欢迎光临，里面请。（带指挥家坐到餐椅上）

客人1：贝琳达上菜的动作真美，就像芭蕾舞。

客人2：贝琳达，您能不能一边上菜一边跳芭蕾呢？这样，在这里一边吃饭，还可以一边观看芭蕾舞，真的是太棒了。

贝琳达：是个不错的主意！这样我就能一边工作，一边坚持自己跳芭蕾的梦想了！

〔音乐《Balletto》响起，贝琳达端着盘子独舞。客人忘了吃饭，站起来看贝琳达舞蹈，热烈鼓掌。〕

指挥家：（走过去，激动握着贝琳达的手）贝琳达，我是大都会芭蕾舞团指挥家。你的芭蕾舞跳得可真好，你一定要来大都会剧院表演！

贝琳达：（用手按着胸口）啊！这是真的吗？我不是在做梦吧！当然好啊，我很乐意！

〔众人下场。〕

第四幕

场景：大都会剧场

角色：贝琳达、指挥家、评委、芭蕾舞蹈演员、观众

道具：椅子、鲜花、芭蕾舞服装

〔幕启。评委、观众和指挥家坐在椅子上。音乐《四小天鹅舞曲》响起，贝琳达（穿粉色服装）和芭蕾舞蹈演员（白色服装）跳舞上场。〕

评委1：（站起来，鼓掌）贝琳达，你的芭蕾舞太精彩了！

评委2：（站起来，竖起大拇指）太精彩了！多么像燕子、鸽子、羚羊啊！

评委3：（鼓掌）贝琳达，你的舞蹈太迷人了，你是怎么做到的？

〔观众热烈鼓掌。〕

贝琳达：（鞠躬）谢谢大家的鼓励，我的做法就是不放弃，坚持每天跳芭蕾。以后我还会继续努力的。

指挥家：（走过去，把一束鲜花送给贝琳达）我们都要向贝琳达学习，正是她的努力和坚持，才让我们看到了这么完美的芭蕾舞。祝贺你，贝琳达，你成功了！

贝琳达：（开心地笑了）谢谢大家！我还会继续努力跳芭蕾的。

〔贝琳达把花举高，众人鼓掌，欢呼。〕

〔剧终〕

故事来源：《大脚丫跳芭蕾》（文、图：〔美〕埃米·扬；译：柯倩华），河北教育出版社2007年版。

会走的房子

吴萍萍

第　一　幕

场景：浓雾笼罩的小镇

角色：路人、洛洛、乔乔

道具：电线杆、物品

旁白：小镇的浓雾遮天蔽日，人们走路时看不清前方，经常会不小心撞在一起，有的甚至撞到了路灯，发出“啷啷”的声音。

〔路人 1 上场，在雾霾中走着，不小心撞到电线杆，痛得捂住脑袋。〕

路人 1：哎哟，撞到电线杆了。该死的雾，害人不浅。（捂着脑袋，小心翼翼地走下场）

〔路人 2、路人 3 上场，一前一后走着。路人 2 手里拿着物品，被路人 3 踩了一脚，物品撒落在地。〕

路人 2：哎哟！东西都掉了。

路人 3：（鞠躬道歉，蹲下身帮忙捡起撒落在地上的物品）不好意思，不好意思，把你踩疼了吧？

路人 2：（摆摆手）不怪您，都怪这该死的雾。

〔路人走下场。洛洛和乔乔上场。〕

洛洛：（抬头望着天空）乔乔，我好想好想看星星啊。

乔乔：（抬起头望了望天空，低下头）哪有星星啊？只能看到雾。（沮丧地低头向前走）还是回家看天花板上的星星吧。

洛洛：乔乔，我是说真的星星。

乔乔：（伸出手掌在眼前晃晃，皱眉头）唉，雾气这么浓是看不到星星的。

第　二　幕

场景：红房子

角色：洛洛、乔乔、爸爸、妈妈

道具：行李箱、物品

〔幕启。爸爸妈妈正在打包物品。洛洛和乔乔上场。〕

旁白：洛洛和乔乔回到了七号马车大街的红房子。

洛洛：我们回来了，我亲爱的家！

洛洛、乔乔：（挥手）爸爸、妈妈，我们回来了！

爸爸、妈妈：（边整理、打包物品，边看着洛洛和乔乔）宝贝们！欢迎回家！

洛洛、乔乔：（走到爸爸妈妈前面，睁大眼睛）爸爸、妈妈，你们在干什么？

爸爸、妈妈：（抬头，齐声）我们要搬家了。

妈妈：（苦恼地皱着眉头，继续埋头收拾行李）这里的雾实在太浓了，我们得离开这儿。

爸爸：（站起来，绕着房子走一圈，到处看看）我们明天就离开。这是我们在这房子的最后一个晚上了。

妈妈：（走过来，亲了亲洛洛和乔乔的额头）去睡觉吧，晚安，我的宝贝！

洛洛、乔乔：（依次拥抱妈妈）晚安，爸爸妈妈！

〔爸爸、妈妈下场。〕

洛洛：我会想念每天早上喝牛奶的时候，坐在厨房温暖的地板上。

乔乔：还有长长的、会“呜呜”叫的走廊。

洛洛、乔乔：（对视）还有我们的天空阁楼上的秘密宫殿。

第　三　幕

场景：浓雾笼罩的小镇

角色：洛洛、乔乔、房子、图书馆、校舍、浓雾、路灯

道具：房子、图书馆、校舍、浓雾及路灯的头饰，手电筒

旁白：在所有人都入睡后，红房子倾斜了，整栋房子开始上下晃动，左右摇摆。

〔幕启。房子拉着洛洛和乔乔，上场。〕

房子：孩子们，我带你们离开这儿吧。

房子：（摇晃着洛洛和乔乔）快醒醒，小家伙们！我们要搬家了！

洛洛、乔乔：（睁开眼睛，惊讶）啊？红房子，你要和我们一起搬家吗？

房子：（两只手分别握着洛洛和乔乔的手）是的，孩子们，我也爱你们，我永远和你们在一起。

洛洛、乔乔：我们这是要去哪里？

房子：（抬头，手指着天空）我带你们看星星去。

洛洛、乔乔：（跳起来欢呼）哦！看星星去喽！

房子：（食指放在嘴唇上）嘘——别把爸爸妈妈吵醒了。

〔房子伸胳膊、踢腿，洛洛和乔乔跟随着房子的节奏做东倒西歪的动作。房子左手拉着乔乔，右手拉着洛洛，飞快地跑了起来。〕

房子：两位旅客，抓紧了，坐稳了，我们启程去看星星了，哈哈哈——

旁白：房子、洛洛和乔乔快步跑过老红路，来到矢车菊大道，蹦跳着穿过汉密尔顿大街，在大马路上跳起欢快的舞蹈，一路唱着，叫着。

洛洛、乔乔：（齐声说唱）我们向前，我们向前，跑过小路，穿过大街，跳到大道上；我们向前，我们向前，跑过小路，穿过大街，跳到大道上；一路向前，一路向前……

〔他们在路上遇见了校舍。〕

校舍：（拦住洛洛和乔乔）是洛洛和乔乔吗？你们要去哪里呀？

乔乔：（挥手）你好呀，校舍。我们要去看星星。

校舍：（急切）等等我，我和你们一起去，我好久没看到星星了。（拉着房子、洛洛、乔乔一起跑了起来）

〔他们在路上遇到了图书馆。〕

图书馆：（招手）你好，洛洛和乔乔，昨天你们还从我这借了三本太空书呢！

房子、校舍、洛洛、乔乔：（一起挥手）你好呀，图书馆！我们要去看星星，你要一起去吗？

图书馆：好呀！我好久没看到星星了！（跟着奔跑了起来）

〔诡异的音乐响起。浓雾们上场，拦住房子、校舍、图书馆、洛洛和乔乔。〕

浓雾1：（挡住路）我们是浓雾啊，你们别走呀！和我们一起玩捉迷藏吧！

浓雾2：（用手拦住洛洛、乔乔和房子们的去路）很好玩的！我敢保证你们一定找不着对方的。

房子：（被浓雾挡住，左看右瞧找不到方向）我们不想玩，我们约好了要去看星星。哦，老天，我们迷路了，怎么办啊？

校舍：（表情迷惑，兜圈子）我们好像一直在兜圈圈啊。

图书馆：（停下了脚步，摇晃着脑袋）我的头眩晕，分不清方向了。

浓雾们：（伸开双臂，得意地笑着、闹着）哈哈哈——你们是出不去的！你们还是乖乖留下来吧。

洛洛、乔乔：（焦急地朝着道路两旁的路灯呼唤）路灯先生，帮帮忙吧，我们看不清路了。

路灯1：（欣喜地鞠个躬）好的。来吧，兄弟们，为我们的朋友点灯！

路灯们：（齐刷刷地点亮灯光）好的，为朋友们点灯！

浓雾1：（双手捂眼睛，趴到地上）啊……好刺眼……好刺眼……啊……啊……

浓雾2：（双手捂眼睛，后退，身体转圈，最后趴到地上）可恶的路灯，闪瞎我的眼睛了，啊……受不了啦！啊……

旁白：房子、校舍、图书馆带着洛洛和乔乔，在路灯的帮助下冲出了浓雾，一路奔跑，爬上了山顶。

房子：（伸展着双臂，闭上双眼用力呼吸）啊！终于爬到山顶了。我还记得，我刚建造好的时候，小镇的空气和这里一样。白天有阳光照耀，夜晚有星星闪烁，没有遮天蔽日的浓雾，可以看到好几千米以外的地方。

洛洛：为什么现在的小镇会有雾，看不到星星呢？

图书馆：（手臂抬高，比画着工厂大楼，比画着双手握方向盘的动作）那是因为建设的工厂和马路上行驶的汽车越来越多了，工厂的废气和汽车尾气越聚越多，就形成了现在的雾霾天气了。

乔乔：有什么办法净化空气、清除雾霾？

校舍：（扳着手指头）一，人们要节能减排，低碳出行，少开汽车，减少汽车尾气的排放；二，要建设没有废气的环保型工厂；三是人们要多种树，空气就会清新，雾霾现象就会慢慢好转。

洛洛、乔乔：（深深吸一口气）这里的空气真新鲜，我们喜欢这里。爸爸妈妈一定也会喜欢这里，（拥抱红房子）谢谢你，房子先生。

第 四 幕

场景：红房子

角色：洛洛、乔乔、爸爸、妈妈、房子

道具：房子的头饰、仿真草地

〔幕启。洛洛和乔乔跑到爸爸妈妈房门口，敲门。〕

洛洛、乔乔：（急促）爸爸妈妈快起来，爸爸妈妈快起来呀！

〔爸爸妈妈上场。〕

妈妈：发生了什么事情？

乔乔：（边说话，边左右横着走）你们睡觉的时候，房子“呼”地这边走，又“呼”地那边走！

洛洛：还有另外的房子，在路灯的帮助下，房子都跑到山顶上。

乔乔：山顶上没有浓雾，空气清新极了。

爸爸：嗯，听起来是个美梦啊！

妈妈：（走到客厅拉开窗帘，惊讶）啊！这是什么地方？孩子他爸，你们快来看！窗外的景色好美呀！

乔乔：爸爸妈妈，我们不要离开红房子。

爸爸：（走到窗前，看到了窗外美丽的景象，欣喜）宝贝们，看来我们真的不用离开红房子了！我们连房子也搬到这里了。

洛洛、乔乔：（开心得跳起来）耶！

爸爸、妈妈：（握住房子的手）房子，非常感谢你把我们带到这里来。

洛洛、乔乔：爸爸，房子是我们的好朋友。

爸爸、妈妈：房子，你也是我们的家人。

房子：你们就是我最亲爱的家人。

大家：（抱在一起）我们是相亲相爱的一家人，永远不分开。

爸爸、妈妈：为了不再搬家，我们决定，不开汽车，走路上班，用实际行动净化空气，保护我们的家园。

〔剧终〕

故事来源：《会走的房子》（作：〔美〕马克·西格尔；译：艾斯苔尔），二十一世纪出版社2016年版。

林中小屋

张珊珊

第　一　幕

场景：樵夫家

角色：樵夫汉斯、金莎、丽莎、艾莎

道具：斧头、装食物的挎篮、无纺布做的小米

〔幕启。樵夫和三个女儿上场。〕

樵夫：（手拿一把斧头，面朝观众）我叫汉斯，每天都去森林砍柴。这是我的三个女儿。

金莎：（向前走一步，大声）我是美丽的金莎，是爸爸的大女儿。

丽莎：（向前走一步，微笑）我叫丽莎，是爸爸的二女儿，在家属我最漂亮，呵呵。

艾莎：（向前走一步，鞠躬、有礼貌）大家好！我是艾莎，是爸爸的小女儿，爸爸总说我是又善良又有礼貌的好孩子。

樵夫：（举举手中的斧头）我的女儿们，我要出门去砍柴了。我会沿路做记号，这样，你们就可以找到我，为我送饭了。

金莎、丽莎、艾莎：（异口同声）知道了，爸爸，你就放心吧。

〔樵夫汉斯一边走一边做记号，走下场。音乐《做饭歌》响起，三个姐妹边唱歌边做饭。〕

金莎、丽莎：（提起挎篮，开心）艾莎妹妹，今天姐姐先去送饭，你看家哦。

艾莎：（用力点点头）我知道了，金莎姐姐、丽莎姐姐，你们路上小心。

〔艾莎和金莎、丽莎分别从舞台两侧下场。〕

第　二　幕

场景：森林、房子

角色：金莎、丽莎、老爷爷、公鸡、奶牛、黑猫

道具：桌椅、两张小床、装食物的挎篮、厨房用具、宝剑、三只小动物的头饰

〔幕启。舞台中间，老爷爷坐在椅子上磨着一把宝剑，公鸡、黑猫、奶牛坐在老爷爷跟前。〕

丽莎：（提着挎篮走上场，低头在路的两边寻找）咦？怎么没有发现爸爸做的记号呢？

金莎：（低头寻找）是呀，没有记号。丽莎，我们继续往前走，应该就能找到爸爸了。

〔两个姐妹继续向前走着。一声狼叫声音效响起。〕

丽莎：（惊跳起来，抱着姐姐浑身发抖）金莎，我害怕。天都黑了，我们迷路了，找不到爸爸了。

金莎：（紧紧抱着妹妹，举起右手指向前方，声音发抖）丽莎，你看，前面有灯光，也许有人住，我们去看看。

〔金莎和丽莎来到房子跟前，用力地敲门。〕

金莎、丽莎：有人在家吗？

老爷爷：（大声）谁呀，进来！

金莎、丽莎：（推开门，看着老爷爷）我们在森林里迷路了，又饿又累，你能收留我们吗？

老爷爷：（看着三只小动物，和蔼）神气的小公鸡，可爱的小黑猫，肥壮的花奶牛，你们同意吗？

三只小动物：（点点头，异口同声）同意。

老爷爷：（笑眯眯）你们今晚可以留下来吃饭睡觉，现在请你们去给大伙儿准备晚餐吧！

〔金莎、丽莎到厨房里做饭。〕

金莎：（端着一盆菜放到桌子上）老爷爷，饭菜做好了，开饭吧！

丽莎：（端着三碗饭，坐在椅子上）好香啊，我们开始用餐吧。

〔姐妹两人开始大口吃饭。〕

三只小动物：（生气地指着姐妹俩，高抬着头）你们吃了饭，你们喝过汤，可是，从未想到过我们，哼！（头转向一边，跺脚）

金莎、丽莎：（摸着肚子，打一声饱嗝）啊，好饱啊，我们困了，需要美

美地睡一觉，床在哪里呢？

老爷爷：（端着碗，慢慢地继续吃饭）隔壁有两张床，你们去整理好，等等我过来睡。

〔金莎和丽莎走到隔壁的房间。〕

金莎：（左右看看）只有两张床啊？

丽莎：（指着金莎再指左边小床）你睡这张，（手放胸前再指右边小床）我睡这张。

三只小动物：（生气地指着姐妹俩）你们铺了床，你们睡了觉，可是，从未想到过我们，哼！（双臂上举，握拳，愤怒）

老爷爷：（走过来，摸着胡子，生气）真是没有礼貌又自私的人！神气的小公鸡，可爱的小黑猫，肥壮的花奶牛，把她们关到地窖里。

三只小动物：（异口同声）好！

〔猫和公鸡抓着金莎，奶牛抓着丽莎。金莎和丽莎挣扎着，一起走下场。〕

第　三　幕

场景：森林、房子

角色：艾莎、老爷爷、公鸡、奶牛、黑猫

道具：桌椅、两张小床、装食物的挎篮、厨房用具、宝剑、三只小动物的头饰

〔幕启。舞台中间，老爷爷坐在椅子上磨着一把宝剑，公鸡、黑猫、奶牛坐在老爷爷跟前。〕

旁白：第二天早上，樵夫对艾莎说："昨天，你的两个姐姐送饭迷路了。今天，爸爸会沿路做记号，你送饭的时候可要看仔细。"中午，艾莎出发给爸爸送饭去。

艾莎：（提着挎篮低头走，一边走，一边找）爸爸做的记号不见了，这可怎么办？（抬头看看天空）糟糕，天黑了，我迷路了。

艾莎：（踮起脚尖，手放在眼睛上方）前面有一座房子，我赶紧去看看。

艾莎：（来到房子跟前，轻轻地敲门，轻声细语）请问有人在家吗？

老爷爷：（开门）请进！

艾莎：（有礼貌地鞠躬）老爷爷，您好。我叫艾莎，在森林里迷路了，又

饿又累，您能帮帮我吗？

老爷爷：（转身看着三只小动物）神气的小公鸡，可爱的小黑猫，肥壮的花奶牛，你们同意收留她吗？

三只小动物：（起立，点点头，异口同声）同意！

艾莎：（走过去轻轻地抚摸小公鸡和小黑猫，又轻轻拍了拍奶牛的身体）谢谢小公鸡、小黑猫、花奶牛，你们真是好心人！

老爷爷：（笑眯眯）今晚你可以留下来吃饭睡觉。

艾莎：（向老爷爷鞠躬）谢谢，现在我去给大伙儿准备晚餐吧！（到厨房做好饭，把饭菜端上桌，笑眯眯）老爷爷，您请用餐。（转身端了一碟小虫子、一碟小鱼、一些青草、三盆水放在动物们的跟前，蹲下身来）可爱的小动物们，你们也请用餐，渴了可以喝水。

〔艾莎说完才坐下吃饭。吃完饭，收拾碗筷。〕

三只小动物：（边吃边喝）艾莎吃了饭，艾莎喝了汤，可是，从未忘了我们，真是勤劳又善良的姑娘！（朝艾莎竖起大拇指）

艾莎：（有礼貌）很晚了，请问我可以去睡觉了吗？

老爷爷：（笑眯眯地望着三只小动物）神气的小公鸡，可爱的小黑猫，肥壮的花奶牛，你们同意吗？

三只小动物：（站起身，点点头，笑眯眯）同意！你已和我们吃了饭，你已和我们喝过汤，你总好心记得咱，愿你今晚睡得平安。

老爷爷：（用手指了指隔壁）隔壁有两张床，你过去睡觉吧。

艾莎：（过去整理好床铺，过来扶着老爷爷）老爷爷，被子铺好了，您过来睡觉吧。

〔等老爷爷躺在床上，艾莎才躺下来。〕

第 四 幕

场景：城堡

角色：艾莎、王子（老爷爷摘掉胡子戴上王冠）、三个仆人（黑猫、公鸡和花奶牛扮演者摘掉头饰）

〔王子和三个仆人站在艾莎的床前。〕

王子：（弯腰轻轻拍拍艾莎的肩膀）艾莎，醒醒。

艾莎：（睁开眼睛，吓得跳了起来）这是哪里？你们是谁？

王子：（后脚点地，微屈下腰）善良的艾莎，我是这个王宫的王子。

艾莎：（走到中间，四处看看，转圈）好美的宫殿呀！（望着王子）老爷爷和三只小动物呢？

三个仆人：（七嘴八舌）王子就是老爷爷。巫婆用魔法把王子变成老爷爷，把我们变成公鸡、黑猫和奶牛。巫婆说要遇到一位真正善良的姑娘，才能解除魔法。艾莎，您是真正善良、美丽的姑娘。遇到您，我们才能解除魔法，变回原来的样子。艾莎，您愿意和我们做朋友，一起住在这座宫殿里吗？

艾莎：我当然愿意，可是我还要去找爸爸和两位姐姐。

王子：（走过去，坐到椅子上）你的两位姐姐可不像你，她们太自私了，已经被我关起来了。

艾莎：（走到王子前面，提起裙子，半蹲行礼）希望您能给我的姐姐们一次改正的机会，我保证，她们以后会改变的。

王子：（手一挥）放了金莎和丽莎。

三个仆人：（齐声）是。

〔三个仆人将金莎和丽莎带过来。〕

金莎、丽莎：（羞愧地低头）我们错了，王子。以后我们会改正错误的，希望你原谅我们。

王子：（点点头）希望你们今后像艾莎一样善良勤劳有礼貌！

〔音乐起，王子邀请艾莎跳舞，其他人退到两边鼓掌。〕

〔剧终〕

故事来源：《格林童话全集·林中小屋》（著：格林兄弟；译：聂文聪），吉林美术出版社 2016 年版。

丑 小 鸭

张珊珊

第 一 幕

场景：河边草丛

角色：鸭妈妈、鸭老大、鸭老二、鸭老三、丑小鸭

道具：自制的可翻盖蛋壳、草堆、鸭妈妈的头巾

〔幕启。鸭妈妈蹲在草丛里孵蛋。鸭妈妈身体的前面有四个排列整齐的蛋。〕

鸭妈妈：（蹲着伸展身体，伸长脖子，左右转头）嘎嘎嘎！嘎嘎嘎！我是幸福的鸭妈妈！（分别亲亲四个蛋）今天，我的宝贝们就要出来啦！（依次走到蛋的前面，拍打着翅膀，身体前倾做孵蛋动作）

〔蛋壳破裂音效响起。〕

鸭老大：（从蛋壳里跳出来，拍打翅膀转一圈）嘎嘎嘎！我的黄色羽毛最靓啦！（抚摸羽毛，跑到鸭妈妈的跟前）

鸭妈妈：（抱了抱鸭老大）你是妈妈的第一个孩子，就叫鸭老大吧！

〔蛋壳破裂音效响起，鸭妈妈和鸭老大走到第二个蛋的面前。〕

鸭老二：（抬起蛋壳，探出脑袋左看看右看看）嘎嘎嘎！（拉着鸭妈妈的手走出蛋壳）我有长长的脖子能捉虾！（伸长脖子，摇摇头）

鸭妈妈：（摸了摸鸭老二的头）你就叫鸭老二吧！

〔蛋壳破裂的音效响起，鸭妈妈、鸭老大、鸭老二走到了第三个蛋的面前。〕

鸭老三：（跳出蛋壳，往前跑了几步，深呼吸）嘎嘎嘎！强壮的翅膀起飞啦！（拍打着翅膀，飞跑起来）

鸭妈妈：（拉着鸭老三的手，笑着）鸭老三也出壳啦！太好啦！

鸭老大：（走到最后一个蛋前，绕了一圈）咦？妈妈！老四怎么不出来呀！

〔鸭妈妈、鸭老二、鸭老三走到了蛋的前面。〕

鸭妈妈：（拍打着翅膀做孵蛋的动作）宝贝！宝贝！快出来吧！

〔响亮的蛋壳破裂音效响起。〕

丑小鸭：（推了推蛋壳，走出蛋壳，摔了一跤）嘎！嘎！嘎！哎呀！好疼呀！（跌倒在地上，摸着自己的腿）

〔鸭老大、鸭老二、鸭老三走在一起窃窃私语。〕

鸭老大：（指着丑小鸭）怎么那么黑呀！真丑！

鸭老二：（盯着丑小鸭，左右侧走几步）是呀！他怎么和我们一点都不像呀！

鸭老三：（绕着丑小鸭走了一圈）我可不想要这个弟弟。

鸭妈妈：（赶紧走到丑小鸭前，扶起丑小鸭，拍了拍他身上的泥土）我的宝贝！你终于出壳啦！（拉着丑小鸭来到了大家的面前）孩子们！他也是你们的弟弟，以后我们都是一家人啦！大家要相亲相爱！

鸭老大、鸭老二、鸭老三：（你看看我，我看看你，不服气地把头扭向一边，齐声）可是，他真的很丑！

第　二　幕

场景：河边草丛、小河

角色：鸭老大、鸭老二、鸭老三、丑小鸭、猎狗、母鸡、小猫

道具：蓝色塑料袋（剪成细条当河水）

〔幕启。鸭老大拉着鸭老二、鸭老三高兴地上场，丑小鸭低着头走在最后。〕

鸭老大：弟弟们，走！咱们游泳去！

丑小鸭：（快步走过来，拉着鸭老大的衣角）哥哥！哥哥！我也想和你们一起游泳！

鸭老二：（转身走到丑小鸭面前，上下打量）就你那又短又黑的翅膀也能游泳？我可不信。万一掉进河里了，我们可救不了你。

鸭老三：（叉着腰，看着丑小鸭，挥了挥手）去去去，一边玩去！

〔鸭老大、鸭老二、鸭老三跳进小河玩了起来，笑着，拍打着翅膀，互相泼着河水。丑小鸭蹲在河边，盯着河水中自己的倒影，摸摸自己的手臂。〕

丑小鸭：（伤心）为什么哥哥身上是亮黄黄的羽毛，我是黑色的？难怪他们都不喜欢我！呜呜呜……（抹着眼泪哭了起来）

〔枪声音效响起。急促的音乐响起。〕

鸭老大：（大声）不好！猎狗来了！快逃！

〔鸭老大、鸭老二、鸭老三从舞台一侧下场，丑小鸭边跑边摔跤，只好躲进草丛里。猎狗从舞台另一侧上场。〕

猎狗：（叉腰，探头，用鼻子一路嗅着味道大步走）嘿嘿嘿！我好像闻到了烤鸭的味道！（慢慢靠近丑小鸭，伸手把丑小鸭从草丛里抓出来）

丑小鸭：（抬头瞪大眼睛往后退了一步，双手抱胸，蜷缩着身体）你……你……你是谁？

猎狗：（仰头大笑）哈哈哈！我就是大名鼎鼎的猎狗！（凑近丑小鸭，闻

了闻）你这黑不溜秋的样子真丑！一定很难吃！算了！（叉着腰下场）

丑小鸭：（看着猎狗走远后，蹲下身体，伤心地哭了起来）呜呜呜……我丑得连猎狗都不愿意吃！

〔《咕咕鸡》的音乐响起，母鸡上场。〕

母鸡：（边走边唱歌）咕咕嗒、咕咕嗒，我是美丽的小母鸡。咦？这团黑黑的是什么东西？

〔母鸡慢慢走近，用脚尖勾了勾丑小鸭。丑小鸭抬起头一看，低下头继续哭泣。〕

母鸡：（惊讶）嘿！你该不会是那只传说中的丑小鸭吧？

〔小猫上场。〕

母鸡：（看到小猫招手大喊，走过去拉着小猫的手）猫先生，猫先生，快来看呀！（走到丑小鸭面前）这就是那只又丑又黑的丑小鸭！

小猫：（甩开了母鸡的手，指着母鸡，生气）母鸡，你以貌取人，过分了！只要有真本领，丑一点有什么关系！（拉起了丑小鸭的手）别哭了，小鸭。你看，母鸡会生蛋，我会爬树、抓老鼠，你有什么本领？

丑小鸭：（擦干眼泪，抬头看了看小猫，摇了摇头）我的哥哥们会游泳。（越说越小声，慢慢低下头，没底气）我向哥哥们学习，以后可能也会游泳吧。

母鸡：（捂着嘴巴，偷笑）以后……可能？我们这些本领可是生来就有的。

小猫：（叹了口气）唉，长得丑点没关系，可是，还一点本领都没有，这可怎么办呀！（摇摇头，走下场）

〔母鸡昂着头，蔑视丑小鸭，走下场，场上留下孤独的丑小鸭。〕

第　三　幕

场景：森林（草丛、天鹅湖、树林）

角色：鸭妈妈、鸭老大、鸭老二、鸭老三、丑小鸭、白天鹅

道具：一棵大树（树下有个树洞）

〔一群白天鹅随音乐《四小天鹅舞曲》跳舞上场。〕

丑小鸭：（蹲在草丛旁边，双手托着下巴，看着白天鹅）他们游泳时，长

长弯弯的脖子好美啊！他们飞翔的身影多么轻盈啊！（站起来，低下头，扇扇自己的翅膀）猫先生说了，每个人都要有自己的本领，我要学会游泳，我要学会飞，我一定也可以像他们那么美！（站起来，握紧拳头，一脸坚定）

〔白天鹅下场，丑小鸭走出来，跳进水里，做各种游泳的动作；在草地上拍打翅膀学起飞。他摔倒后爬起，爬起来后擦干了汗水和泪水，继续拍打翅膀，学习飞翔。〕

丑小鸭：（拖着疲惫的身体，筋疲力尽地走到树洞里）好累！我得休息一会儿！明天继续努力！（靠着树洞睡着了）

旁白：就这样，丑小鸭白天在草丛里练习飞翔，在湖里练习游泳，晚上回到树洞里休息。日子一天天过去了，他不知自己流了多少汗水，摔了多少次跟头，但他从不放弃努力。这天早晨，丑小鸭像以前一样站在草地上扇动翅膀，准备起飞，他意外地发现，他的翅膀非常有力，扇动周围的空气，把他的身体越托越高，他飞上了天空！

丑小鸭：（张开翅膀拍打着，小跑，惊奇地睁大了双眼）天啊！我飞起来了！我飞起来了！（飞到湖边）

白天鹅：（上场，围着丑小鸭）咦！你是谁？真美！飞得真高！

丑小鸭：（疑惑地看着自己，看了看白天鹅）你们是说我吗？

白天鹅：（拍打着翅膀）对啊！你好美！不信你可以飞到湖面上照照镜子。

丑小鸭：（飞到了湖面，探头看了看湖水，瞪大了眼睛大喊）天啊！这是我吗？我不是又黑又丑的丑小鸭！我是黑天鹅！美丽矫健的黑天鹅！

〔丑小鸭和白天鹅们手拉手，跳起了舞。鸭妈妈、鸭老大、鸭老二、鸭老三上场。〕

鸭妈妈：（伤心，四顾大喊）丑小鸭！我的孩子，你在哪里？

鸭老大、鸭老二、鸭老三：（大喊）弟弟！你在哪里？

丑小鸭：（转头，飞到了鸭妈妈的面前）妈妈！我在这里！

鸭妈妈：（看了看丑小鸭，睁大眼睛）你？你是我的孩子丑小鸭？

丑小鸭：（笑着，拉着鸭妈妈的手）是呀！妈妈！我是你的丑小鸭！可是我长大了，我不仅会游泳，还会飞了！

鸭妈妈：（抱着丑小鸭）我的好孩子！

鸭老大、鸭老二、鸭老三：（羞愧，低下了头）对不起，我们不该嘲笑你！我们错了！

丑小鸭：（拉着他们的手，笑着）我原谅你们。我相信只要努力，就一定能改变自己！

鸭妈妈：（笑着）是呀！孩子们，只要努力，就一定能让自己变得更好更美更棒！

〔音乐起，大家一起跳天鹅舞。〕

〔剧终〕

故事来源：《安徒生童话精选·丑小鸭》（著：〔丹麦〕安徒生；译：叶君健），人民文学出版社 2018 年版。

嫦娥奔月

杨东红

第　一　幕

场景：后羿家（有院落，院落外有棵大树）

角色：嫦娥、后羿、逢蒙

道具：弓、箭、箭筒、扫把、香囊、桌椅、梳妆台、盒子

旁白：相传，远古时候，天上有十个太阳同时出现，晒得庄稼都枯死了。一个名叫后羿的英雄，力大无穷，他同情受苦的百姓，便运足神力，拉开神弓，射下九个太阳，并命令最后一个太阳按时起落，为民造福。老百姓非常尊敬和爱戴后羿。天上的王母娘娘赏赐后羿一包仙药，让后羿服药成仙。可是，后羿带着药回到家中。

〔幕启。后羿家中的院落里，嫦娥正在扫地。后羿手持弓箭，背着箭筒，上场。〕

后羿：（急切地呼喊）嫦娥，嫦娥。

嫦娥：（扔下扫把，奔向后羿，握住他的双手）后羿，你可回来了！

后羿：（手举长弓，自豪）嫦娥，我射下了九个太阳！

嫦娥：（笑着，竖起大拇指）我知道，老百姓都夸你是大英雄！

〔逢蒙上场，躲在院落外的大树后偷看偷听。后羿低下头，从口袋里掏出一个香囊。〕

后羿 ：（严肃）嫦娥，这是王母娘娘赏赐给我的。唉！

〔后羿叹口气，坐到椅子上，低下头。嫦娥走过去，拿着香囊看。〕

嫦娥：（疑惑）王母娘娘赏赐给你什么，为什么你不高兴呢？

后羿：（站起来，握住嫦娥的双手）这是仙药，王母娘娘让我服下成仙。可是，你是我的好妻子，我舍不得离开你呀！

嫦娥：（举起手臂，抓起袖口，帮后羿擦额头上的汗）后羿，大家都想成仙，你却为我放弃了成仙的机会，谢谢你！我先把它藏起来。（走到梳妆台，把香囊放进盒子里）

逢蒙：（伸出食指，朝院子里指指点点，奸笑）嘿嘿，后羿居然得到仙药，我得想办法弄到手。（神色紧张）不好，有人来了。（躲到树后）

第　二　幕

场景：后羿家的院落

角色：嫦娥、后羿、村民们、逢蒙

道具：弓、箭、靶子

〔村民们一起往后羿家走来，逢蒙鬼鬼祟祟地跟在最后。〕

村民1：（双手放在嘴旁，朝着院子里大声喊）嫦娥嫂子，后羿大哥回来了吗？

后羿：（走出来）谁呀？

村民们：（围着后羿，七嘴八舌）后羿大哥，您武艺高强力大无比，是大英雄！后羿大哥，嫦娥嫂子说了，等您回来，请您收我们当徒弟，教我们射箭狩猎。

嫦娥：（走过来，拉着后羿的袖子）我是说过。村民们生活困难，你就教他们狩猎的本领吧。

村民们：（朝嫦娥竖起大拇指，异口同声）嫦娥嫂子最善良了！

后羿：（大手一挥）好！我先教你们射箭吧。

村民们：（抱拳在胸前，施礼，异口同声）谢谢师父！

后羿：（拿起弓，搭上箭，对着靶）看好了，弓要拉满，眼要瞄准，手松开箭时，握弓的手要稳。

〔后羿的箭射中靶心，村民们欢呼起来。〕

村民们：射中靶心，师父厉害！

后羿：（举起双臂，示意大家安静）大家今天先回家休息，明天早上我带大家去山上学狩猎。

村民们：（鼓掌）好呀！

逢蒙：（双手捂着肚子）哎哟，我最近经常肚子疼，明天估计去不了了。

后羿：（关心地拍拍逢蒙的肩膀）逢蒙，赶紧回家休息吧。大家也都回去吧。

〔村民们扶着逢蒙，告别后羿夫妻，下场。〕

第　三　幕

场景：后羿家（有院落，院落外有棵大树）

角色：嫦娥、后羿、逢蒙

道具：弓、箭、扫把、香囊、桌椅、梳妆台

〔幕启。嫦娥在打扫院子。后羿上场。〕

后羿：（拿弓和箭）嫦娥，我上山狩猎去，你在家里等我。

嫦娥：早去早回。

〔后羿下场。逢蒙从树后面出来，上场。〕

逢蒙：（东张西望地找）嫦娥嫂子，后羿大哥说他忘了带上仙药，让我来帮他拿去。

嫦娥：（吓得后退一步，用手拍拍胸口）逢蒙，你吓了我一跳。（警惕地看着逢蒙）你昨天不是说肚子疼，不去山上狩猎吗？怎么会遇到后羿呢？你告诉我后羿今天穿什么颜色的衣服？

逢蒙：（愣了一下，支支吾吾）这……（突然一手抓住嫦娥，凶恶）少废话，把仙药拿给我！

嫦娥：（吓得瞪大眼睛，想了一下）你……你先松开我，我去拿。

逢蒙：（松开手）快点去拿！

〔嫦娥转身慢慢地走向梳妆台，逢蒙跟在其身后。突然，嫦娥很快地拿出香囊，把里面的仙药倒进嘴里。逢蒙伸出双手去抢，只抢到香囊。〕

逢蒙：把仙药给我。

嫦娥：（严肃斥责，一边后退）逢蒙，你这种心术不正的小人，不配得到仙药。（张开双臂，迅速后退下场）后羿——后羿——

逢蒙：（望着嫦娥下场方向的天空）嫦娥成仙飞到天空了。

第 四 幕

场景：后羿家

角色：嫦娥、后羿

道具：弓、箭、箭筒、高台、圆月（用黄色薄纱盖在呼啦圈上）、梳妆台、盒子、香囊、桌椅、月饼、葡萄、柚子

〔幕启。后羿手持弓箭，背着箭筒，上场。〕

后羿：（急切地呼喊）嫦娥，我回来了。（走进屋里再走出来，四处看看）人呢？

〔后羿看到地上掉落的香囊，赶紧捡起来，走到梳妆台前，看着打开的盒子，突然仰望天空，号啕大哭。〕

后羿：嫦娥，你为什么离开我？

〔高台上一轮圆月升起，圆月的后面站着嫦娥。〕

嫦娥：（双手向前伸）后羿，为了不让逢蒙抢走仙药，我只好吞下仙药。我在离你最近的月亮上。

后羿：（望着圆月，伤心地大哭）嫦娥，我看到你了，你回来吧！（把月饼、葡萄、柚子拿到桌子上）你看，桌上有月饼、葡萄、柚子，都是你爱吃的东西，你快回来吧！（双臂伸向月亮）嫦娥！嫦娥！（跪在地上，低下头）

旁白：嫦娥成仙的那天晚上，月亮格外圆格外明亮。后羿思念妻子，只好在院子里摆放上嫦娥平时最爱吃的蜜食鲜果，遥祭在月宫里同样也思念着自己的嫦娥。百姓们听说嫦娥奔月成仙的消息后，纷纷在月下摆设香案，向善良的嫦娥祈求吉祥平安。这一天就是农历的八月十五。从此，八月十五中秋节拜月的风俗在民间传开了。

〔剧终〕

故事来源：神话故事“嫦娥奔月”。

清明节的传说

潘万得

第　一　幕

场景：王宫

角色：重耳、众大臣

道具：椅子，晋国国王、大臣的衣服

旁白：春秋战国时期，晋国公子重耳逃亡的时候，介子推一直陪着他忍饥挨饿，受尽辛苦。在秦国的帮助下，公子重耳终于回到了晋国，当上国王，史称晋文公。跟随他逃亡、帮助他的大臣都得到了封赏。

〔幕启。重耳坐在中间，两旁有多个大臣。〕

重耳：寡人忍辱负重，历经十九年磨难，备受艰辛，今天终于又回来了。当年跟随寡人的人，寡人都要好好封赏。

众大臣：（低头作揖）谢大王。

大臣1：（作揖，上前一步）保护大王是为臣的责任。

众大臣：（作揖，齐声）保护大王是为臣的责任。

重耳：（看了看左右，疑问）介子推呢？怎么没看到他？

大臣2：（抱拳在胸前，施礼）禀报大王，介子推的母亲病了，他在家照顾母亲。

重耳：（感叹）这么多年，在寡人最艰难的时候，介子推一直陪伴在寡人身边，寡人应该重重地封赏他。

众大臣：（齐声）大王英明。

金教鞭

第　二　幕

场景：介子推家中

角色：介子推、介母、重耳、众大臣、士兵

道具：床、桌椅、碗、汤匙、士兵用的武器等

〔幕启。介母躺在床上。介子推端着汤药上场，坐到床上。〕

介子推：（用嘴吹凉汤匙里的药）娘，喝药。

介母：（喝口药，袖子捂住嘴咳嗽）孩子，是娘拖累了你。你还是回到朝堂上，去帮助大王吧。

介子推：（放下碗，拍拍介母的后背）娘，重耳公子不比当年了。他现在当上了国王，身边不缺人才。这几年我没在您身边，现在回来了，理应留下来尽孝。

介母：（拉着介子推的手，握在掌中）可是前几天，大王刚派人来请你回朝廷。

介子推：（继续喂药）娘，接下来的日子，孩儿只想待在您身边，好好孝敬您。

介母：（摸摸介子推的头）好孩子，可是，如果大王亲自来找你了，怎么办？

介子推：（低头思考片刻）娘，我们躲到绵山上吧。

介母：好吧。

介子推：（扶起母亲）娘，我扶您，我们现在就去绵山。

〔介子推扶着介母下场。重耳带大臣、士兵上场。〕

大臣2：（指了指介子推的家）大王，这就是介子推的家。

〔众人走过去。〕

大臣1：（往前看了看）咦，怎么没人？不会是搬家了吧？

大臣2：（指着前面）前面是绵山，介子推估计躲到山上了吧。

重耳：（往左前方走两步，再往右走两步，眼睛朝前上方看）绵山这么大，上哪儿去找，唉！

大臣1：（向前一步，双手抱拳）大王，我有个办法。

重耳：哦！快说。

大臣1：让人从三面放火烧山，介子推看到着火了，自然就会自己走出来了。

重耳：这……万一把介子推烧伤了怎么办？

大臣2：大王，介子推非常孝顺，一定会带着他娘亲下山的，我们就在山下等他就可以了。

重耳：（想了想，大声）来人，三面放火烧绵山，把介子推逼出来。

士兵：（抱拳）诺！

〔众人下场。〕

第　三　幕

场景：绵山

角色：介子推、介母、重耳、众大臣、士兵

道具：烧焦的柳树

〔幕启。重耳及大臣或坐或站着。〕

旁白：重耳下令从三面火烧绵山，大火整整烧了三天三夜才慢慢熄灭。介子推和母亲被这场大火活活地烧死了。

重耳：（捂住口鼻，咳嗽，着急地走来走去）介子推怎么还不下山？

大臣 1：（抱拳在胸前）大王，大火灭了，烟雾也慢慢散去，已经派了士兵去山上查找了。

士兵：（边跑上场，边大喊）报——大王，在山上找到介子推了！

重耳：快，快带寡人去见。

〔士兵带着重耳和大臣在舞台绕着走了半圈，走到一棵烧焦的柳树下，介子推和母亲拥抱着躺在树下，众人围上去。〕

重耳：（赶忙向前去扶介子推，仰天大哭）介子推，介子推！是寡人害了你！（用手捶地）寡人只是想封赏你，没想到却逼死了你！寡人错了！寡人悔不当初呀！（抱住介子推痛哭）

旁白：为了纪念介子推，晋文公下令把绵山改为“介山”，并把放火烧山的这一天定为寒食节，下令每年这一天禁烟火，只吃寒食。第二年，晋文公上介山纪念介子推，又把这一天定为“清明节”。从此，清明节有了扫墓祭奠、吃寒食等传统习俗。

〔剧终〕

故事来源：民间传说“清明节的由来”。

图书在版编目（CIP）数据

幼儿园剧本创编 100 例/颜晓燕主编．--福州：福建人民出版社，2020.12（2025.9 重印）

ISBN 978-7-211-08584-2

Ⅰ.①幼…　Ⅱ.①颜…　Ⅲ.①戏剧教育－学前教育－教育研究　Ⅳ.①G613.5

中国版本图书馆 CIP 数据核字（2020）第 253783 号

幼儿园剧本创编 100 例

YOU'ERYUAN JUBEN CHUANGBIAN 100 LI

主　　编： 颜晓燕
责任编辑： 赵　玮
出版发行： 福建人民出版社　　**电　　话：** 0591-87533169(发行部)
网　　址： http://www.fjpph.com　　**电子邮箱：** fjpph7211@126.com
地　　址： 福州市东水路 76 号　　**邮政编码：** 350001
经　　销： 福建新华发行（集团）有限责任公司
印　　刷： 福州万达印刷有限公司
地　　址： 福州市闽侯县荆溪镇徐家村 166-1 号
电　　话： 13358230971
开　　本： 700 毫米×1000 毫米　1/16
印　　张： 21.5
字　　数： 356 千字
版　　次： 2020 年 12 月第 1 版
印　　次： 2025 年 9 月第 3 次印刷
书　　号： ISBN 978-7-211-08584-2
定　　价： 39.00 元
